**Rapport 2017
sur la propriété intellectuelle
dans le monde**

Le capital immatériel dans les chaînes de valeur mondiales

OMPI
ORGANISATION MONDIALE
DE LA **PROPRIÉTÉ**
INTELLECTUELLE

Sommaire

Avant-propos

Les innovations technologiques et l'ouverture des échanges commerciaux ont profondément modifié la production mondiale. Le fait de transformer des matières premières en pièces et composants, d'assembler des produits finaux et de les faire parvenir au consommateur final suppose l'existence de chaînes d'approvisionnement qui couvrent un nombre croissant d'économies à travers le monde.

L'apparition de ce qu'il est convenu d'appeler les chaînes de valeur mondiales a été une réelle force : elles ont permis de rendre plus abordable un large éventail de produits de consommation, de stimuler la croissance économique et de promouvoir l'intégration des pays en développement dans l'économie mondiale – créant ainsi des possibilités de développement économique et de réduction de la pauvreté.

Le capital immatériel – notamment sous forme de technologies, de dessins et modèles et d'image de marque – se retrouve, à bien des égards, d'un bout à l'autre des chaînes de valeur mondiales. Il représente une bonne partie de ce que les consommateurs paient pour un produit et détermine les entreprises qui prospèrent sur le marché. Il est également au cœur de l'organisation des chaînes de valeur mondiales : les décisions relatives au lieu d'implantation des différentes activités de production et aux personnes avec lesquelles s'associer sont étroitement liées à la façon dont les entreprises gèrent leur capital immatériel.

De nombreux rapports de recherche ont été publiés sur les causes et les conséquences de l'essor des chaînes de valeur mondiales. Or, si bon nombre d'entre eux reconnaissent le rôle essentiel que joue le capital immatériel, rares sont ceux qui expliquent pourquoi, comment et dans quelles proportions. Avec notre *Rapport 2017 sur la propriété intellectuelle dans le monde,* nous espérons contribuer à ouvrir la "boîte noire" des actifs immatériels, notamment en permettant de mieux comprendre comment la propriété intellectuelle y trouve sa place.

Le rapport commence par analyser comment sont nées les chaînes de valeur mondiales et comment elles sont organisées. Dans cette optique, il divulgue de nouvelles estimations sur la place qu'occupe, au plan macroéconomique, le capital immatériel dans la production de la chaîne de valeur mondiale. Ces estimations montrent que les actifs immatériels représentent environ un tiers de la part de la production – soit 5900 milliards de dollars É.-U en 2014 – réalisée dans 19 activités manufacturières.

Conformément à l'approche adoptée dans notre rapport de 2015, nous complétons ces perspectives économiques par des études de cas portant sur des chaînes de valeur mondiales particulières : le café, le photovoltaïque et les smartphones. Ces trois cas illustrent les différentes combinaisons d'actifs immatériels qui interviennent dans des produits de consommation différents et donnent une idée concrète du rôle que jouent les diverses formes de propriété intellectuelle dans la création d'un retour sur investissement dans l'innovation et l'image de marque. Ces études de cas s'intéressent aussi à la manière dont les économies en développement – en particulier, la Chine – ont réussi à utiliser les chaînes de valeur mondiales en créant leurs propres actifs immatériels, et analysent les possibilités qui permettraient de poursuivre le même type de stratégies à l'avenir.

L'évolution des chaînes de valeur mondiales a eu des effets perturbateurs : des entreprises prospèrent, tandis que d'autres sont en perte de vitesse. Elle a accéléré la transformation structurelle des économies, certains travailleurs ayant perdu leur emploi, d'autres voyant leurs compétences richement récompensées. La technologie ne cesse de transformer les modèles de production mondiaux et elle ne manquera pas d'entraîner de nouvelles perturbations. Ainsi, les progrès accomplis dans les domaines de l'impression 3D, de la robotique et de la productique pourraient bien inciter les entreprises à rapprocher certaines activités de production du consommateur final. De plus, la croissance rapide que connaissent les économies émergentes devrait normalement accélérer l'évolution de la géographie des chaînes de valeur mondiales.

Les responsables de l'élaboration des politiques doivent faire face aux dysfonctionnements provoqués par la mondialisation de la production. Les chaînes de valeur mondiales sont une création de l'homme et elles relèvent d'un processus qui pourrait être inversé, ce qui risquerait toutefois de créer des bouleversements encore plus grands. Faire en sorte qu'elles bénéficient à la société dans son ensemble est donc un impératif politique essentiel.

Comme toujours, un rapport de cette nature laisse de nombreuses questions sans réponse. Autre aspect important : si nous présentons – pour la première fois – des estimations concrètes de la part de revenus provenant des actifs immatériels dans la production de la chaîne de valeur mondiale, reste à établir à qui ces revenus bénéficient en dernier ressort. Au niveau des pays, la propriété transfrontalière et le partage des actifs immatériels rendent difficile la possibilité d'associer les actifs et les revenus à un pays plutôt qu'à un autre. Pour ce qui est des revenus individuels, il existe peu de preuves systématiques de la façon dont les actifs immatériels influent sur la rémunération des travailleurs ayant des niveaux de compétences différents. Il serait utile de mener des recherches futures offrant des conseils pratiques sur ces questions.

Nous espérons que le présent rapport éclairera les débats sur la nature évolutive des chaînes de valeur mondiales qui sont menés au sein de diverses instances sur les questions de politique générale, et nous attendons avec intérêt de pouvoir analyser, dans le cadre d'un dialogue suivi avec les États membres, le rôle du système de la propriété intellectuelle dans la production de la chaîne de valeur mondiale.

Francis GURRY
Directeur général

Remerciements

Le présent rapport a été établi sous la direction de Francis Gurry (Directeur général). Il a été élaboré et coordonné par une équipe supervisée par Carsten Fink (économiste en chef) et comprenant Intan Hamdan Livramento (économiste), Julio Raffo (économiste principal) et Sacha Wunsch Vincent (économiste principal), tous de la Division de l'économie et des statistiques de l'OMPI. Lorena River León (consultante) et Giulia Valacchi (chargée de recherche) ont fourni un appui précieux en matière de recherche.

Les quatre chapitres du rapport se fondent sur des recherches de synthèse commandées pour le présent rapport. En particulier, les estimations du rendement des actifs immatériels dans les chaînes de valeur mondiales présentées dans le chapitre 1 ont été réalisées par Wen Chen, Reitze Gouma, Bart Los et Marcel P. Timmer (Université de Groningen). Des observations écrites sur ces recherches ont été fournies par Carol Corrado (The Conference Board). D'autres contributions de fond sur la mesure des flux d'actifs immatériels ont été apportées par Tony Clayton (Imperial College de Londres), Tom Neubig (Tax Sage Network) et Dylan Rassier (Bureau de l'analyse économique américain).

Luis F. Samper (4.0 Brands) et Daniele Giovannucci (Comité sur l'évaluation de la durabilité) ont contribué au rapport de synthèse sur l'étude de cas concernant le café, présentée dans le chapitre 2. Luciana Marques Vieira (Université de la Vallée du Rio dos Sinos) a formulé des observations écrites concernant ce rapport. Leontino Rezende Taveira (Union internationale pour la protection des obtentions végétales, UPOV) a fourni de précieux conseils tout au long de la réalisation de cette étude de cas. Premium Quality Consulting a transmis les données sur le marché du café utilisées dans le chapitre.

L'étude de cas sur le photovoltaïque présentée dans le chapitre 3 se fonde sur les recherches de synthèse menées par Maria Carvalho (London School of Economics), Antoine Dechezleprêtre (London School of Economics) et Matthieu Glachant (MINES ParisTech). Des données ont été communiquées par ENF Solar.

Enfin, l'étude de cas sur les smartphones présentée dans le chapitre 4 repose sur le rapport de synthèse établi par Jason Dedrick (Université de Syracuse) et Ken Kraemer (Université de Californie, Irvine).

Robin Stitzing (Nokia) a présenté des observations écrites sur le rapport. Christian Helmers (Université de Santa Clara) a fourni des informations concernant les cartographies de marques et de dessins et modèles industriels. Des données ont été transmises par le service de l'économiste en chef de l'Office de l'Union européenne pour la propriété intellectuelle (EUIPO), Clarivate Analytics, l'Office allemand des brevets et des marques (DPMA), IHS Markit, IPlytics, et l'Office de la propriété intellectuelle du Royaume Uni.

L'équipe chargée d'élaborer le présent rapport a largement bénéficié de l'examen externe des projets de chapitres effectué par Patrick Low. Des contributions, observations et données additionnelles ont été fournies par Janice Anderson, Mohsen Bonakdarpour, Roger Burt, Seong Joon Chen, Robert Cline, Alica Daly, Jenn Figueroa, Marina Foschi, Tim Frain, Kirti Gupta, Christopher Harrison, Vasheharan Kanesarajah, Michał Kazimiercza, Richard Lambert, Cecilia Jona Lasinio, Moshe Leimberg, Robert Lemperle, Lutz Mailänder, Keith Maskus, Raymond Mataloni Jr., Sébastien Miroudot, David Muls, Amanda Myers, Giovanni Napolitano, Tim Pohlmann, Marie Paule Rizo, Pekka Sääskilahti, Nathan Wajsman, Pamela Wille, Irene Wong et Brian York.

Samiah Do Carmo Figueiredo et Caterina Valles Galmès ont été d'une aide précieuse sur le plan administratif.

Enfin, nos remerciements vont également aux collègues de la Section de l'édition et de la conception, Division des communications, qui ont piloté l'élaboration du rapport, notamment à Toby Boyd pour son travail d'édition. La bibliothèque de l'OMPI a fourni un appui précieux en matière de recherche tout au long de l'établissement du présent rapport, et l'imprimerie a fourni des services d'impression de haute qualité. Tous ont travaillé sans relâche pour respecter les stricts délais impartis.

Avertissement

Le présent rapport et les opinions qui y sont exprimées engagent exclusivement la responsabilité du Secrétariat de l'OMPI. Ils ne prétendent aucunement refléter les opinions ou points de vue des États membres de l'OMPI. Par ailleurs, toute erreur ou omission de la part des principaux auteurs du présent rapport n'engage en rien la responsabilité des personnes qui ont apporté leur contribution au présent rapport et formulé des observations sur ledit rapport.

Vous êtes invités à utiliser les informations fournies dans le présent rapport mais vous avez l'obligation de citer l'OMPI comme source.

Résumé

Lorsqu'on acquiert un nouveau smartphone, qu'achète-t-on exactement?

Un téléphone comporte un grand nombre de pièces et de composants fabriqués dans le monde entier et son prix doit tenir compte du coût de ces derniers. Il convient également de tenir compte dans le prix du travail fourni par les personnes qui ont fabriqué les composants et assemblé le produit final, ainsi que des services tels que le transport ou la vente au détail du produit dans un magasin ou en ligne. Et, surtout, le prix prend en considération le capital immatériel, à savoir la technologie qui fait fonctionner le smartphone, son design et sa marque.

Aujourd'hui, la production est un processus à l'échelle mondiale. Les entreprises mettent en œuvre les différentes étapes de la production à différents endroits dans le monde entier. À chaque stade de la chaîne logistique ou de la chaîne de valeur mondiale pour chaque produit, de la valeur est créée par les travailleurs, par les outils de production et, de plus en plus, par le capital immatériel, c'est-à-dire des éléments qu'on ne peut toucher mais qui revêtent un caractère essentiel au regard de l'aspect, de la texture, des fonctions et de l'attractivité d'un produit. Le capital immatériel est l'un des facteurs déterminants du succès sur le marché, à savoir quelles entreprises réussissent et quelles autres échouent.

Est-il possible de déterminer la valeur du capital immatériel? Quels types d'actifs incorporels revêtent le plus de valeur aux différents stades de la production et en ce qui concerne différents produits de consommation? Comment les entreprises gèrent-elles leurs actifs incorporels dans les chaînes de valeur mondiales et quel rôle la propriété intellectuelle joue-t-elle dans la rentabilisation de ces actifs?

Bien que l'importance croissante des chaînes de valeur mondiales ait fait l'objet d'un grand nombre d'études, peu de données sont à disposition pour nous permettre de répondre à ces questions. Le présent rapport vise à combler cette lacune. Se situant au niveau macro-économique, il présente des estimations initiales du rendement du capital immatériel dans les chaînes de valeur mondiales de 19 produits manufacturés et examine également plus en détail le rôle des actifs incorporels dans le cadre d'études de cas portant sur les chaînes de valeur relatives aux smartphones, au café et aux cellules photovoltaïques.

Une meilleure compréhension du rôle des actifs incorporels dans les chaînes de valeur mondiales est fondamentale d'un point de vue politique. Les investissements dans le capital immatériel constituent un moteur essentiel de la croissance économique et mieux comprendre comment ces actifs sont produits et exploités sur les marchés mondialisés peut aider les responsables de l'élaboration des politiques à créer un environnement propice à ce type d'investissements. De même acquérir des actifs incorporels est un impératif absolu pour les décideurs des pays en développement soucieux d'aider les entreprises locales aspirant à améliorer leurs capacités de production dans les chaînes de valeur mondiales.

L'importance croissante des chaînes de valeur mondiales

Les processus de production ont été dégroupés et mis en œuvre dans le monde entier...

La croissance des chaînes de valeur mondiales est l'une des principales caractéristiques de ce qu'il est convenu de dénommer la deuxième vague de la mondialisation qui a débuté dans la deuxième moitié du XXᵉ siècle. L'invention de la machine à vapeur au XVIIIᵉ siècle a lancé la première vague de la mondialisation, qui a culminé au début du XXᵉ siècle. Au cours de cette première vague, le commerce international concernait essentiellement les produits de base et les produits manufacturés entièrement assemblés. Au cours de la deuxième vague de la mondialisation, le commerce international a été marqué par le dégroupement du processus de production et la réalisation des différentes phases de la production à divers endroits du monde entier. En conséquence, la structure des échanges commerciaux a changé, devenant multidirectionnelle et portant sur des produits intermédiaires dans des branches d'activité données.

Plusieurs éléments ont favorisé ce changement dans l'organisation de la production mondiale :

- la réduction des coûts dans le commerce international a rendu plus rentable la dispersion de la production dans différents endroits. L'utilisation de moyens de transport moins coûteux et plus rapides avait déjà stimulé le commerce international au cours de la première vague de la mondialisation. L'avènement du transport aérien, la généralisation de l'utilisation des conteneurs, et d'autres innovations ont réduit encore plus le coût du transport;

- progressivement, l'application de politiques commerciales plus libérales après la Seconde Guerre mondiale – faisant suite à la multiplication des politiques protectionnistes dans l'entre-deux-guerres – a aussi permis de réduire le coût du transport de marchandises d'un pays à l'autre;

- les technologies modernes de l'information et de la communication ont joué un rôle décisif dans la multiplication des lieux de production. Plus précisément, la baisse rapide du coût des communications et une technologie informatique toujours plus performante ont permis aux entreprises de coordonner des processus de production complexes dans différents endroits du monde entier.

… favorisant une croissance rapide du commerce mondial, qui dépasse la croissance de la production au niveau mondial

En conséquence, le commerce international a connu un essor. Dans la mesure où pièces et composants sont expédiés plusieurs fois de part et d'autre des frontières avant que les produits finaux soient assemblés – et, souvent, réexportés – la croissance du commerce mondial a dépassé celle de la production au niveau mondial. Le rapport entre le commerce et le produit intérieur brut (PIB) a plus que doublé au cours des cinquante dernières années (figure 1).

Importance accrue du capital immatériel dans la production de chaînes de valeur mondiales

La production de chaînes de valeur mondiales au XXIe siècle se caractérise généralement par ce qu'il convient de dénommer "courbe du sourire", qui a été utilisée pour la première fois au début des années 1990 par le directeur général de l'entreprise Acer. Comme il ressort de la figure 2, la courbe du sourire met en évidence l'importance accrue des phases se situant en amont et en aval de la fabrication et postule que ces phases représentent des parts de plus en plus élevées de la valeur globale de la production. Le sourire de plus en plus large représenté dans la figure 2 indique que le capital immatériel, que ce soit sous la forme de technologie, de design, de valeur de la marque, ou encore de compétences des employés et de savoir-faire en matière de gestion, revêt une importance décisive sur des marchés concurrentiels dynamiques. Les entreprises investissent en permanence dans le capital immatériel afin de conserver leur avance sur leurs concurrents.

À mesure que les pays deviennent plus riches, les consommateurs privilégient des produits répondant à des goûts variés et offrant une "expérience de marque" plus élargie.

Figure 1

La croissance du commerce mondial dépasse celle de la production mondiale

Le commerce en pourcentage du PIB.

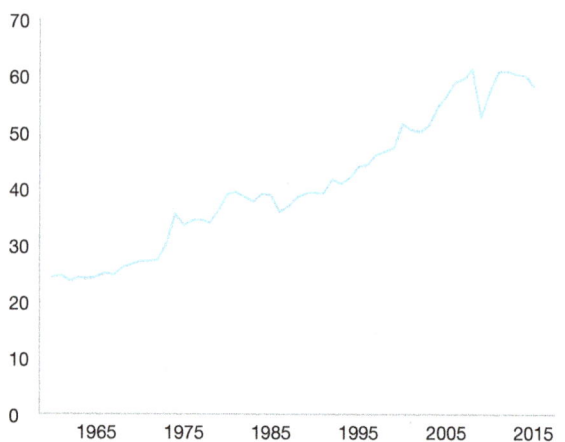

Voir figure 1.2.

Figure 2

la production au XXIe siècle a de plus en plus le sourire

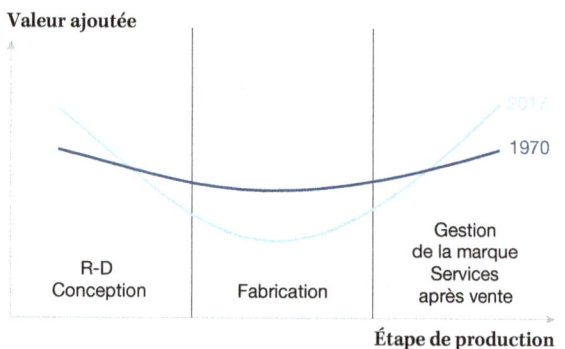

Voir figure 1.4.

Quel rendement produisent les actifs incorporels?

Bien qu'attrayante et intuitive, la notion de courbe du sourire a ses limites. Elle peut raisonnablement illustrer la répartition de la valeur ajoutée pour les entreprises intervenant à tous les stades de la production. Mais elle plus difficile à appliquer au niveau macroéconomique, où les chaînes de valeur des entreprises se rejoignent et se chevauchent. En outre, elle n'apporte aucun éclairage sur ce qui, précisément, crée de la valeur ajoutée aux différents stades de la production. Par exemple, une "plus forte valeur ajoutée" ne signifie pas nécessairement des activités sous-jacentes plus rentables, des emplois mieux rémunérés ou, plus généralement, "plus intéressants".

Il est possible de mieux comprendre ce qui crée de la valeur dans les chaînes de valeur mondiales en évaluant la part de revenus dégagés par le travail, le capital matériel et le capital immatériel utilisés dans la production de chaînes de valeur mondiales. Comme il ressort des recherches effectuées aux fins de l'établissement du présent rapport, les économistes Wen Chen, Reitze Gouma, Bart Los et Marcel Timmer ont réalisé précisément une telle analyse (voir le chapitre 1). Ils ont procédé en deux étapes : tout d'abord, ils ont rassemblé des données macroéconomiques sur la part de la valeur ajoutée dans 19 groupes de produits manufacturés couvrant 43 pays plus une région du reste du monde qui, collectivement, représentent environ un quart de la production mondiale; ensuite, ils ont décomposé la valeur ajoutée à chaque stade entre les revenus dégagés par le travail, ceux provenant du capital matériel et ceux produits par le capital immatériel, comme indiqué à la figure 3.

Le capital immatériel représente environ un tiers de la valeur de la production…

La figure 4 présente la part de revenus dégagée par chacun des trois facteurs de production pour tous les produits fabriqués et vendus dans le monde entier de 2000 à 2014. La part du capital immatériel a représenté en moyenne 30,4% au cours de cette période, soit presque le double de la part dégagée par les actifs corporels. Il est intéressant de noter que cette part est passée de 27,8% en 2000 à 31,9% en 2007, mais a stagné depuis lors. Le revenu total produit par les actifs incorporels dans les 19 industries manufacturières a augmenté de 75% en valeur réelle entre 2000 et 2014. Il s'est établi à 5900 milliards de dollars É.-U. en 2014.

Figure 3

Décomposer les chaînes de valeur mondiales

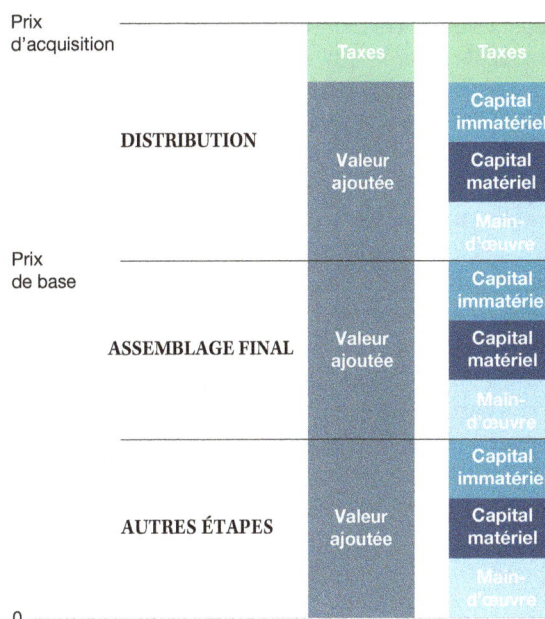

Voir figure 1.6.

Figure 4

Le capital immatériel génère plus de valeur que le capital matériel

Valeur ajoutée en pourcentage de la valeur totale de tous les produits manufacturés et vendus dans le monde

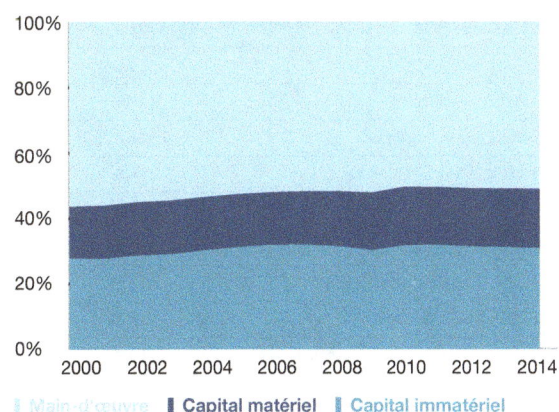

Main-d'œuvre | Capital matériel | Capital immatériel

Voir figure 1.7.

...les produits alimentaires, les véhicules à moteur et les produits textiles comptant pour environ la moitié des revenus produits par les actifs incorporels

Quelles sont les chaînes de valeur mondiales de produits qui ont recours de la manière la plus intensive aux actifs incorporels? Le tableau 1 présente la part de revenu en 2014 pour les 19 groupes de produits manufacturés dans l'ordre décroissant de leur production mondiale. Pour tous les groupes de produits, le capital immatériel représente une part plus élevée de la valeur ajoutée que le capital matériel.

La part des actifs incorporels est particulièrement élevée – et représente plus du double de la part des actifs corporels – pour les produits pharmaceutiques, les produits chimiques et les produits pétroliers. Cette part est également relativement élevée pour les produits alimentaires, ainsi que pour les ordinateurs, les produits électroniques et les produits optiques.

S'agissant du rendement absolu, les trois plus grands groupes de produits – produits alimentaires, véhicules à moteur et produits textiles – représentent près de 50% du revenu total dégagé par le capital immatériel dans les chaînes de valeur mondiales des 19 produits manufacturés.

Ces chiffres, ainsi que d'autres figurant dans le présent rapport permettent d'effectuer pour la première fois une évaluation du rendement des investissements en matière d'actifs incorporels dans la production de chaînes de valeur mondiales qui, jusqu'ici, n'avait généralement pas pu être mesuré. Néanmoins, ils laissent également un certain nombre de questions en suspens et suscitent quelques réserves du point de vue méthodologique. Par exemple, quels pays recueillent le rendement produit par le capital immatériel? La question est évidente, mais la réponse est incertaine.

Tableau 1

Part de revenu générée par groupe de produits manufacturés, 2014

Groupe de produits	Part de revenu attribuable au capital immatériel (en %)	Part de revenu attribuable au capital matériel (en %)	Part de revenu attribuable à la main-d'œuvre (en %)	Valeur de la production mondiale (en milliards de dollars É.-U.)
Produits alimentaires, boissons et produits du tabac	31,0	16,4	52,6	4 926
Véhicules à moteur et remorques	29,7	19,0	51,3	2 559
Textile, habillement et articles en cuir	29,9	17,7	52,4	1 974
Autres machines et matériel	27,2	18,8	53,9	1 834
Produits informatiques, électroniques et optiques	31,3	18,6	50,0	1 452
Meubles et autres produits manufacturés	30,1	16,3	53,7	1 094
Produits pétroliers	42,1	20,0	37,9	1 024
Autres équipements de transport	26,3	18,5	55,2	852
Matériel électrique	29,5	20,0	50,6	838
Produits chimiques	37,5	17,5	44,9	745
Produits pharmaceutiques	34,7	16,5	48,8	520
Fabrication de produits métalliques	24,0	20,8	55,2	435
Caoutchouc et matière plastique	29,2	19,7	51,1	244
Métaux de base	31,4	25,6	43,0	179
Réparation et installation de machines	23,6	13,2	63,2	150
Produits à base de papier	28,0	20,9	51,1	140
Autres produits minéraux non métalliques	29,7	21,5	48,9	136
Produits du bois	27,5	20,0	52,5	90
Produits d'impression	27,1	21,2	51,7	64

Source : Chen *et al.* (2017).

Tout d'abord, grâce au prix de transfert et aux pratiques connexes, les entreprises peuvent facilement transférer leurs bénéfices d'un endroit à l'autre. Ainsi, la majeure partie du rendement d'un actif corporel provenant d'un pays peut être perçue dans un autre pays. Plus fondamentalement, l'augmentation des participations transfrontalières et du partage des actifs incorporels est en train de remettre en question la notion même d'actifs et de revenus liés à un lieu. La nature précise du capital immatériel et l'incidence qu'il a sur les modèles d'affaires des participants d'une chaîne de valeur mondiale diffèrent très largement d'un secteur à l'autre. Les études de cas sur le café, le photovoltaïque et les smartphones figurant dans le présent rapport offrent des perspectives plus concrètes sur la nature du capital immatériel et sur les stratégies commerciales mises en place.

Le cas du café

Le café est l'une des plus importantes matières premières agricoles commercialisées. Il constitue la principale source de revenus de près de 26 millions d'agriculteurs dans plus d'une cinquantaine de pays en développement, mais 70% de la demande de café provient de pays à revenu élevé. La majeure partie de la valeur ajoutée du café vendu revient également à des pays à revenu élevé. Cette situation résulte en partie de la durée de conservation limitée du café torréfié, qui explique que l'essentiel de la torréfaction est effectuée près de l'endroit où le café est consommé. Surtout, elle témoigne de l'intérêt économique des activités en aval dans la chaîne de valeur mondiale.

Le capital immatériel dans la chaîne d'approvisionnement du café réside essentiellement dans les innovations technologiques en aval et l'image de marque

L'étude de cas sur le café met en évidence deux types de capital immatériel dans la chaîne de valeur mondiale (voir le chapitre 2) :

- la technologie associée à la culture du café et à sa transformation en un produit de consommation attrayant et de haute qualité. Les données sur les brevets semblent indiquer que les étapes les plus innovantes de la chaîne de valeur sont celles qui touchent de près le consommateur, y compris la transformation des grains et, plus particulièrement, la distribution des produits du café (figure 5). Cette dernière étape comprend les machines à expresso modernes et les capsules de café souvent utilisées à la maison ou au bureau;

- la réputation d'une marque et son image, qui permettent aux entreprises vendant des produits de consommation de différencier leur offre de celle de leurs concurrents. L'image de marque joue un rôle essentiel sur tous les segments du marché du café, aussi bien pour le café soluble et torréfié vendu dans les supermarchés que pour les produits à base d'expresso vendus dans les cafés.

Figure 5

La majeure partie de l'innovation dans le secteur du café se manifeste dans les activités touchant les consommateurs de près

Part des entreprises et des demandes de brevet relatives au café à chaque étape de la chaîne de valeur

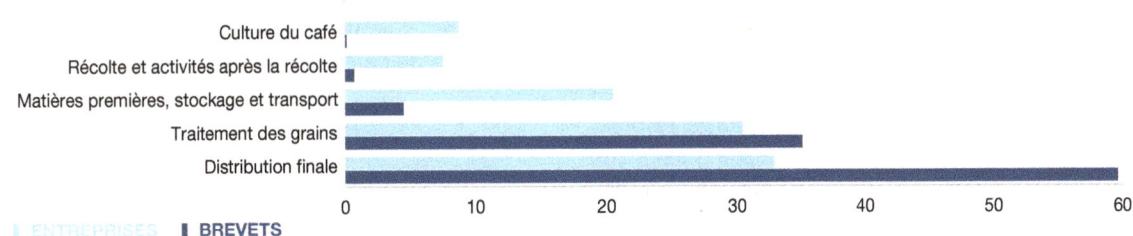

Voir figure 2.5.

Outre les actifs relatifs à la technologie et à l'image de marque, les entreprises leaders dans la chaîne de valeur mondiale du café ont établi à leur avantage des relations à long terme avec les distributeurs en aval. Il en résulte que la chaîne de valeur mondiale du café est largement axée sur l'acheteur et dominée par un nombre relativement faible de multinationales ayant leur siège dans les grands pays consommateurs de café.

Différentes vagues de consommation de café...

L'évolution des préférences des consommateurs a donné lieu à trois vagues de consommation de café qui ont progressivement transformé la chaîne de valeur mondiale :

- la première vague concerne les consommateurs qui, généralement, consomment leur café à la maison. Les produits – sous la forme de paquets de grains de café torréfiés, de café soluble et, plus récemment, de capsules individuelles – sont normalisés, les prix variant en fonction des différences de qualité dans les mélanges de café;

- la deuxième vague a trait aux consommateurs qui préfèrent consommer leur café dans un cadre social. Les produits de ce segment du marché vont du traditionnel expresso italien à des préparations plus élaborées de café agrémenté de mousse de lait. Outre le café lui-même, la plupart des établissements actifs dans ce segment du marché offrent une ambiance distincte pour attirer les consommateurs. La qualité des grains de café utilisés dans cette deuxième vague tend à être supérieure à celle de la première vague. En outre, la deuxième vague a favorisé l'adoption de normes volontaires de durabilité afin d'informer les consommateurs de l'origine du café et du paiement aux producteurs de prix équitables;

- la troisième vague de ce segment du marché vise les consommateurs avertis, prêts à payer le prix fort pour leur café. Ils s'intéressent à la provenance de leurs grains de café, à leur mode de culture et à la meilleure façon de préparer le café en vue d'en apprécier pleinement la saveur, le corps, l'arôme, le parfum et la sensation en bouche. Les grains de café tendent à être de qualité supérieure à celle des grains utilisés dans les deux autres segments du marché.

...refaçonnent la chaîne de valeur mondiale du café...

La première vague représente encore 65 à 80% du volume total de café consommé, mais ne constitue que 45% de la valeur mondiale du marché. Ces chiffres témoignent des prix plus élevés pratiqués dans les deuxième et troisième vagues (voir la figure 6). Les deuxième et – plus récemment – troisième vagues refaçonnent la gestion de la chaîne de valeur mondiale du café. Plus précisément, l'achat de café lors de la première vague était généralement axé sur le marché, les acheteurs mélangeant différents types de café provenant de différentes parties du monde. L'introduction de normes volontaires de durabilité au cours de la deuxième vague a créé des liens directs entre les producteurs de café et les participants en aval de la chaîne de valeur. Ces liens revêtent encore plus d'importance au cours de la troisième vague et ont, en fait, raccourci la chaîne de valeur en supprimant les intermédiaires dans le commerce du café.

...et la troisième vague ouvre des perspectives de participation renforcée des producteurs de café

L'évolution des préférences des consommateurs combinée à la deuxième et, en particulier, à la troisième vague ont ouvert de nouvelles perspectives de participation renforcée des producteurs de café des pays exportateurs. L'accent mis sur ce segment du marché est comparable au profil des saveurs dans l'industrie viticole, qui valorise le terroir, le cépage et le savoir-faire intervenant dans la production du vin. Les informations relatives à l'origine et à la variété des grains de café, à leur mode de culture et de transformation et à la rémunération des producteurs font désormais partie intégrante de la vente du café. Pour les producteurs de café, une communication directe avec les acheteurs peut parfois donner lieu au partage de technologies et de savoir-faire, qui permettent d'améliorer la culture du café et sa transformation. La figure 6 montre dans quelle mesure les prix plus élevés pratiqués dans la troisième vague vont de pair avec une meilleure rémunération des producteurs de café.

Figure 6

La rémunération des producteurs de café est plus élevée sur le segment de troisième vague

Répartition des revenus par segment de marché
(en dollars É.-U. par livre)

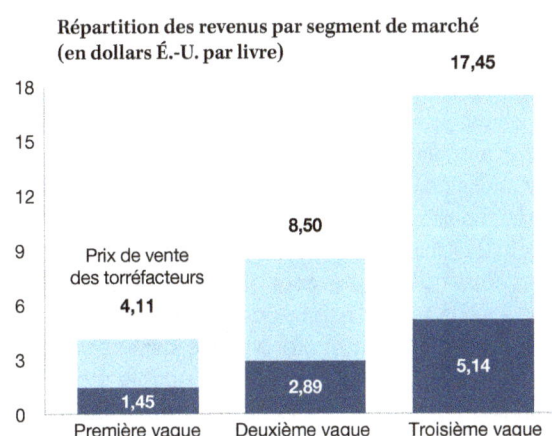

Revenus attribuables au pays importateur

Voir figure 2.3.

Pour répondre à la demande de café dans la troisième vague, de plus en plus de producteurs de café redoublent d'efforts afin d'offrir un café distinct du café générique et adoptent leurs propres stratégies en matière de création de marques. En outre, certains pays producteurs de café travaillent activement à la création d'une image de marque pour leur café sur les marchés étrangers, tandis que les associations de producteurs de café et d'autres entités cherchent à obtenir la protection par des droits de propriété intellectuelle sur les principaux marchés de leurs actifs en matière de marques, tels que la marque colombienne Juan Valdez ou la marque jamaïcaine Blue Mountain Coffee.

Le cas du photovoltaïque

Grâce en partie à des politiques publiques créant des conditions favorables, la demande en faveur du photovoltaïque connaît une croissance exponentielle depuis le début des années 2000. Dans le même temps, la rapidité du progrès technique a entraîné une baisse notable des prix des modules solaires photovoltaïques, qui ont chuté d'environ 80% pour la seule période comprise entre 2008 et 2015.

Les innovations permettant de réduire les coûts ont défini la dynamique concurrentielle sur la chaîne de valeur du photovoltaïque

L'étude de cas sur la chaîne de valeur du photovoltaïque décrit la manière dont les systèmes photovoltaïques cristallins dominent la technologie photovoltaïque (voir chapitre 3). Leur production comprend cinq grandes étapes : purification du silicium, production de lingots et de plaquettes, fabrication de cellules photovoltaïques, assemblage des modules et intégration de ces modules dans les systèmes photovoltaïques. Les actifs incorporels des participants de la chaîne de valeur portent principalement sur une technologie avancée, notamment pour les étapes situées en amont. Cette technologie nécessite souvent un savoir-faire précis que les sociétés tiennent secret, bien que la délivrance de brevets enregistre une croissance rapide, en particulier depuis 2005 (voir figure 7).

Traditionnellement, c'est au sein d'entreprises établies aux États-Unis d'Amérique, en Allemagne, au Japon et en Australie que se jouait l'essentiel de l'innovation dans ce secteur. Avec le temps cependant, les panneaux et systèmes photovoltaïques sont essentiellement devenus des marchandises, dont la compétitivité est principalement définie par la quantité d'électricité produite pour chaque dollar investi. En conséquence, la dynamique de ce secteur repose dans une large mesure sur des stratégies visant à réduire les coûts de production. Les acteurs qui connaissent le succès sur ce marché ont pu réduire leurs structures de coûts en investissant dans des moyens de production plus performants, en réalisant des économies par le biais d'innovations complémentaires et en élargissant leur production.

L'innovation reste géographiquement concentrée

L'innovation dans la technologie photovoltaïque reste géographiquement concentrée. La grande majorité des demandes de brevet relatives à l'énergie photovoltaïque sont déposées en Chine, en Allemagne, au Japon, en République de Corée et aux États-Unis d'Amérique, les innovateurs chinois constituant la principale source de dépôts de demandes de brevet depuis 2010 (figure 7). Il est intéressant de noter que la répartition de l'activité en matière de brevets varie considérablement d'une origine à l'autre pour ce qui est de la technologie visée et que les sociétés chinoises, par exemple, en comparaison avec les sociétés d'autres origines, se concentrent davantage sur la technologie des modules solaires que sur la technologie cellulaire (figure 8).

Figure 7

Dans le secteur photovoltaïque, un petit nombre de pays d'origine comptent pour la majeure partie de l'activité en matière de brevets

Premiers dépôts concernant des technologies photovoltaïques, par origine, 2000-2015

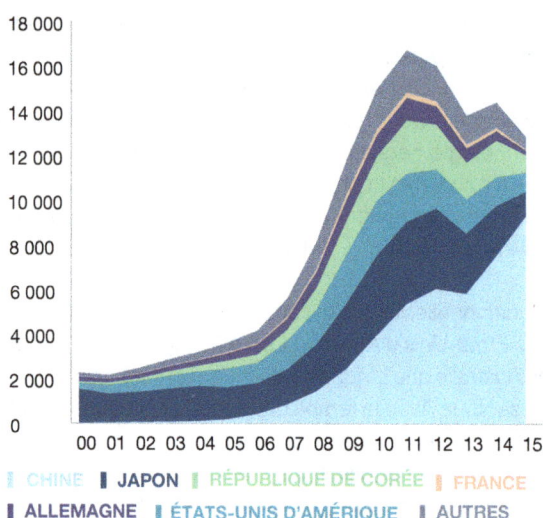

CHINE   **JAPON**   RÉPUBLIQUE DE CORÉE   FRANCE
ALLEMAGNE   ÉTATS-UNIS D'AMÉRIQUE   AUTRES

Voir figure 3.8.

La Chine est devenue la principale force de la chaîne de valeur mondiale du photovoltaïque …

La participation à la chaîne de valeur mondiale du photovoltaïque a radicalement changé au cours de la dernière décennie, en particulier avec le déplacement en Chine d'activités de production menées en amont et à mi-parcours. Puisque les produits photovoltaïques initialement inventés dans des pays à revenu élevé, il y a quelques dizaines d'années, ne sont plus protégés par des brevets, les entreprises chinoises ont pu acquérir les connaissances nécessaires pour produire efficacement des composants photovoltaïques sur la chaîne de valeur de ce secteur. Pour ce faire, elles ont procédé de deux manières :

- les entreprises chinoises ont acquis des technologies dans le secteur photovoltaïque en achetant du matériel de production moderne auprès de fournisseurs internationaux;

- en arrivant sur ce marché dans les années 2000, les entreprises chinoises du secteur photovoltaïque ont profité de l'arrivée d'ingénieurs et de cadres étrangers qualifiés, qui ont amené en Chine un savoir technique, des capitaux et des réseaux professionnels.

… ce qui a restructuré le paysage mondial de l'innovation dans le secteur photovoltaïque

Ce changement dans la production de la chaîne de valeur mondiale, combiné à la chute des prix, a exercé une pression concurrentielle sur de nombreux fabricants traditionnels de systèmes photovoltaïques établis aux États-Unis d'Amérique, en Europe ou ailleurs, ce qui a entraîné faillites et acquisitions. Cela explique en partie la baisse du nombre de demandes de brevet relatives à l'énergie photovoltaïque déposées dans le monde après 2011, qui est attribuable aux pays d'origine traditionnels de l'innovation dans le secteur photovoltaïque (voir figure 7). La Chine est le seul principal pays d'origine des brevets dont l'activité en matière de brevets a continué de croître après 2011.

La situation est néanmoins plus nuancée qu'il n'y paraît. Avec un marché de l'énergie solaire photovoltaïque saturé et des prix bas qui se traduisent par de faibles marges bénéficiaires, les entreprises toujours présentes ont renforcé leurs investissements dans la recherche-développement pour mettre au point une nouvelle technologie concurrentielle dans le secteur photovoltaïque.

Une analyse plus détaillée des données de brevets révèle que le nombre de demandes de brevet par déposant a continué de croître dans les pays d'origine traditionnels après 2011, suggérant une augmentation de l'activité de brevets parmi les entreprises toujours présentes. En effet, le nombre de demandes de brevet déposées par ces entreprises augmente plus rapidement que les dépenses en recherche-développement, ce qui laisse penser que les droits de brevets pourraient à l'avenir devenir plus importants pour assurer des retours sur les investissements en recherche-développement.

Pour répondre à la saturation du marché et aux faibles marges bénéficiaires, les fabricants du secteur photovoltaïque pourraient aussi s'intéresser à des activités en aval, et participer à l'élaboration de projets et au renforcement de la réputation des actifs grâce à des activités de création de marques.

Une telle stratégie pourrait aider les entreprises à générer une demande pour leurs produits en amont et à accroître leurs marges bénéficiaires, en particulier sur des marchés de services locaux moins compétitifs.

Figure 8

Le domaine visé par l'activité en matière de brevets varie selon le pays d'origine

Répartition (en %) des premiers dépôts, par origine et par segment de la chaîne de valeur, 2011-2015

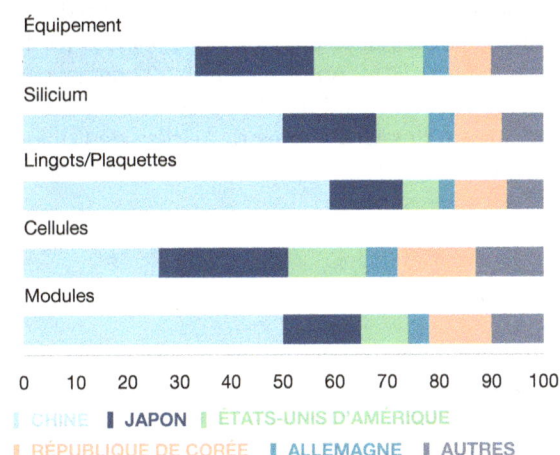

Voir figure 3.10.

Le cas des smartphones

Un nombre relativement faible de grandes entreprises dominent la chaîne de valeur des smartphones

La chaîne de valeur des smartphones est dominée par un nombre relativement faible d'entreprises protégées par des marques solides, qui consentent des investissements massifs dans la technologie et la conception de produits. L'étude de cas s'intéresse à trois de ces grandes entreprises : Apple, Samsung et Huawei, et aux modèles de smartphones offerts par chacune d'entre elles (voir le chapitre 4). Les principales caractéristiques de la chaîne de valeur des smartphones sont les suivantes :

- outre le fait qu'elles mettent au point leur propre technologie, les grandes entreprises acquièrent des composants et des technologies potentiellement novateurs auprès de tiers. Certains composants,

comme les jeux de circuits et les batteries, sont très complexes et sont associés à des chaînes d'approvisionnement mondiales qui leur sont propres.

- Les grandes entreprises ont besoin d'un accès à la technologie employée dans le cadre des normes d'interopérabilité et d'interconnexion, comme la 4G (quatrième génération des normes pour la téléphonie mobile) et la technologie d'évolution à long terme (LTE). Des sociétés comme Nokia, Ericsson, Qualcomm, InterDigital, Huawei, Samsung, NTT DoCoMo et ZTE mettent à disposition des technologies brevetées pour l'élaboration de ces normes, qui sont définies par des organismes de normalisation. L'accès à ces technologies implique généralement le versement de redevances.

- Les smartphones nécessitent un système d'exploitation et des applications logicielles mobiles, souvent fournis par des tiers. Samsung, Huawei et d'autres utilisent Android, mis au point par Google, tandis qu'Apple produit son propre système d'exploitation iOS.

- Dans le cas d'Apple, l'assemblage du produit final est effectué par des producteurs de concepts d'origine ou d'autres sous-traitants. Samsung procède à l'assemblage principalement en interne, au sein de ses propres installations, tandis que Huawei emploie des ressources internes mais aussi externes pour cette tâche.

- Les grandes entreprises ont ouvert leurs propres boutiques et ont recours à des tiers pour distribuer leurs produits aux consommateurs, et Apple est celle qui repose dans la plus large mesure sur les boutiques qu'elle a créées.

Les estimations de la valeur captée par les grandes entreprises montrent que celles-ci tirent des revenus substantiels de leur capital immatériel, en particulier Apple...

Pour se faire une idée de la valeur créée par les actifs incorporels dans le cas des smartphones, l'étude de cas s'intéresse à ce que l'on appelle les parts de la valeur captée par les trois principales entreprises sur ce marché. Ces parts de valeur présentent des similitudes conceptuelles avec le rendement macroéconomique du capital immatériel examiné plus haut, mais il existe des différences méthodologiques importantes qui traduisent l'existence de données sous-jacentes.

La figure 9 montre les parts de la valeur captée pour trois modèles de smartphones. Pour chaque iPhone 7 vendu pour quelque 809 dollars É.-U., la société Apple conserve 42% du montant des ventes. Si les parts de la valeur captée par Huawei et Samsung sont comparables, Apple capte davantage de valeur que ses deux concurrents en chiffres absolus, ce qui s'explique par le prix élevé des iPhones et par le volume des ventes sensiblement plus élevé de ces appareils. Ces chiffres soulignent le rendement important du capital immatériel dans ce secteur, en particulier pour Apple.

... mais aussi d'autres entreprises

Il serait simpliste de conclure, néanmoins, que seules les grandes sociétés tirent des revenus de leur capital immatériel. Certains fournisseurs de composants, qui proposent des techniques exclusives aux États-Unis d'Amérique et en Asie, réalisent des marges importantes, de même que certains fournisseurs de technologie comme Qualcomm, mais les sous-traitants qui effectuent l'assemblage final réalisent des marges relativement faibles, du fait de l'importance mineure du capital immatériel à cette étape de la production. Ils tirent principalement profit du fort volume d'activité.

Les participants de la chaîne de valeur des smartphones sont largement tributaires de la propriété intellectuelle pour générer un rendement à partir de leur capital immatériel.

L'étude de cas a également tenté d'établir une cartographie des dépôts de demandes de droits de propriété intellectuelle concernant les smartphones et la technologie y relative. Cette tâche s'avère extrêmement difficile. Les systèmes existants de classement des brevets ne comptent aucune catégorie prête à l'emploi qui contiendrait l'ensemble des inventions relatives aux smartphones.

En effet, de nombreuses inventions au cœur des fonctionnalités des smartphones ne relèvent pas des catégories ayant le rapport le plus direct avec les smartphones; c'est le cas des "terminaux de communication portable" et des "appareils téléphoniques", par exemple. En outre, de nombreuses inventions, comme la technologie du système mondial de localisation (GPS), peuvent ne pas correspondre exclusivement aux smartphones, voire ne pas avoir été pensées pour les smartphones au moment du dépôt du brevet.

Si l'on en croit les estimations les plus larges, jusqu'à 35% de l'ensemble des premiers dépôts dans le monde concerneraient des smartphones.

Des difficultés similaires surgissent lorsque l'on tente de recenser le nombre de demandes d'enregistrement de dessins et modèles industriels et de demandes d'enregistrement de marques associées à des smartphones. Les statistiques disponibles dans ce domaine montrent qu'Apple, Huawei et Samsung dépendent largement de ces formes de propriété intellectuelle, mais que l'ensemble de leurs dépôts ne concernent pas nécessairement leurs modèles de smartphones. Il existe par exemple un domaine d'activité de dépôt de dessins et modèles industriels particulièrement dynamique : les interfaces utilisateurs graphiques (GUI). Entre 2009 et 2014, Apple a déposé 222 demandes d'enregistrement d'un dessin ou modèle industriel concernant des GUI auprès de l'Office de l'Union européenne pour la propriété intellectuelle, contre 379 pour Samsung.

La valeur captée est concentrée en quelques points géographiques, mais la situation évolue au fil du temps

Dans l'histoire récente, seuls quelques endroits, principalement situés aux États-Unis d'Amérique et en Asie, captent la plus grande partie de la valeur créée par la production des smartphones (voir la figure 9). La chaîne de valeur des smartphones évolue néanmoins de façon dynamique, avec l'apparition d'une nouvelle technologie et une modification des préférences des consommateurs, qui profitent à certains acteurs mais posent problème à d'autres.

- Les acteurs présents sur le marché chinois ont rapidement amélioré leurs capacités techniques. Huawei, par exemple, qui était fournisseur d'équipements de télécommunication et de téléphones portables bas de gamme, est devenu l'un des principaux fournisseurs de smartphones haut de gamme et consent des investissements massifs dans la recherche-développement et la création d'une marque mondiale. D'autres fournisseurs de smartphones chinois, comme Xiaomi, Oppo et Vivo, se sont hissés parmi les 10 principaux fournisseurs du point de vue des ventes mondiales.

Figure 9

Les principales entreprises du secteur des smartphones captent une part importante de la valeur

42%
Apple

22%
Coût du matériel

15%
Distribution et vente au détail

5%
Licences de propriété intellectuelle

5%
Matériel non identifié

3%
Autres États-Unis d'Amérique

3%
Province chinoise de Taiwan

2%
Matériel non identifié

1%
Main-d'œuvre (Chine)

1%
République de Corée

1%
Japon

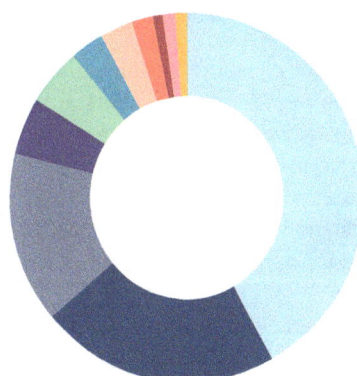

Apple iPhone 7

34%
Samsung Electronics

23%
Coût du matériel

20%
Distribution et vente au détail

7%
Matériel non identifié

5%
Licences de propriété intellectuelle

5%
États-Unis d'Amérique

3%
Autres République de Corée

2%
Main-d'œuvre non identifiée

1%
Main-d'œuvre (Chine)

1%
Japon

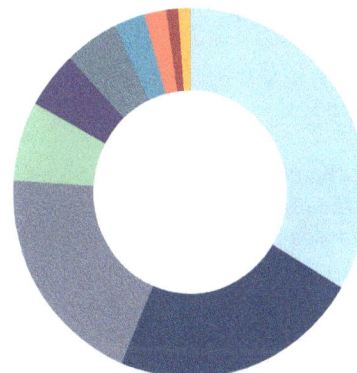

Samsung Galaxy S7

42%
Huawei

23%
Coût du matériel

15%
Distribution et vente au détail

9%
Matériel non identifié

5%
Licences de propriété intellectuelle

3%
Autres Chine

2%
République de Corée

2%
Main-d'œuvre non identifiée

1%
Main-d'œuvre (Chine)

1%
Province chinoise de Taiwan

1%
États-Unis d'Amérique

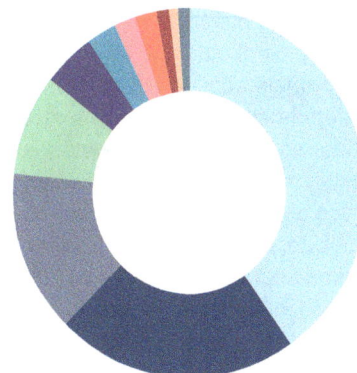

Huawei P9

Voir figure 4.4.

• Les entreprises habituellement associées aux opérations d'assemblage, comme Foxconn, sont à l'origine de leurs propres avancées technologiques et ont dépensé des montants considérables aux fins de la recherche-développement et de la constitution de larges portefeuilles de brevets.

• Même l'assemblage des smartphones connaît des transformations constantes car, les principales entreprises sur ce marché ayant du mal à répondre à la forte demande, de nouveaux sous-traitants sont sollicités, à d'autres endroits du monde comme l'Inde dans le cas d'Apple et le Viet Nam pour Samsung.

• La participation à des communautés de brevets répondant à des normes plus récentes comme la LTE se traduit par une participation relativement forte de sociétés actives sur Internet, comme Google, et d'entreprises établies en Chine et en République de Corée, notamment Huawei, ZTE et Samsung.

L'avenir des chaînes de valeur mondiales

Les chaînes de valeur mondiales symbolisent le commerce international au XXIᵉ siècle. Elles relient entre elles les économies nationales comme jamais auparavant, et ont contribué à l'intégration de nombreux pays en développement dans le système économique mondial. Quelles sont leurs perspectives d'évolution et quel rôle la politique peut-elle jouer pour faire en sorte que ces chaînes de valeur soutiennent la croissance économique et l'amélioration des niveaux de vie dans le monde?

Ainsi que l'indique la figure 1, le ratio entre commerce et PIB a plus que doublé au cours des 50 dernières années, mais aucune augmentation n'a été observée depuis la crise financière mondiale de 2008. Les études montrent que la stagnation de ce ratio commerce/PIB pourrait s'expliquer par une diminution des possibilités de développement ultérieur des chaînes de valeur mondiales (voir le chapitre 1). Cette évolution peut suggérer qu'un partage plus important de la production mondiale ne suscitera pas à l'avenir le même élan de croissance que celui qui a caractérisé les décennies ayant précédé la crise financière.

Dans le même temps, les innovations dans le domaine technologique et au sein des entreprises, ainsi que l'évolution des préférences des consommateurs, continueront de transformer la production mondiale. Surtout, les progrès effectués dans le domaine de l'impression 3D, de la robotique et de l'automatisation des processus de fabrication ont déjà reconfiguré les chaînes d'approvisionnement dans un certain nombre de secteurs, et de nouvelles avancées dans ces domaines pourraient provoquer des changements plus profonds. Ces progrès pourraient aussi se traduire par la "relocalisation" de certaines activités de production, qui impliquerait une diminution des échanges. Le déploiement de ces technologies pourrait néanmoins, aussi, stimuler la croissance.

Quelles qu'en soient les causes, les changements rencontrés sur les chaînes de valeur mondiales perturbent les modes habituels de production, une situation qui devrait être au centre des préoccupations des preneurs de décisions. Les tâches de production délocalisées à l'étranger peuvent entraîner pertes d'emploi ou baisses des salaires. Face à ce phénomène, la protection des échanges commerciaux n'est pas la réponse à donner. Une inversion de la tendance sur des marchés ouverts pourrait, en soi, être hautement perturbatrice. Au lieu de cela, les preneurs de décisions devraient prévoir un système de protection sociale qui atténue les effets négatifs du chômage et instituer des mesures visant à faciliter la reconversion des travailleurs. En effet, les politiques visant à répondre aux perturbations découlant des changements intervenus sur la chaîne de valeur mondiale sont, en principe, similaires aux politiques visant à répondre aux perturbations qui interviennent naturellement dans les pays qui connaissent des transformations structurelles en raison de leur croissance économique.

Pour les preneurs de décisions des pays à faible revenu et des pays à revenu intermédiaire, une question importante qui se pose est celle de savoir comment les entreprises locales peuvent soutenir l'amélioration des capacités de production de la chaîne de valeur mondiale. L'expérience tirée des réussites rencontrées en Asie de l'Est suggère que la mise en place d'un mélange de politiques propices aux investissements dans les actifs incorporels, y compris au moyen de politiques de propriété intellectuelle équilibrées, devrait être une priorité.

En outre, les gouvernements peuvent assumer un rôle constructif et recenser les capacités industrielles préexistantes, souvent au niveau des sous-régions, afin de les exploiter en supprimant les contraintes qui pèsent sur l'activité des entreprises. Ce faisant, il est important d'adopter une perspective axée sur la chaîne de valeur, car les possibilités et enjeux qui se présentent aux entrepreneurs locaux évoluent avec les tendances du marché mondial.

Selon toute vraisemblance, le renforcement de la chaîne de valeur mondiale ne suppose pas un jeu à somme nulle entre les diverses économies nationales. Bien que ce processus puisse provoquer le déplacement de certains acteurs de la chaîne de valeur mondiale, il s'agit d'un phénomène dynamique par nature. L'évolution technologique et les nouveaux cycles applicables aux produits entraînent immanquablement une reconfiguration des chaînes de valeur mondiales, créent des possibilités d'entrée sur le marché pour certaines entreprises, mais signifient également l'obligation d'en sortir pour d'autres. En outre, le renforcement de la chaîne de valeur mondiale génère une croissance économique susceptible d'élargir le marché offert à l'ensemble des produits de la chaîne de valeur mondiale.

La propriété intellectuelle et les autres actifs incorporels donnent deux fois plus de valeur aux produits que le capital matériel

Main-d'œuvre
Rémunération et autres formes de compensation des travailleurs

Capital matériel
Éléments intervenant dans le processus de production tels que les machines, les bâtiments, les entrepôts et les véhicules de transport des marchandises

Capital immatériel
Technologie, design, valeur de la marque, ainsi que compétences des employés et savoir-faire en matière de gestion

1/3

Le tiers de la valeur des produits achetés provient des actifs incorporels tels que la technologie et l'image de marque.

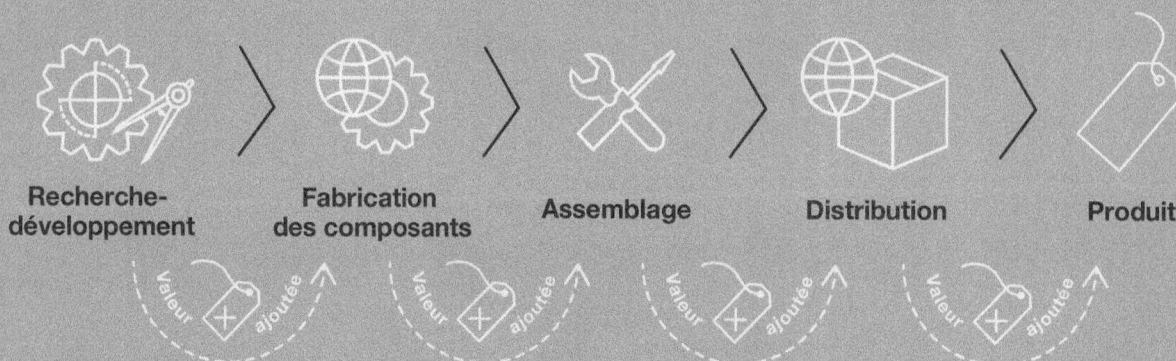

Recherche-développement 〉 Fabrication des composants 〉 Assemblage 〉 Distribution 〉 Produit

Valeur ajoutée *Valeur ajoutée* *Valeur ajoutée* *Valeur ajoutée*

Valeur ajoutée = différence entre les intrants et les extrants à chaque étape de la chaîne de production mondiale

Source : Rapport 2017 sur la propriété intellectuelle dans le monde

Chapitre 1
Les chaînes de valeur mondiales, symbole du commerce international au XXᵉ siècle

La technologie, l'innovation au sein des entreprises et la baisse du coût des échanges ont profondément transformé l'organisation de la production mondiale. Le processus de production a été dissocié, différentes étapes de production étant mises en œuvre à différents endroits. Des chaînes d'approvisionnement internationales complexes, également dénommées chaînes de valeur mondiales, sont apparues, dans le cadre desquelles des sociétés transfèrent des biens intermédiaires de par le monde pour mener à bien l'étape du traitement et, en dernier ressort, de l'assemblage final. L'un des bouleversements les plus profonds engendrés par la croissance des chaînes de valeur mondiales a été l'intégration de certains pays en développement dans l'économie mondiale, qui a coïncidé avec une croissance économique rapide dans ces pays. Selon un spécialiste de renom, cette évolution est "peut-être le virage le plus important opéré par l'économie mondiale ces 100 dernières années[1]".

L'essor des chaînes de valeur mondiales est allé de pair avec un rôle accru joué par les actifs incorporels dans l'activité économique. Les éditions précédentes du *Rapport sur la propriété intellectuelle dans le monde* ont rendu compte de l'accroissement rapide des investissements dans la technologie, la conception et la gestion des marques, lequel a largement dépassé celui des investissements dans les actifs corporels traditionnels[2]. Dans les faits, ces deux tendances sont directement liées. Les actifs incorporels façonnent les chaînes de valeur mondiales de deux manières importantes. Premièrement, l'organisation des chaînes d'approvisionnement internationales – et en particulier la délocalisation des opérations de fabrication à forte intensité de main-d'œuvre dans des pays où les salaires sont moins élevés – entraîne un transfert des connaissances technologiques et commerciales d'un lieu à un autre. Ces connaissances sont souvent soumises à différents types de droits de propriété intellectuelle, notamment des droits enregistrés, tels que les brevets et les dessins et modèles industriels, et non enregistrés, tels que le droit d'auteur et les secrets d'affaires. Deuxièmement, la technologie, la conception et la gestion des marques sont des facteurs déterminants de la réussite sur le marché et ont donc une incidence sur la répartition de la valeur le long des chaînes de valeur mondiales.

Bien que les échanges commerciaux dans les chaînes de valeur mondiales aient déjà fait l'objet d'un grand nombre d'études, nous disposons de peu d'informations sur la manière dont les entreprises gèrent leurs actifs incorporels lorsqu'elles délocalisent leur production à l'étranger, ainsi que sur la part de la valeur de la production qui découle de ces actifs. Le présent rapport vise à combler cette lacune, en deux temps. Premièrement, il fait la synthèse des informations issues d'études existantes sur les chaînes de valeur mondiales et met en lumière des travaux de recherche inédits sur la part des actifs incorporels dans la valeur ajoutée au niveau macroéconomique. Dans un deuxième temps, le rapport se penche sur la place qu'occupent les actifs incorporels au niveau microéconomique dans trois secteurs : ceux du café, du photovoltaïque et des smartphones. Ces études de cas seront présentées dans les chapitres 2, 3 et 4 respectivement.

Le présent chapitre liminaire vise à planter le décor en analysant l'émergence des chaînes de valeur mondiales, en étudiant des travaux de recherche économique portant sur l'organisation de ces chaînes de valeur et en apportant de nouvelles données sur le rôle joué par les actifs incorporels. Plus précisément, la section 1.1 présente brièvement l'essor des chaînes de valeur mondiales au cours des dernières décennies et la section 1.2 introduit les concepts clés relatifs à l'organisation et à la gouvernance des chaînes de valeur mondiales. Ce cadre étant posé, la section 1.3 fournit des estimations inédites des revenus produits par les actifs incorporels dans la production des chaînes de valeur mondiales. La section 1.4 examine dans le détail la façon dont les sociétés participant aux chaînes de valeur mondiales gèrent leurs actifs incorporels ainsi que la manière dont les sociétés situées dans des pays se trouvant dans les premières phases de leur développement industriel peuvent acquérir de tels actifs. À la lumière de ces informations, des études de cas seront présentées dans les chapitres 2, 3 et 4. Enfin, la section 1.5 apporte des pistes de réflexion axées sur les politiques au sujet de l'évolution des chaînes de valeur mondiales.

1.1 – Comment les chaînes de valeur mondiales se sont-elles développées?

La croissance des chaînes de valeur mondiales est l'une des principales caractéristiques de ce qu'il est convenu de dénommer la deuxième vague de la mondialisation, qui a débuté dans la seconde moitié du XXe siècle. L'invention de la machine à vapeur au XVIIIe siècle a déclenché la première vague de la mondialisation, qui a culminé au début du XXe siècle. Au cours de cette première vague, le commerce international concernait essentiellement les produits de base et les produits manufacturés entièrement assemblés. Les flux d'importations et d'exportations entre les pays à cette époque témoignaient dans une large mesure des avantages et des désavantages comparatifs sectoriels de ces derniers[3]. Au cours de la deuxième vague de la mondialisation, le commerce international a été marqué avant tout par une *spécialisation verticale* croissante en vertu de laquelle les pays se sont concentrés sur des étapes données du processus de production. En conséquence, la structure des échanges commerciaux a changé, devenant multidirectionnelle et portant sur des produits et services intermédiaires dans des branches d'activité données[4].

Plusieurs éléments ont concouru à cette spécialisation verticale croissante. Du fait de la réduction des coûts des échanges internationaux, la dispersion de la production dans différents endroits est devenue une option plus rentable. L'utilisation de moyens de transport moins coûteux et plus rapides avait déjà stimulé le commerce international au cours de la première vague de la mondialisation. L'avènement du transport aérien, la généralisation de la conteneurisation, et d'autres innovations ont réduit encore plus le coût du transport. Progressivement, la mise en œuvre de politiques commerciales plus libérales après la Seconde Guerre mondiale – faisant suite à la multiplication des politiques protectionnistes dans l'entre-deux-guerres – a aussi permis de réduire le coût du transport de marchandises d'un pays à l'autre. Il est intéressant de noter que même de faibles baisses des coûts des échanges, qu'elles soient dues à une diminution des coûts de transport ou à un allègement des mesures de protection à l'encontre des importations moindres, peuvent avoir un effet significatif sur la formation des chaînes de valeur mondiales dans la mesure où ces coûts sont appliqués à chaque fois que des pièces et composants différents franchissent des frontières avant l'assemblage final[5].

Figure 1.1

Davantage d'exportations brutes pour chaque dollar de valeur ajoutée dans les exportations

Part de valeur ajoutée dans les exportations brutes, total mondial

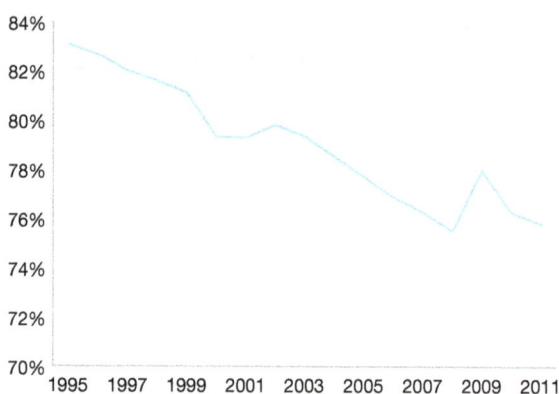

Note : la valeur ajoutée dans les exportations renvoie à la valeur ajoutée locale dans les exportations brutes d'un pays.

Source : Base de données sur les échanges en valeur ajoutée, OCDE.

Il est également à souligner que les technologies de l'information et de la communication (TIC) modernes ont joué un rôle décisif dans la dispersion de la production entre plusieurs lieux. Comme nous l'expliquerons plus en détail ci-après, la décision qui consiste à déterminer s'il convient de fragmenter géographiquement la production nécessite de trouver un compromis entre la baisse des coûts de production rendue possible par la dispersion de la production d'une part, et l'augmentation des coûts de coordination qui découle de la fragmentation géographique d'autre part. La baisse rapide du coût des communications et une technologie informatique toujours plus performante ont fait pencher la balance en faveur de la dispersion de la production[6].

Afin d'illustrer l'essor des chaînes de valeur mondiales, on peut notamment calculer la part de valeur ajoutée dans les exportations brutes globales. Si les pièces et composants entrant dans un produit franchissent des frontières nationales à plusieurs reprises avant de parvenir aux consommateurs, la valeur des exportations brutes associée à ce produit sera supérieure à la valeur ajoutée dans les exportations de chacun des sites de production.

La croissance des échanges dans les chaînes de valeur mondiales devrait donc entraîner une diminution de la part de valeur ajoutée dans les exportations brutes, et la figure 1.1 montre que c'est précisément ce qui s'est passé : dans le monde, cette part a reculé de sept points de pourcentage entre 1995 et 2011.

Malheureusement, étant donné qu'il est difficile de rendre compte de la valeur ajoutée dans les statistiques commerciales, les données relatives à la valeur ajoutée dans les exportations ne sont disponibles ni avant 1995 ni après 2011. La figure 1.2 offre une vision à plus long terme et plus récente; elle représente l'évolution du rapport entre la croissance du commerce et celle du produit intérieur brut (PIB) dans le monde. Ce rapport s'est accru de quelque 240% entre 1960 et 2015. Il faut toutefois souligner que les valeurs relatives au commerce et au PIB ne sont pas directement comparables : les premières rendent compte de la production échangée sur la base des revenus tandis que les secondes mesurent la production totale sur la base de la valeur ajoutée. Néanmoins, la forte hausse enregistrée au cours des 50 dernières années témoigne vraisemblablement de l'essor des chaînes de valeur mondiales : une fois de plus, on a davantage d'échanges bruts pour chaque dollar de production.

La figure 1.2 montre en outre que le rapport entre la croissance du commerce et celle du PIB a atteint un niveau record en 2008 avant d'enregistrer un net repli pendant la crise financière mondiale, et qu'il est resté stable depuis. Il est encore trop tôt pour savoir s'il s'agit d'un phénomène cyclique, lié à la faible reprise économique après la crise financière, ou d'un phénomène structurel et durable. Certains éléments donnent cependant à penser que la spécialisation verticale a peut-être bel et bien atteint ses limites et que les chaînes de valeur mondiales pourraient ne plus abonder, contrairement à ces dernières décennies[7].

S'il est vrai que les chaînes de valeur mondiales ont profondément marqué le commerce international, il y a lieu de se demander si elles ont véritablement une portée mondiale. La figure 1.3 apporte des éléments de réponse à cette question en mettant en relief la part de valeur ajoutée locale et étrangère dans les exportations globales de certains pays à revenu intermédiaire. La valeur ajoutée étrangère correspond à la valeur des importations de biens et services intermédiaires entrant dans la production des biens exportés. Cette figure présente en outre une ventilation de la valeur ajoutée étrangère par pays d'origine.

Figure 1.2

La croissance du commerce mondial dépasse celle de la production mondiale

Le commerce en pourcentage du PIB.

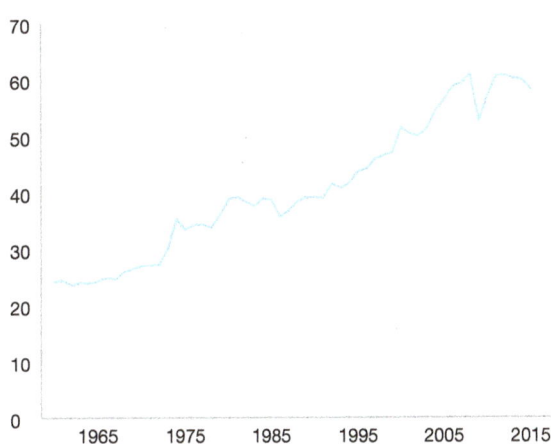

Note : le commerce est défini comme la somme des exportations et des importations.

Source : indicateurs du développement dans le monde de la Banque mondiale.

La figure 1.3 apporte au moins deux éclairages. Premièrement, si la part de valeur ajoutée étrangère a augmenté pratiquement dans tous les pays, certains pays sont plus intégrés que d'autres dans les réseaux de production verticaux. Par exemple, la part de valeur ajoutée étrangère de l'Argentine, du Brésil et de l'Indonésie est nettement inférieure à celle de la Bulgarie, de la Chine, de la Malaisie et du Mexique. L'Inde et la Turquie se démarquent et enregistrent les plus fortes hausses de la part de valeur ajoutée étrangère dans leurs exportations entre 1995 et 2011. Deuxièmement, les chaînes de valeur mondiales ont une dimension régionale : les États-Unis d'Amérique comptent pour la plus grande part de valeur ajoutée étrangère dans les exportations du Mexique, les pays d'Asie de l'Est et du Sud-Est représentent les plus grandes parts de valeur ajoutée dans les exportations de la Chine, de l'Indonésie et de la Malaisie, et il en va de même des pays européens vis-à-vis de la Bulgarie, de la Roumanie et de la Turquie.

De manière plus générale, d'après certaines études, l'Asie de l'Est, l'Europe et l'Amérique du Nord sont les trois blocs régionaux au sein desquels les relations entre chaînes d'approvisionnement sont les plus fortes.

Figure 1.3

les chaînes de valeur mondiales ont une dimension régionale

Part de valeur ajoutée dans les exportations, en pourcentage

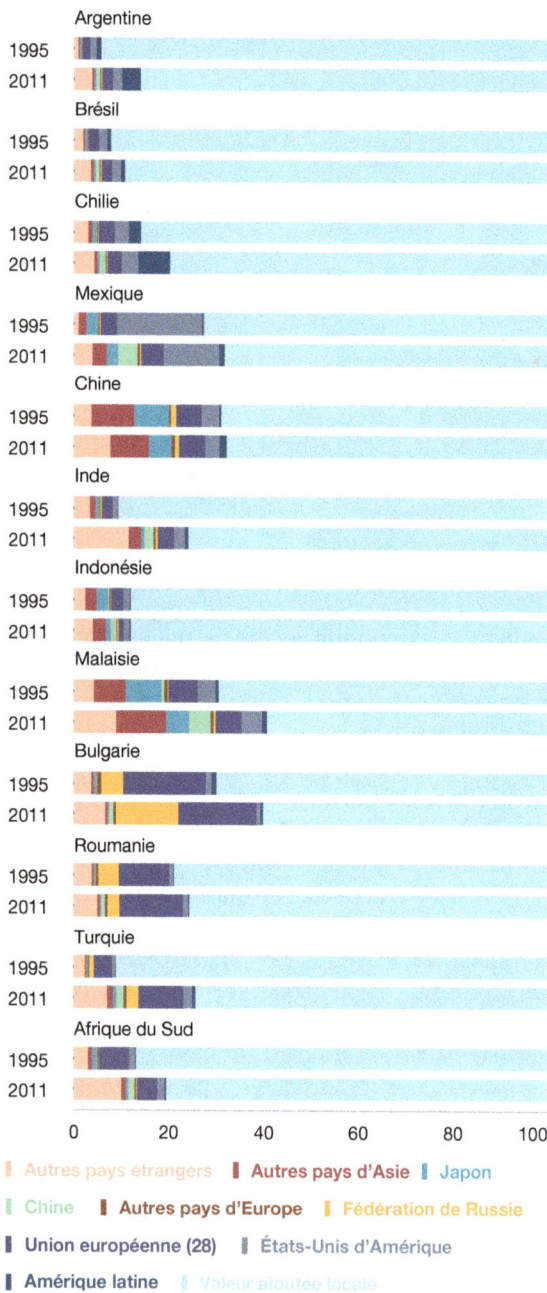

Note : les parts (de valeur ajoutée étrangère) indiquées correspondent à ce que l'on nomme la participation en amont aux chaînes de valeur mondiales, qui est définie comme le rapport entre la valeur ajoutée dans les importations du pays d'origine et les exportations brutes du pays exportateur.

Source : Base de données sur les échanges en valeur ajoutée, OCDE.

En résumé, au sein de chacun de ces blocs, les pays à revenu élevé – dits pays "sièges" – exportent des biens et services intermédiaires à forte intensité technologique vers des pays à revenu intermédiaire – dits pays "usines" – qui exportent ensuite des produits assemblés dans la région et au-delà. Le Japon, l'Allemagne et les États-Unis d'Amérique sont les trois principaux pays sièges dans ces trois blocs[8]. Néanmoins, les réseaux de production verticaux ont considérablement évolué au fil du temps, la Chine en particulier se lançant de plus en plus dans les étapes de production en amont de plus haute technicité.

1.2 – Comment les chaînes de valeur mondiales sont-elles organisées et gouvernées?

Le concept de production tel qu'on l'entend au XXIe siècle a beaucoup évolué par rapport aux prémices de la production de masse au début du XXe siècle. La chaîne de montage automobile de Ford est la parfaite illustration de l'approche adoptée à l'époque, qui consistait à transformer des matières premières en pièces et composants qui étaient ensuite transformés à leur tour en produits finals. Les étapes de production étaient assez peu nombreuses et elles étaient menées à bien à proximité les unes des autres, quand ce n'était pas dans la même usine.

Figure 1.4

La production au XXIe siècle a de plus en plus le sourire

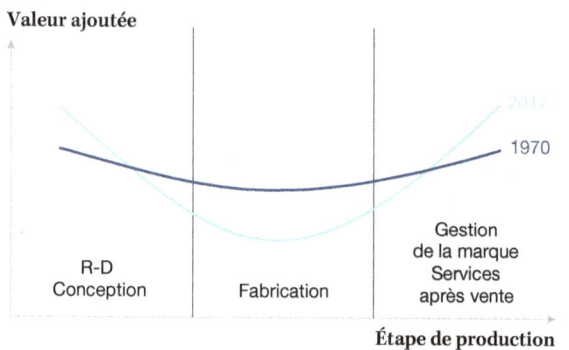

Note : la gestion de la marque apparaît en tant qu'étape de production postérieure à la fabrication, bien que certaines activités de gestion de la marque puissent être effectuées dès les premières étapes préalables à la fabrication.

La production au XXIᵉ siècle se caractérise générale-ment par ce qu'il convient de dénommer la "courbe du sourire", qui a été utilisée pour la première fois au début des années 1990 par le directeur général de l'entreprise Acer. Comme il ressort de la figure 1.4, la courbe du sourire rend compte de l'importance croissante des étapes préalables et postérieures à la fabrication, et pose en principe que ces étapes représentent une part toujours plus élevée de la valeur de la production totale.

Ce concept simple de courbe du sourire rend compte de deux changements structurels importants :

- Premièrement, le progrès technologique a été considérablement plus rapide dans la fabrication que dans les services. Comme évoqué dans le rapport de l'OMPI de 2015, cette évolution est allée de pair avec un transfert de la main-d'œuvre et du capital de la fabrication aux services et, ainsi, avec une augmentation de la part des services dans la production économique. Concernant la figure 1.4, la part de la fabrication dans la structure de coût globale des entreprises a progressivement diminué.

- Deuxièmement, les actifs incorporels, que ce soit sous la forme de technologie, de dessins et modèles, de valeur de la marque, ou encore des compétences des employés et du savoir-faire en matière de gestion, revêtent une importance déci-sive sur des marchés concurrentiels dynamiques. Les entreprises investissent en permanence dans le capital immatériel afin de conserver leur avance sur leurs concurrents. À mesure que les pays s'en-richissent, les consommateurs privilégient des produits répondant à des goûts variés et offrant une "expérience de marque" plus importante[9].

Face aux courbes du sourire du XXIᵉ siècle, comment les entreprises ont-elles organisé leur production le long de la chaîne de valeur? La réponse à cette ques-tion dépend en partie du type de produit final et de technologie qui sous-tend la fabrication. À cet égard, on distingue généralement deux types de structure de chaînes d'approvisionnement de base, comme le montre la figure 1.5. D'un côté, les structures de type "serpent" correspondent à un processus de production séquentiel allant d'amont en aval, de la valeur étant ajoutée à chaque étape, ce qui n'est pas sans rappeler l'exemple classique de Ford.

De l'autre, les structures de type "araignée" corres-pondent à un processus de production dans lequel différentes pièces et différents composants sont regroupés en vue d'être assemblés en un bien final[10]. Par exemple, comme nous le verrons dans les chapitres 2, 3 et 4, la structure des chaînes d'approvisionnement des secteurs du café et du photovoltaïque tend à ressem-bler à celle de type "serpent", tandis que la structure de la chaîne d'approvisionnement des smartphones s'apparente davantage à celle de type "araignée". Cela étant, la structure de la plupart des chaînes d'appro-visionnement est une combinaison complexe de ces deux types diamétralement opposés.

Quel que soit le type de structure, les entreprises sont confrontées à deux questions primordiales. Doivent-elles effectuer différentes opérations de production elles-mêmes ou doivent-elles confier ces opérations à d'autres entreprises? Et, le cas échéant, où ces opérations devraient-elles être réalisées?

S'agissant de la première question, la théorie écono-mique apporte ici un éclairage important : les entre-prises externalisent certaines opérations de production lorsque les coûts de transaction associés à la fourniture de biens ou de services donnés par l'intermédiaire du marché sont inférieurs aux coûts de coordina-tion au sein d'une seule entité[11]. Dans la pratique, les entreprises sont plus enclines à intégrer différentes opérations lorsque cela génère de fortes synergies, par exemple en associant élaboration et fabrication du produit. En outre, les préoccupations liées à la divulgation non autorisée du savoir-faire technologique et du savoir-faire de l'entreprise à des concurrents peuvent également faire pencher la balance en faveur de l'intégration verticale (voir la section 1.4). Néanmoins, la complexité croissante de la production, l'importance accrue des étapes préalables et postérieures à la fabrication, la normalisation de certains procédés de fabrication et le perfectionnement des technologies de l'information et de la communication ont, au fil du temps, contribué à une plus grande spécialisation des entreprises.

Quant à la question de savoir où différentes opérations de production devraient être réalisées, il faut souligner que certaines opérations sont tributaires de l'emplace-ment géographique des ressources naturelles, notam-ment dans les secteurs de l'agriculture et de l'extraction minière. Dans les autres cas, un compromis doit être trouvé entre plusieurs facteurs.

D'un côté, la concentration de différentes opérations sur un même site permet de faire baisser les coûts de coordination et des échanges. De l'autre, la répartition de ces opérations entre différents sites – au sein du même pays ou à l'étranger – permet aux entreprises de tirer parti des avantages que ces sites peuvent offrir. Parmi ces avantages figurent notamment l'accès à des compétences spécialisées, des structures de coûts allégées ou la proximité des marchés de consommation finals[12]. L'association des avantages technologiques, des innovations propres aux entreprises et de la baisse du coût des échanges a, au fil du temps, donné lieu à la dissociation et à la dispersion géographique progressives du processus de production[13].

La conséquence la plus frappante de ce phénomène a été la délocalisation des étapes de fabrication à forte intensité de main-d'œuvre dans des pays en développement dotés d'une main-d'œuvre assez abondante et ayant donc de plus faibles coûts salariaux. La spécialisation verticale accrue entre les pays a, à son tour, tiré le creux de la courbe du sourire vers le bas, comme le montre la figure 1.4[14].

La spécialisation verticale peut se produire au sein des entreprises et entre elles. Dans certains cas, les entreprises ont délocalisé la fabrication en établissant une filiale dans un pays étranger. Dans d'autres cas, elles ont externalisé et délocalisé la fabrication et l'ont confiée à des entreprises indépendantes. La forme précise des chaînes de valeur mondiales (c'est-à-dire le nombre d'entreprises participantes et les relations qu'elles entretiennent les unes avec les autres) varie grandement selon les secteurs. Néanmoins, on peut mettre en évidence différents modèles de gouvernance des chaînes de valeur mondiales. Des travaux de recherche académique ont notamment juxtaposé les chaînes axées sur les acheteurs et les chaînes axées sur les producteurs[15]. Dans le premier cas, de grands distributeurs et de grandes marques dominent les chaînes de valeur et fixent les normes de production et de qualité auxquelles les fournisseurs indépendants doivent se conformer. Dans le second cas, les entreprises dominantes possèdent des capacités technologiques de pointe et sont davantage intégrées verticalement, mais elles ont recours à des fournisseurs indépendants pour l'approvisionnement en intrants spécialisés.

Gereffi *et al.* (2005) ont mis au point une théorie relative à la gouvernance des chaînes de valeur mondiales plus poussée, fondée sur la manière dont les entreprises interagissent dans la chaîne de valeur.

Figure 1.5

Structure des chaînes d'approvisionnement : serpents contre araignées

a) Structure de type "serpent"

b) Structure de type "araignée"

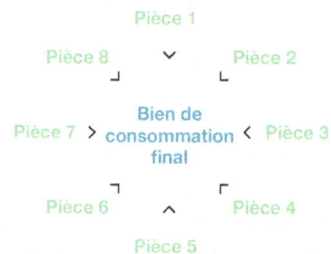

Ils prennent en considération trois aspects : la *complexité* du transfert d'informations et de connaissances requis pour mener à bien les transactions dans la chaîne de valeur; la mesure dans laquelle ces informations et connaissances peuvent être *codifiées* et donc transmises de manière efficace; et les *capacités* des entreprises pour mener à bien la transaction au sein de la chaîne de valeur. À la lumière de ces trois aspects, ils recensent cinq types de gouvernance, comme indiqué dans le tableau 1.1.

À un extrême, les modèles de gouvernance déterminés par le marché requièrent un faible degré de coordination entre les fournisseurs et les acheteurs qui interagissent à une étape donnée de la chaîne de valeur, et les deux parties peuvent changer de partenaires assez facilement. À mesure que les transactions gagnent en complexité, la possibilité de codifier les informations et connaissances pertinentes diminue et les capacités des fournisseurs décroissent; un niveau de coordination élevé est requis et il devient progressivement plus difficile de changer de partenaires. À l'autre extrême, les entreprises interagissant dans un segment de la chaîne de valeur ne peuvent plus entretenir de relations sans lien de dépendance et les entreprises dominantes doivent mener à bien les opérations des chaînes d'approvisionnement en interne.

Tableau 1.1

Les différents types de gouvernance des chaînes de valeur

Type de gouvernance	Degré de complexité des transactions	Possibilité de codifier les transactions	Capacités des fournisseurs	Description
Chaînes de valeur déterminées par le marché	Faible	Forte	Élevées	Les acheteurs se conforment aux spécifications et aux prix établis par les fournisseurs; les transactions nécessitent peu de coordination explicite; il est facile de changer de fournisseurs.
Chaînes de valeur modulaires	Élevé	Forte	Élevées	Les acheteurs transmettent des informations complexes et codifiées (par exemple des dossiers relatifs à la conception) aux fournisseurs qui peuvent les traiter avec souplesse; le degré de coordination reste faible et il est toujours possible de changer de partenaires.
Chaînes de valeur relationnelles	Élevé	Faible	Élevées	Des connaissances doivent être échangées de manière tacite entre les acheteurs et les fournisseurs pour que les transactions puissent avoir lieu; la relation entre l'acheteur et le vendeur peut reposer sur la réputation, la proximité sociale et géographique, etc.; le degré de coordination est élevé, ce qui rend tout changement de partenaires coûteux.
Chaînes de valeur captives	Élevé	Forte	Faibles	Les faibles capacités des fournisseurs requièrent une intervention et un contrôle significatifs de la part de l'entreprise dominante, ce qui la pousse à "verrouiller" les fournisseurs afin de tirer pleinement profit des avantages découlant du renforcement des capacités.
Chaînes de valeur hiérarchiques	Élevé	Faible	Faibles	Le degré élevé de complexité, la faible possibilité de codifier et les faibles capacités des fournisseurs impliquent que l'entreprise dominante doit mener à bien des opérations de la chaîne d'approvisionnement en interne.

Source : Gereffi *et al.* (2005).

1.3 – Quel rendement produisent les actifs incorporels?

Bien qu'attrayante et intuitive, la notion de courbe du sourire a ses limites. Elle peut raisonnablement illustrer la répartition de la valeur ajoutée dans le cas des entreprises dominantes de certaines chaînes de valeur mondiales, mais elle est toutefois plus difficile à appliquer au niveau macroéconomique, où les chaînes de valeur des entreprises se rejoignent et se chevauchent[16]. En outre, elle n'apporte aucun éclairage sur ce qui crée de la valeur ajoutée aux différents stades de la production. Fait plus important encore, une "plus forte valeur ajoutée" ne signifie pas nécessairement des activités sous-jacentes plus rentables, des emplois mieux rémunérés ou, plus généralement, "plus intéressants". Par exemple, les activités ayant une plus forte valeur ajoutée peuvent être à forte intensité de capital, auquel cas il n'est pas clairement établi que les travailleurs accomplissant ces activités reçoivent des salaires plus élevés que les travailleurs accomplissant des activités à plus faible valeur ajoutée[17]. De même, les chiffres relatifs à la valeur ajoutée n'indiquent pas à eux seuls dans quelle mesure le capital immatériel contribue à la production d'une chaîne de valeur mondiale – le thème central de ce rapport – étant donné que la valeur ajoutée rend compte du rendement de la totalité des intrants dans la production.

En effet, il est possible de mieux comprendre ce qui crée de la valeur dans les chaînes de valeur mondiales en analysant la part de revenus dégagés par le travail, le capital matériel et le capital immatériel utilisés dans la production des chaînes de valeur mondiales. Comme il ressort des recherches effectuées aux fins de l'établissement du présent rapport, les économistes Wen Chen, Reitze Gouma, Bart Los et Marcel Timmer ont réalisé précisément une telle analyse. Ils ont procédé en deux étapes : tout d'abord, ils ont rassemblé des données macroéconomiques sur la part de valeur ajoutée dans 19 groupes de produits manufacturés couvrant 43 pays ainsi qu'une région du reste du monde qui, collectivement, représentent environ un quart de la production mondiale. Les données qu'ils ont obtenues leur ont permis de scinder la production des chaînes de valeur mondiales en trois phases : la distribution, l'assemblage final et toutes les autres étapes. À titre d'exemple, la base de données issue de leurs travaux a permis de mettre en évidence la valeur ajoutée pendant la phase de distribution dans les prix de vente de voitures dont l'assemblage final avait eu lieu en Allemagne.

Dans un second temps, Chen *et al.* (2017) ont décomposé la part de valeur ajoutée à chaque étape et dans chaque pays entre les revenus dégagés par le travail, ceux provenant du capital matériel et ceux produits par le capital immatériel (voir la figure 1.6).

Encadré 1.1

Assembler et décomposer les chaînes de valeur mondiales

Il n'existe pas de données macroéconomiques facilement accessibles sur la production des chaînes de valeur mondiales. Certaines informations sont fournies dans les comptabilités nationales et dans les statistiques commerciales, mais aucune de ces deux sources ne donne une vue d'ensemble. Les statistiques des comptabilités nationales donnent des informations sur la valeur ajoutée de la production, mais elles sont ventilées par activité sectorielle. Par exemple, la valeur ajoutée générée dans le secteur des véhicules automobiles prend en considération la fabrication de pièces et de composants automobiles ainsi que l'assemblage final des véhicules. Cependant, elle ne tient pas compte de la production des matériaux en amont, des services aux entreprises nécessaires pour appuyer la production, ni de la distribution en aval des véhicules au consommateur final. Pour compliquer encore un peu plus la chose, de nombreuses pièces et de nombreux composants proviennent de l'étranger, ce qui est précisément la raison pour laquelle les chaînes de valeur sont mondiales. Les statistiques commerciales donnent des informations sur les biens intermédiaires importés, mais sont ventilées par produit et non par activité sectorielle.

Afin de regrouper des indicateurs relatifs à la valeur ajoutée dans les chaînes de valeur mondiales, Chen et al. (2017) se sont appuyés sur de précédents travaux de recherche qui visaient à suivre les flux de produits entre les différents secteurs et pays. En se fondant sur des concordances entre les statistiques sectorielles et commerciales, ils ont associé des tableaux d'entrées-sorties nationaux et des données relatives au commerce international afin d'établir un tableau international d'entrées-sorties (TIES). Ce tableau contient des données sur 55 secteurs, dont 19 sont des secteurs manufacturiers, dans 43 pays ainsi qu'une région du reste du monde qui, collectivement, représentent plus de 85% du PIB mondial. Ce tableau peut être considéré comme une vaste matrice permettant de décomposer la valeur ajoutée générée par chaque secteur de chaque pays selon qu'elle est contenue soit dans les intrants intermédiaires destinés à d'autres secteurs (soit dans le pays, soit à l'étranger), soit dans les produits finis destinés à la consommation finale (là encore, soit dans le pays, soit à l'étranger).

Un facteur est venu compliquer le travail de recherche : la mesure de la valeur ajoutée générée à l'étape de distribution. Les tableaux d'entrées-sorties représentent le secteur de la distribution comme un secteur de "marge", ce qui signifie que les produits finals que les grossistes et les détaillants achètent ne sont pas considérés comme des intrants intermédiaires. Pour parvenir à mesurer la valeur ajoutée à l'étape de distribution, Chen et al. ont calculé une marge de distribution correspondant au rapport entre le prix payé par les consommateurs finals (moins les taxes sur le produit) et le prix perçu par les producteurs, et ont ensuite appliqué la marge obtenue aux ventes totales du produit.

L'étape suivante a consisté à décomposer les statistiques relatives à la valeur ajoutée précédemment rassemblées en fonction des revenus attribuables aux facteurs de production sous-jacents. Premièrement, le revenu du travail a été calculé pour chaque secteur de chaque pays, sur la base des enquêtes nationales sur les forces de travail et d'autres sources de données. Deuxièmement, Chen et al. ont estimé les revenus générés par le capital matériel en appliquant un coût d'usage de ce capital dans les données des comptabilités nationales relatives au stock de capital, là encore pour chaque secteur de chaque pays. Ce coût d'usage consistait en un taux de dépréciation propre à chaque secteur, auquel était ajouté un taux de rendement réel estimé à 4%. Il est important de souligner que Chen et al. ont retiré certains actifs incorporels – notamment la recherche-développement, les logiciels et bases de données informatiques, et les originaux artistiques – des stocks de capital lorsque ces actifs étaient couverts par les statistiques des comptabilités nationales. Le revenu du capital immatériel a ensuite été calculé en retranchant le revenu du travail et le revenu du capital matériel de la valeur ajoutée.

Enfin, en se fondant sur les flux de produits entre secteurs mis en évidence dans le tableau international d'entrées-sorties et sur la décomposition des facteurs de valeur ajoutée dans chaque secteur et chaque pays, il a été possible de calculer la contribution de la main-d'œuvre, du capital matériel et du capital immatériel au niveau des chaînes de valeur mondiales manufacturières.

Pour ce faire, ils ont retranché de la valeur ajoutée le revenu du travail et les revenus du capital matériel imputés, en s'appuyant sur les données disponibles relatives aux salaires, à l'emploi, au stock d'actifs en capital matériel ainsi que sur un taux de rendement du capital matériel estimé à 4%. La différence représente les revenus attribuables au capital immatériel. La logique derrière cette approche consiste à tenir compte du fait que le capital immatériel est propre à chaque société et qu'il est différent des autres intrants étant donné qu'il ne s'agit pas d'un type d'actif que les entreprises peuvent commander ou employer librement. En d'autres termes, le capital immatériel fait fructifier la valeur générée par le travail et les investissements dans les actifs effectués par l'intermédiaire du marché[18]. L'encadré 1.1 présente de manière plus exhaustive la démarche analytique adoptée par Chen et al., et leur travail de recherche apporte des explications techniques plus précises.[20]

Par leurs travaux de recherche, Chen et al. (2017) ont fait œuvre de pionniers à au moins deux égards. Premièrement, leurs travaux permettent d'effectuer pour la première fois une estimation du rendement des investissements en matière d'actifs incorporels dans la production de chaînes de valeur mondiales. Malgré des efforts prometteurs pour déterminer la valeur de ces investissements, leur valeur macroéconomique n'avait, jusqu'ici, généralement pas pu être mesurée.[19]

Figure 1.6

Décomposer les chaînes de valeur mondiales

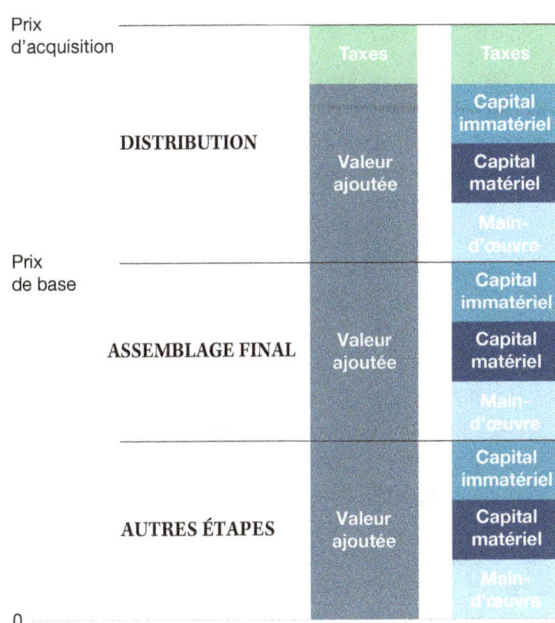

Source : Chen *et al.* (2017).

Deuxièmement, ces travaux intègrent l'étape de distribution dans l'analyse, ce qui est un point important compte tenu du fait que les chaînes de valeur mondiales regroupant de grands distributeurs – tels que Nike – génèrent vraisemblablement des revenus sur leurs actifs incorporels à cette étape[20].

S'agissant des conclusions de ces travaux de recherche, la figure 1.7 présente la part de revenus attribuable à chacun des trois facteurs de production pour tous les produits fabriqués entre 2000 et 2014. La part attribuable aux actifs incorporels s'élevait en moyenne à 30,4% au cours de cette période, soit presque le double de la part dégagée par les actifs corporels. Il est intéressant de noter que cette part est passée de 27,8% en 2000 à 31,9% en 2007, mais a stagné depuis lors. Le revenu total produit par les actifs incorporels dans les 19 secteurs manufacturiers a augmenté de 75% en valeur réelle entre 2000 et 2014. Il s'est établi à 5900 milliards de dollars des États-Unis d'Amérique (dollars É.-U.) en 2014[21].

Une interprétation que l'on peut donner à l'augmentation de la part attribuable aux actifs incorporels est que les entreprises manufacturières mondiales ont bénéficié de possibilités accrues de délocalisation des activités à forte intensité de main-d'œuvre dans des pays à plus faibles revenus. De manière spontanée, sur les marchés concurrentiels, les économies réalisées sur les coûts salariaux entraînent une diminution des prix à la production finals; si les dépenses d'investissement demeurent inchangées, la part attribuable aux actifs incorporels doit augmenter puisqu'il s'agit, par définition, d'une part résiduelle : les actifs incorporels représenteront donc une plus grande part d'un ensemble plus petit. Cependant, cette tendance semble avoir connu son apogée en 2007, juste avant la crise financière mondiale. Cette observation semble concorder avec la stagnation du rapport entre la croissance du commerce et celle du PIB (voir la figure 1.2) ainsi qu'avec les études empiriques qui avancent l'idée selon laquelle la spécialisation verticale a peut-être atteint ses limites[22].

Quelles sont les chaînes de valeur mondiales de produits qui ont recours de la manière la plus intensive aux actifs incorporels? Le tableau 1.2 présente la part de revenu dégagée par les différents facteurs de production en 2014 pour les 19 groupes de produits manufacturés, par ordre décroissant en fonction de la valeur de la production à l'échelle mondiale. Pour tous les groupes de produits, le capital immatériel représente une part plus élevée de la valeur ajoutée que le capital matériel. La part des actifs incorporels est particulièrement élevée – et représente plus du double de la part des actifs corporels – pour les produits pharmaceutiques, les produits chimiques et les produits pétroliers. Cette part est également relativement élevée pour les produits alimentaires, ainsi que pour les ordinateurs, les produits électroniques et les produits optiques. S'agissant du rendement absolu, les trois plus grands groupes de produits (produits alimentaires, véhicules à moteur et produits textiles) représentent près de 50% du revenu total dégagé par le capital immatériel dans ces 19 chaînes de valeur mondiales manufacturières.

La part attribuable aux actifs incorporels a certes augmenté dans presque tous les groupes de produits au cours de la période 2000-2014, mais l'augmentation a été plus nette pour certains que pour d'autres. La figure 1.8 montre l'évolution de cette part dans quatre groupes de produits figurant parmi les plus importants. La part attribuable aux actifs incorporels n'a que peu augmenté pour les produits alimentaires et textiles, mais elle s'est plus fortement accrue pour les véhicules automobiles et les produits électroniques.

Figure 1.7

Le capital immatériel génère plus de valeur que le capital matériel

Valeur ajoutée en pourcentage de la valeur totale de tous les produits manufacturés et vendus dans le monde

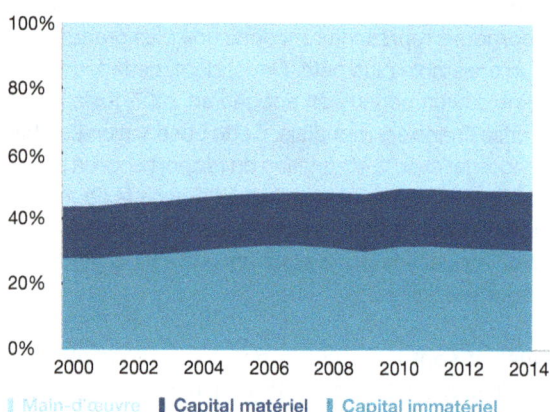

Source : Chen et al. (2017).

Cela pourrait indiquer que les possibilités de délocalisation de la production de produits alimentaires et textiles avaient déjà grandement été exploitées, tandis que les véhicules automobiles et les produits électroniques pouvaient encore tirer parti de ces possibilités entre 2000 et 2007.

À quelle étape du processus de production le capital immatériel génère-t-il des revenus? La décomposition de la chaîne de valeur mondiale indique que les étapes de distribution et de production finale représentent chacune environ un quart des revenus générés par les actifs incorporels, les autres étapes comptant pour l'autre moitié[23]. Cette division met en exergue l'importance des actifs incorporels dans les activités d'amont, non seulement la production de pièces, de composants et de matériaux, mais aussi un large éventail de services aux entreprises ainsi que les activités agricoles et extractives.

La contribution apportée par les différentes étapes du processus de production au revenu généré par les actifs incorporels varie grandement selon les groupes de produits (voir la figure 1.9). À première vue, la tendance qui se dégage semble correspondre dans l'ensemble à la distinction entre les chaînes de valeur mondiales axées sur les acheteurs et celles axées sur les producteurs, présentée dans la section 1.2. Les chaînes de valeur mondiales axées sur les acheteurs, telles que celles du textile, de l'ameublement et des produits alimentaires,

affichent de plus forts rendements des actifs incorporels à l'étape de distribution, tandis que les chaînes de valeur mondiales axées sur les producteurs, telles que celles des véhicules automobiles, des produits électroniques et des machines, obtiennent de tels rendements avant la production finale.

Les conclusions auxquelles Chen et al. (2017) sont parvenus soulignent l'importance du rôle que jouent les actifs incorporels dans la création de valeur dans la production des chaînes de valeur mondiales. Cela étant, elles laissent également un certain nombre de questions en suspens et suscitent quelques réserves du point de vue méthodologique. Parmi les questions sans réponse figure celle de savoir ce qui, précisément, constitue le revenu attribuable aux actifs incorporels. D'après la méthodologie appliquée par Chen et al., ce revenu recouvre tous les revenus propres aux entreprises qui vont au-delà des revenus attribuables au capital matériel ainsi qu'à la main-d'œuvre obtenus par l'intermédiaire du marché. Cela inclut de manière claire la réputation et l'image de la marque, l'avance technologique et l'attrait des dessins et modèles qui différencient les produits d'une entreprise de ceux d'une autre entreprise : les actifs incorporels que les entreprises cherchent à faire protéger par différents types de droits de propriété intellectuelle.

Figure 1.8

Des tendances différentes selon les groupes de produits

Part du capital immatériel en pourcentage de la valeur de tous les produits manufacturés et vendus dans le monde

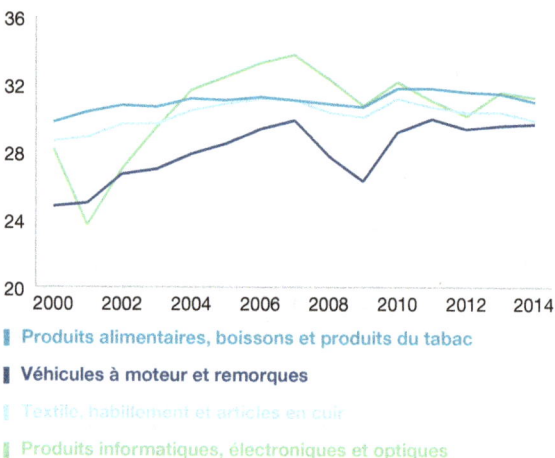

■ Produits alimentaires, boissons et produits du tabac

■ Véhicules à moteur et remorques

■ Textile, habillement et articles en cuir

■ Produits informatiques, électroniques et optiques

Source : Chen et al. (2017).

Tableau 1.2

Part de revenu générée par groupe de produits manufacturés, 2014

Groupe de produits	Part de revenu attribuable au capital immatériel (en %)	Part de revenu attribuable au capital matériel (en %)	Part de revenu attribuable à la main-d'œuvre (en %)	Valeur de la production mondiale (en milliards de dollars É.-U.)
Produits alimentaires, boissons et produits du tabac	31,0	16,4	52,6	4 926
Véhicules à moteur et remorques	29,7	19,0	51,3	2 559
Textile, habillement et articles en cuir	29,9	17,7	52,4	1 974
Autres machines et matériel	27,2	18,8	53,9	1 834
Produits informatiques, électroniques et optiques	31,3	18,6	50,0	1 452
Meubles et autres produits manufacturés	30,1	16,3	53,7	1 094
Produits pétroliers	42,1	20,0	37,9	1 024
Autres équipements de transport	26,3	18,5	55,2	852
Matériel électrique	29,5	20,0	50,6	838
Produits chimiques	37,5	17,5	44,9	745
Produits pharmaceutiques	34,7	16,5	48,8	520
Fabrication de produits métalliques	24,0	20,8	55,2	435
Caoutchouc et matière plastique	29,2	19,7	51,1	244
Métaux de base	31,4	25,6	43,0	179
Réparation et installation de machines	23,6	13,2	63,2	150
Produits à base de papier	28,0	20,9	51,1	140
Autres produits minéraux non métalliques	29,7	21,5	48,9	136
Produits du bois	27,5	20,0	52,5	90
Produits d'impression	27,1	21,2	51,7	64

Source : Chen *et al.* (2017).

Est également inclus le savoir-faire en matière d'organisation et de gestion qui peut être protégé au titre des secrets d'affaires. D'autres facteurs peuvent néanmoins être compris, outre les actifs liés à la réputation et aux connaissances, lesquels génèrent un rendement économique important. À titre d'exemple, la part élevée attribuable aux actifs incorporels dans le cas des produits pétroliers (voir le tableau 1.2) rend probablement compte des rentes tirées des ressources, attribuables aux producteurs pétroliers[24]. Les économies d'échelle du côté de l'offre et du côté de la demande peuvent être d'autres sources de pouvoir de marché sans rapport direct avec les actifs incorporels.

Autre question en suspens : quels pays recueillent les revenus produits par le capital immatériel? La question est évidente, mais la réponse est incertaine. Tout d'abord, par le biais de la fixation de prix de transfert et des pratiques connexes, les entreprises peuvent facilement transférer leurs bénéfices d'un endroit à un autre (voir l'encadré 1.2). Ainsi, la majeure partie du rendement d'un actif corporel provenant d'un pays peut être perçue dans un autre pays.

Point plus important encore, l'augmentation des participations transfrontalières et du partage des actifs incorporels est en train de remettre en question la notion même d'actifs et de revenus liés à un lieu.

Enfin, les travaux de recherche menés par Chen *et al.* (2017) suscitent plusieurs réserves qu'il convient de garder à l'esprit en interprétant leurs conclusions[25] :

- La validité de ces conclusions repose fortement sur la qualité des données sous-jacentes. S'il y a eu des progrès statistiques notables en ce qui concerne la mesure des réseaux de production mondiaux, d'importantes lacunes sur le plan des mesures subsistent. Par exemple, il est difficile de rendre compte de manière adéquate des échanges internationaux de services, et la mesure de la valeur ajoutée à l'étape de distribution pose également problème. En outre, l'utilisation des tableaux internationaux d'entrées-sorties se fonde sur des hypothèses relativement solides, telles que des entreprises dans un secteur et un pays donnés dotées de structures de production similaires.

- Comme cela a déjà été mentionné, la manipulation des prix et autres pratiques connexes, en particulier entre des parties liées, peut fausser la répartition de la valeur ajoutée le long de la chaîne de valeur mondiale (voir l'encadré 1.2). Cela peut fausser l'estimation des parts de revenu par étape de production, comme elle apparaît dans la figure 1.9. Toutefois, pour autant que ces pratiques se limitent à transférer des bénéfices d'une étape de production à une autre, elles ne devraient pas avoir d'effet défavorable sur les estimations des parts de revenu concernant l'ensemble des étapes de production, telles qu'elles sont présentées dans les figures 1.7 et 1.8 et dans le tableau 1.2.

- La ventilation du capital immatériel entre différentes étapes du processus de production (voir la figure 1.9) peut également être influencée par la façon dont les entreprises dominantes des chaînes de valeur mondiales sont classées sur le plan statistique. Par exemple, si les producteurs manufacturiers "sans usine" sont classés en tant que détaillants ou grossistes, les revenus générés par les actifs incorporels seront imputés à l'étape de distribution; s'ils sont classés en tant qu'entreprises manufacturières, ces revenus seront imputés à l'une des autres étapes du processus de production.

1.4 – Comment les actifs incorporels se diffusent-ils dans les chaînes de valeur mondiales?

Compte tenu de la valeur considérable générée par les actifs incorporels, il est essentiel de savoir comment les entreprises détenant de tels actifs gèrent ces derniers au sein de leurs réseaux de production mondiaux. Une autre question en rapport avec la précédente, et tout aussi importante, porte sur la manière dont les entreprises qui ne détiennent pas d'actif incorporel peuvent en acquérir. Pour pouvoir répondre à ces questions, il est utile d'établir une distinction entre deux types d'actifs incorporels :

- *Les actifs fondés sur les connaissances* recouvrent la technologie et les dessins et modèles ainsi que le savoir-faire en matière d'organisation, de logistique et de gestion et le savoir-faire connexe. Les actifs fondés sur les connaissances ont en commun leur nature "non rivale" et, contrairement aux actifs corporels, ils ne sont pas forcément liés à un lieu en particulier. À titre d'exemple, la recherche-développement menée aux fins de la conception d'une nouvelle voiture peut avoir lieu sur un site donné, mais dès lors que cette voiture a été mise au point, sa production peut être répartie entre de nombreux sites.

- *Les actifs fondés sur la réputation* sont définis par la bonne disposition des consommateurs à l'égard de la marque d'une entreprise, découlant en partie de la satisfaction tirée de précédents achats auprès de la marque et en partie de l'image associée à des marques différentes. Les actifs fondés sur la réputation sont de nature "rivale" : une marque n'a de valeur sur le plan de la réputation que si elle est utilisée en rapport avec un seul et même produit ou une seule et même entreprise. En outre, si les marques peuvent parfois acquérir une réputation internationale, elles ne circulent généralement pas librement entre les frontières; certaines entreprises peuvent détenir de solides actifs fondés sur la réputation sur certains marchés, mais il peut ne pas en être de même sur d'autres marchés[26].

Gestion des actifs fondés sur les connaissances

Afin de pouvoir récolter les fruits de leurs investissements dans l'innovation, les entreprises doivent être en mesure d'obtenir le pouvoir d'exclusivité sur leurs actifs fondés sur les connaissances. Idéalement, elles devraient viser à retirer tous les bénéfices de ces actifs sans qu'aucune connaissance soit divulguée à leur insu à leurs concurrents[27].

Dans la pratique, un tel "pouvoir d'exclusivité parfaite" n'est pas possible. L'ampleur des bénéfices retirés par l'entreprise dépend, entre autres, de la manière dont elle contrôle la circulation de ses connaissances.

Au départ, lorsqu'elles créent de nouvelles connaissances, les entreprises sont confrontées à un dilemme bien connu. D'un côté, elles sont encouragées à garder leur innovation secrète afin de conserver leur avance sur leurs concurrents. À cet égard, les lois relatives aux secrets d'affaires protègent les informations confidentielles contre toute divulgation non autorisée, même si les concurrents ont toujours la possibilité de recréer, selon le principe de l'ingénierie inverse, les produits mis sur le marché. De l'autre côté, les entreprises peuvent être en mesure de chercher à acquérir des droits de propriété intellectuelle pour leur innovation, auquel cas elles doivent les divulguer, mais elles bénéficient d'une exclusivité, du moins pendant un certain temps.

Encadré 1.2

Comment la manipulation des prix de transfert et d'autres pratiques connexes faussent la mesure des chaînes de valeur mondiales

Les comptabilités nationales et les statistiques commerciales visent à mesurer l'activité économique réelle se déroulant dans différents pays ainsi que la valeur économique réelle des échanges de biens et services entre différents pays. Toutefois, elles reposent sur des comptes financiers notifiés par les intéressés et sur des déclarations en douane d'entreprises qui ne rendent pas toujours compte de la véritable valeur de marché des transactions économiques sous-jacentes. Un facteur important qui vient fausser l'exercice de mesure est la mise en œuvre de stratégies visant à transférer des bénéfices imposables d'un pays à taux d'imposition élevé vers un pays à faible taux d'imposition. Les actifs incorporels – bien souvent sous la forme de droits de propriété intellectuelle – sont souvent au cœur de ces stratégies.

Une pratique fréquemment constatée est celle qui consiste à manipuler les prix de transfert. La figure 1.10 donne un exemple d'une telle pratique. La société A, établie dans un pays à taux d'imposition élevé, vend ses actifs de propriété intellectuelle à sa filiale B située dans un pays à faible taux d'imposition; la filiale B à son tour concède ces actifs sous licence à une société liée, C, située dans un autre pays à taux d'imposition élevé. Pour autant que cette société multinationale sous-évalue le prix d'achat des actifs de propriété intellectuelle et surévalue les redevances d'exploitation de ces actifs, elle peut transférer les bénéfices des pays à taux d'imposition élevé vers le pays à faible taux d'imposition.

L'un des principaux facteurs rendant possible la manipulation des prix de transfert est la difficulté à mesurer la valeur des actifs incorporels. Les règles relatives à l'établissement des prix de transfert dans les cadres de comptabilité fiscale et financière ont établi le principe de la libre concurrence en matière de détermination des prix, selon lequel le prix des transactions entre sociétés liées sous contrôle commun doit être établi en appliquant une valeur similaire à celle d'une transaction comparable avec une société tierce non liée. Cependant, les actifs incorporels sont propres à chaque entreprise et il n'existe pas de transaction comparable avec des sociétés tierces; par voie de conséquence, les prix de transfert peuvent uniquement être imputés ou estimés. En outre, la valeur des actifs incorporels peut être très incertaine, en particulier à un stade précoce lorsque les biens ou services connexes n'ont pas encore été mis sur le marché. Cette incertitude donne aux entreprises une marge de manœuvre considérable pour établir les prix de vente des actifs de propriété intellectuelle ainsi que les taux de redevances entre entités affiliées.

D'un point de vue statistique, la manipulation des prix de transfert telle qu'elle est illustrée dans la figure 1.10 entraîne la sous-évaluation de la valeur ajoutée dans les pays à taux d'imposition élevé et sa surévaluation dans le pays à faible taux d'imposition. En outre, cette pratique fausse les statistiques commerciales : les importations de services de propriété intellectuelle du pays à faible taux d'imposition seraient sous-évaluées, tandis que ses exportations de tels services seraient surévaluées[28].

Le transfert de bénéfices peut prendre d'autres formes. Plutôt que de transférer des actifs de propriété intellectuelle à une filiale étrangère, les entreprises peuvent également surfacturer ou sous-facturer des intrants intermédiaires à forte intensité de propriété intellectuelle ayant fait l'objet d'échanges au sein des chaînes d'approvisionnement des entreprises et pour lesquels, une fois de plus, il n'existe pas de prix de référence fixé en fonction du marché. Ces pratiques s'accompagnent de transferts similaires de valeur ajoutée d'un pays vers un autre, mais l'effet de distorsion des échanges apparaît dans les statistiques commerciales relatives aux produits plutôt que dans celles relatives aux services. Parmi les autres pratiques connexes, on peut citer le "négoce des services" par l'intermédiaire d'entités ad hoc, et les arrangements au titre desquels les entreprises multinationales établissent une présence commerciale dans un pays, mais ne sont pas considérées fiscalement comme des établissements stables et ne sont donc pas incluses dans les statistiques commerciales nationales du pays – comme il en est question de manière plus poussée dans l'ouvrage de Neubig et Wunsch-Vincent (2017).

S'il est difficile d'obtenir des données chiffrées fiables, il apparaît clairement que les pratiques d'optimisation fiscale des entreprises multinationales donnent lieu à des transferts non négligeables, entre pays, de bénéfices déclarés. Au niveau microéconomique, Seppälä *et al.* (2014) ont étudié la chaîne de valeur d'une entreprise multinationale finlandaise concernant un produit entrant dans l'assemblage d'une machine de précision. À la lumière de données internes à l'entreprise, issues de factures, les chercheurs ont conclu que la répartition géographique des bénéfices ne représente pas nécessairement l'emplacement géographique des actifs de l'entreprise multinationale ayant le plus de valeur. Au niveau macroéconomique, en utilisant des données d'enquête du Bureau de l'analyse économique des États-Unis d'Amérique, Rassier (2017) estime l'ampleur des transferts de bénéfices entre les entreprises multinationales du pays : il conclut que les entreprises à forte intensité de recherche-développement sont plus enclines à procéder à une comptabilisation des bénéfices en faveur de filiales étrangères que les entreprises n'ayant pas une forte intensité de recherche-développement, mettant ainsi en évidence le rôle important joué par les actifs incorporels dans les pratiques d'optimisation fiscale. En s'appuyant sur toute une série de sources et en formulant plusieurs hypothèses, Neubig et Wunsch-Vincent (2017) estiment de manière prudente que le transfert de bénéfices à l'échelle mondiale associé aux transactions transfrontalières d'actifs de propriété intellectuelle pourrait à lui seul se monter à 120 milliards de dollars É.-U. par an, ou 35% des échanges transfrontaliers de services de propriété intellectuelle totaux déclarés. En particulier, le PIB de l'Irlande a enregistré une hausse de 26% en 2015, qui s'expliquait en grande partie par les entrées d'actifs incorporels et d'autres actifs mobiles à l'échelle internationale effectuées par des entreprises multinationales ayant situé leur siège en Irlande[29].

Figure 1.9

Chaînes de valeur mondiales axées sur les acheteurs ou sur les producteurs

Part de revenu généré par le capital immatériel selon l'étape de production, en pourcentage (2014)

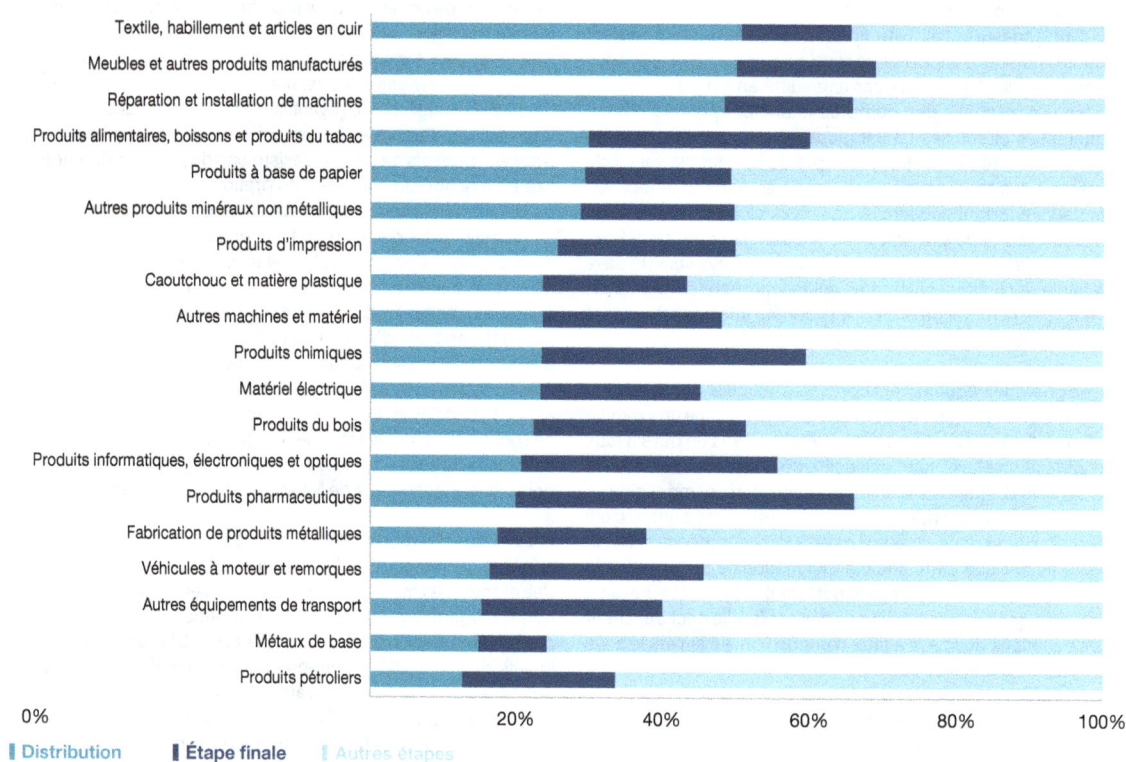

Source : Chen *et al.* (2017).

Figure 1.10

Transfert des bénéfices à un intermédiaire titulaire de droits de propriété intellectuelle

Société A dans un pays à taux d'imposition élevé : développement des actifs de propriété intellectuelle, perfectionnement, maintien en vigueur et protection

Vente d'actifs de propriété intellectuelle

Prix d'achat

Société liée B dans un pays à faible taux d'imposition : titulaire des droits de propriété intellectuelle, fonctions ou risques minimums

Concession de licenses

Redevances pour l'utilisation des actifs de propriété intellectuelle

Société liée C dans un pays à taux d'imposition élevé : exploitation et utilisation des actifs de propriété intellectuelle

Source : Neubig et Wunsch-Vincent (2017).

Plusieurs facteurs influent sur le choix de la straté-gie de gestion des connaissances à privilégier. Si certains actifs fondés sur les connaissances tels que les procédés de fabrication et le savoir-faire en matière d'organisation peuvent facilement rester secrets, il n'en va pas de même d'autres actifs tels que le dessin ou modèle du produit.

En outre, les droits de propriété intellectuelle s'étendent à certains types d'actifs fondés sur les connaissances, comme les inventions technologiques dans le cas des brevets, mais pas à d'autres, à l'instar de nombreux types d'innovations dans le domaine des services.

Parmi les actifs fondés sur les connaissances, on peut parfois aussi trouver les compétences spécialisées des travailleurs. La conservation de ces compétences au sein des entreprises est souvent un volet important de la stratégie de gestion des connaissances de ces dernières. Toutefois, cette mesure est également enca-drée par la loi; certaines restrictions s'appliquent par exemple aux limites imposées en vertu des clauses de non-concurrence figurant dans les contrats de travail aux travailleurs qui souhaiteraient créer leur propre entreprise ou rejoindre la concurrence[30].

Comme nous l'avons vu dans la section 1.2, les aspects relatifs à la gestion des connaissances déterminent l'organisation des chaînes de valeur mondiales, en particulier quant à la question de savoir si les entre-prises intégreront verticalement différentes activités de production ou si elles externaliseront ces opérations et les confieront à des fournisseurs indépendants[31]. L'externalisation peut permettre aux entreprises de réaliser des économies considérables, mais elle s'ac-compagne également d'un risque de fuite de leurs actifs fondés sur les connaissances essentiels vers de futurs concurrents. Le résultat tient en grande partie aux relations qui régissent les chaînes de valeur mondiales (voir le tableau 1.1). La fuite de connaissances sera une préoccupation inévitable au sein des chaînes de valeur relationnelles et captives, en particulier dans le cas de figure où les entreprises dominantes transfèrent des connaissances tacites à des entreprises partenaires qui pourraient par la suite devenir des concurrents. C'est la raison pour laquelle les entreprises multinatio-nales limitent parfois les transferts de connaissances à des technologies plus anciennes, auquel cas la fuite de connaissances ne constitue pas directement une menace sur le plan de la concurrence[32].

Figure 1.11

les demandes internationales de brevet sont déposées auprès d'un plus petit nombre d'offices que les demandes internationales d'enregistrement de marques

Part de demandes reçues par les cinq princi-paux offices par rapport au nombre total de demandes de brevet et de demandes d'enre-gistrement de marques déposées dans le monde par des non-résidents (2015)

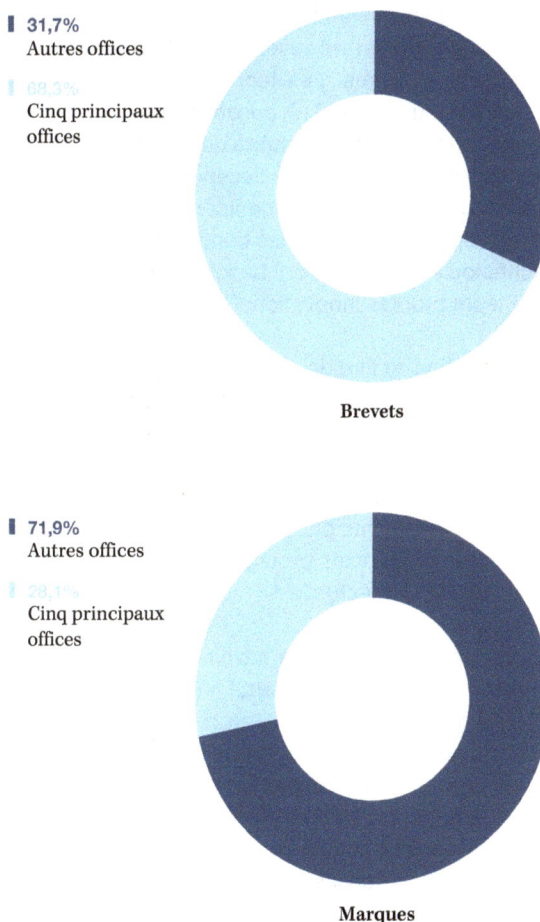

▍ **31,7%**
Autres offices

▍ 68,3%
Cinq principaux offices

Brevets

▍ **71,9%**
Autres offices

▍ 28,1%
Cinq principaux offices

Marques

Note : afin de tenir compte de différents systèmes de dépôt de demandes d'enregistrement de marques dans le monde, les statistiques relatives aux marques renvoient au nombre de classes indiquées dans les demandes d'enregistrement de marques

Source : Centre de données statistiques de propriété intellectuelle de l'OMPI, juillet 2017.

Parallèlement, les droits de propriété intellectuelle obtenus peuvent aider les entreprises à transférer les technologies sur lesquelles elles ont l'exclusivité au sein de la chaîne d'approvisionnement et peuvent faciliter concrètement l'externalisation de différentes activités de production.

Dans d'autres cas, les entreprises peuvent librement partager ou concéder sous licence certains de leurs actifs fondés sur les connaissances, en partie pour stimuler l'adoption de nouvelles technologies et en partie pour obtenir un accès à des technologies détenues par d'autres entreprises. Ce dernier aspect est important pour ce qui est des technologies dites complexes, définies comme les technologies utilisant de nombreuses inventions brevetables séparément et dont les brevets peuvent être détenus par de nombreux titulaires. Les technologies complexes incluent la plupart des TIC, qui ont enregistré la croissance la plus rapide du nombre de dépôts de brevets au cours des trois dernières décennies. Dans le cadre d'accords de concession de licences réciproques, les entreprises négocient les conditions d'accès aux technologies dont elles ont besoin pour commercialiser leurs propres innovations[33].

La protection au titre de la propriété intellectuelle est une composante essentielle de la plupart des stratégies de gestion des connaissances des entreprises. À titre d'exemple, une étude portant sur l'économie du Royaume-Uni a démontré qu'un peu plus de la moitié des investissements dans les actifs incorporels sont consacrés à des actifs protégés par différents droits de propriété intellectuelle[34].

Toutefois, la question de savoir pour quels actifs fondés sur les connaissances il convient de déposer une demande de droits de propriété intellectuelle, et dans quels pays, requiert une planification rigoureuse. L'obtention de droits de brevet en particulier est coûteuse, notamment lorsque la demande est déposée dans de nombreux pays. C'est la raison pour laquelle les entreprises limitent souvent la portée de leurs brevets aux pays dotés des secteurs économiques les plus importants et aux pays dans lesquels la production des chaînes de valeur mondiales se déroule. C'est pourquoi les cinq offices recevant le plus grand nombre de demandes de brevet déposées depuis l'étranger – l'office national des brevets de la Chine, du Japon, de la République de Corée et des États-Unis d'Amérique ainsi que l'Office européen des brevets – regroupent près de 70% du total des demandes de brevet déposées dans le monde par des non-résidents (voir la figure 1.11)[35]. À l'exception de la Chine, assez peu de brevets circulent vers les pays à faible revenu et à revenu intermédiaire.

Indépendamment de ces observations générales, les stratégies des entreprises en matière de gestion des connaissances dépendent essentiellement de la nature de leurs actifs fondés sur les connaissances et de leur modèle commercial, qui varient grandement d'un secteur à un autre. Les études de cas présentées dans les chapitres 2 à 4 offrent des perspectives plus concrètes sur les stratégies que l'on observe le plus généralement, dans les chaînes de valeur mondiales concernées tout du moins.

Gestion des actifs fondés sur la réputation

À l'instar des actifs fondés sur les connaissances, les actifs fondés sur la réputation peuvent jouer un rôle important dans l'organisation des chaînes de valeur mondiales. L'externalisation de certaines phases du processus de production fait courir à l'entreprise le risque de perdre le contrôle de la qualité des pièces et composants. Les intrants défectueux ou ayant un rendement insuffisant peuvent faire peser un risque considérable sur la réputation d'une entreprise dominante, en particulier lorsqu'ils sont mis au jour après le lancement des produits sur le marché. De même, la perception qu'ont les consommateurs d'une entreprise dominante peut être influencée par le comportement de ses fournisseurs à l'égard de leurs travailleurs et par les mesures qu'ils prennent, ou non, pour protéger l'environnement. Ces aspects jouent en faveur soit d'une intégration verticale pure et simple soit, au minimum, d'une intervention de grande envergure de l'entreprise dominante dans les opérations commerciales de ses fournisseurs. La normalisation des produits et la certification indépendante des fournisseurs sont autant de mécanismes qui aident les entreprises à diminuer les risques pour leur réputation associés aux chaînes d'approvisionnement fragmentées à l'échelle mondiale.

Les principaux instruments de propriété intellectuelle qui protègent les actifs fondés sur la réputation sont les marques et les indications géographiques. S'il est relativement peu coûteux d'obtenir les droits sur une marque, la gestion d'un portefeuille mondial de marques requiert quant à elle une planification rigoureuse et une prise de décision stratégique.

Pour commencer, il est possible que les marques ne couvrent pas uniquement des noms de produit, mais aussi des formes bidimensionnelles ou tridimensionnelles, des sons, des couleurs et d'autres éléments caractéristiques qui leur sont associés.

Contrairement aux brevets, que les entreprises protègent principalement dans les pays où la production des chaînes de valeur mondiales se déroule, les entreprises ont de solides raisons de protéger au moins leurs marques principales dans tous les marchés sur lesquels elles mènent des activités ou prévoient d'en mener. L'incertitude quant à la titularité d'une marque peut coûter cher, notamment dès lors que de nouveaux produits ont été commercialisés. C'est la raison pour laquelle les portefeuilles mondiaux de marques des grandes entreprises multinationales comptent souvent des dizaines de milliers de marques. De surcroît, la répartition des demandes d'enregistrement de marques déposées par des non-résidents est moins concentrée que dans le cas des brevets : les cinq principaux offices – l'office national des marques du Canada, de la Chine, de la Fédération de Russie et des États-Unis d'Amérique ainsi que l'Office de l'Union européenne pour la propriété intellectuelle – regroupent moins de 30% du total des demandes déposées dans le monde (voir la figure 1.11).

Rattrapage et développement industriel

Comme nous l'avons mentionné dans l'introduction du présent chapitre, l'essor des chaînes de valeur mondiales a coïncidé à la fois avec un développement industriel rapide dans certains pays à faible revenu et certains pays à revenu intermédiaire, et avec l'intégration de ces pays dans l'économie mondiale. Avant tout, la Chine, que l'on qualifie souvent d'"usine du monde", a été en première ligne de cette évolution, mais un certain nombre d'autres pays d'Asie, d'Europe de l'Est et d'autres régions du monde ont également connu un développement industriel de grande ampleur du fait de leur participation aux chaînes de valeur mondiales. Toutefois, la relation de causalité entre ces changements n'est pas nettement définie. La participation aux chaînes de valeur mondiales a-t-elle stimulé le développement industriel d'une manière qui n'aurait pas pu être possible autrement, ou ces pays réunissaient-ils simplement les conditions préalables nécessaires à un développement industriel qui a entraîné leur participation aux chaînes de valeur mondiales?

La réponse se situe vraisemblablement quelque part à mi-chemin. Les chaînes de valeur mondiales ont sans doute intégré les pays qui offraient les environnements les plus propices – notamment un accès concurrentiel au capital et à la main-d'œuvre, les compétences requises, une infrastructure fiable et des marchés affichant une croissance rapide. En parallèle, le transfert de la capacité de production dans ces pays a certainement ouvert des perspectives de montée en gamme industrielle qui ne se seraient peut-être pas présentées dans d'autres circonstances.

À cet égard, il est essentiel de déterminer comment les entreprises établies dans ces pays en bonne voie d'industrialisation ont pu rattraper leur retard et acquérir les connaissances ainsi que les actifs fondés sur la réputation qui leur ont permis de participer aux chaînes de valeur mondiales.

Les travaux de recherche économique se penchent depuis longtemps sur la manière dont les actifs fondés sur les connaissances se diffusent dans les pays en voie de rattrapage. Ils ont notamment mis en évidence quatre canaux de diffusion principaux[36] :

- Les entreprises établies dans des pays en voie de rattrapage acquièrent des connaissances en recréant, selon le principe de l'*ingénierie inverse*, des produits et technologies disponibles sur le marché. Cette forme de diffusion des connaissances peut être considérée comme le corollaire négatif du fait que les entreprises dominantes ne possèdent que des moyens imparfaits de conserver la propriété exclusive des actifs fondés sur les connaissances, comme nous l'avons vu plus haut. Les droits de propriété intellectuelle peuvent restreindre l'utilisation des technologies copiées par ingénierie inverse par les entreprises des pays en voie de rattrapage, pour autant qu'ils soient protégés dans un pays donné. Parallèlement, les dossiers de brevet mis à la disposition du public constituent une riche source de connaissances technologiques que les entreprises établies dans les pays en voie de rattrapage peuvent utiliser, et utilisent, pour leurs propres activités de recherche-développement[37].

- Les partenariats entre les entreprises dominantes des chaînes de valeur mondiales et les entreprises établies dans des pays en voie de rattrapage peuvent déboucher sur un transfert de connaissances des premières vers les secondes. Ces partenariats peuvent notamment prendre la forme de contrats de *licence de technologie*, lesquels – outre la concession sous licence de connaissances brevetées – donnent souvent lieu au transfert de connaissances utiles non codifiées. Plutôt que de céder sous licence leur technologie à des entreprises indépendantes, les entreprises dominantes des chaînes de valeur mondiales peuvent préconiser une prise de participation au capital de l'entreprise acquéreuse des connaissances, aboutissant ainsi à des *accords de coentreprise.* À l'autre extrême, elles peuvent uniquement consentir à transférer des connaissances à un pays en voie de rattrapage dans le cadre de la création d'une *filiale détenue à 100%.* Une question essentielle concernant ce canal de diffusion consiste à déterminer si l'acquisition de l'actif fondé sur les connaissances est restreinte à l'entreprise partenaire locale ou si cet actif sera diffusé à l'extérieur de cette entreprise, par exemple dans le cadre d'interactions entre clients et fournisseurs ou de la circulation de la main-d'œuvre qualifiée (voir ci-après).

- Les entreprises établies dans les pays en voie de rattrapage peuvent obtenir un accès aux actifs fondés sur les connaissances en *important des biens de production* intégrant des connaissances technologiques. L'importation d'équipement de production peut permettre à ces entreprises de renforcer leurs capacités de production en acquérant des équipements de pointe. Les vendeurs étrangers proposant de tels équipements peuvent également former les travailleurs locaux à l'utilisation et à l'entretien de ces équipements, constituant ainsi une importante base de connaissances complémentaire.

- Enfin, s'agissant des actifs fondés sur les connaissances revêtant la forme de compétences humaines, la *circulation de la main-d'œuvre qualifiée* constitue un canal de diffusion important au travers duquel les connaissances sont diffusées d'une entreprise à une autre. Les travailleurs qualifiés peuvent quitter une entreprise dominante d'une chaîne de valeur mondiale située à l'étranger pour rejoindre une entreprise établie dans un pays en voie de rattrapage, ou créer leur propre entreprise. Point tout aussi important, ils peuvent passer d'une filiale étrangère établie dans le pays à une entreprise locale, contribuant ainsi à la diffusion des connaissances dans l'ensemble du pays en voie de rattrapage.

Les politiques publiques en matière de commerce, d'investissement, de migration et de propriété intellectuelle ont une incidence sur les retombées du phénomène de diffusion, bien que leurs effets ne soient pas toujours clairement définis. Par exemple, la restriction des échanges peut freiner la diffusion par le biais de l'importation de biens de production à forte intensité technologique, mais elle pourrait également promouvoir la diffusion en encourageant l'investissement étranger.

Indépendamment du canal, l'issue de la diffusion de la technologie dépend grandement de la *capacité d'absorption* des pays en voie de rattrapage pour ce qui est de la compréhension et de l'application des connaissances développées à l'étranger. Cette capacité d'absorption est directement tributaire de l'aptitude des ressources humaines à comprendre et à appliquer la technologie, des capacités en matière d'organisation et de gestion et de l'existence d'institutions à même de coordonner et de mobiliser des ressources aux fins de l'adoption de la technologie. Très souvent, la capacité d'absorption dépend également de l'aptitude à perfectionner une technologie sur les plans technique et organisationnel en vue de l'adapter aux besoins locaux. Certains pays ont mieux réussi que d'autres à créer des capacités d'absorption. Les économistes pensent qu'une partie au moins de la réussite des pays d'Asie orientale connaissant une croissance rapide viendrait du fait qu'ils ont su engager un processus d'apprentissage et d'absorption technologique qui leur a permis de rattraper le retard pris sur le plan économique[38].

Les économistes se sont moins penchés sur la manière dont les entreprises établies dans des pays en voie de rattrapage peuvent acquérir des actifs fondés sur la réputation. Outre la constitution de portefeuilles de produits de qualité élevée et constante, il apparaît clairement qu'une réputation et une image de marque solides passent nécessairement par des investissements dans la publicité conséquents et souvent propres à chaque marché. Il peut être particulièrement difficile de pousser les consommateurs à opter pour une autre marque dans des secteurs parvenus à maturité regroupant des marques concurrentes établies de longue date. Les stratégies des entreprises en matière de gestion de marque évoluent souvent en fonction de la croissance de leurs capacités de production. Par exemple, des entreprises établies dans des pays comme le Japon, la République de Corée et plus récemment la Chine qui, jadis, suivaient une stratégie à faible coût et à bas prix, ont progressivement pu majorer leurs prix et améliorer la qualité de leurs produits, et passer ainsi de la commercialisation de produits génériques pour la plupart à la commercialisation de marques très prisées. D'autres entreprises, notamment dans le secteur des TIC, se sont fait un nom en tant que fournisseurs de certains composants ou en tant que fabricants spécialisés dans l'assemblage et en sous-traitance (p. ex. Asus, Acer et Foxconn); ces entreprises peuvent également avoir privilégié leur clientèle d'affaires avant d'entrer sur les marchés de consommation finale avec une marque plus connue, comme ce fut le cas de Huawei. D'autres entreprises encore ont fait l'acquisition de marques renommées d'entreprises situées dans des pays à revenu élevé[39].

Une fois de plus, les perspectives de rattrapage sur le plan industriel et les difficultés connexes varient fortement d'un secteur à un autre et les études de cas présentées dans les chapitres 2 à 4 apportent des points de vue ciblés sur les facteurs qui ont contribué à un tel rattrapage dans les chaînes de valeur mondiales en question.

1.5 – Remarques finales

Les chaînes de valeur mondiales symbolisent le commerce international au XXIᵉ siècle. Elles relient entre elles les économies nationales comme jamais auparavant et ont contribué à l'intégration de nombreux pays en développement dans le système économique mondial. Quelles sont leurs perspectives d'évolution et quel rôle la politique peut-elle jouer pour faire en sorte que ces chaînes de valeur contribuent à la croissance économique et à l'amélioration des niveaux de vie dans le monde? Cette dernière section s'appuie sur les observations formulées dans le présent chapitre afin d'apporter des pistes de réflexion axées sur les politiques autour de ces deux questions.

L'avenir des chaînes de valeur mondiales

Comme nous l'avons vu dans la section 1.1, le rapport entre la croissance du commerce et celle du PIB mondial a plus que doublé au cours des 50 dernières années, mais aucune augmentation n'a été observée depuis la crise financière mondiale de 2008. Cette stagnation pourrait bien s'expliquer par la diminution constante de la demande globale à laquelle de nombreux économistes attribuent la faible reprise au sortir de la crise[40].

En effet, des données préliminaires pour 2017 semblent indiquer que la croissance du commerce dépasse de nouveau celle de la production mondiale[41]. Parallèlement, d'après plusieurs études, la stagnation du rapport entre la croissance du commerce et celle du PIB pourrait avoir des racines structurelles et la spécialisation verticale a peut-être atteint ses limites intrinsèques (voir les sections 1.1 et 1.3). Certains éléments laissent également supposer que les possibilités de perfectionnement des technologies de transport en vue d'accroître les échanges pourraient être épuisées[42].

Les décideurs devraient-ils s'inquiéter du fait que le "ralentissement" des échanges pourrait avoir des racines structurelles? Dans une certaine mesure, la réponse est oui. À l'avenir, l'accroissement de la spécialisation verticale au sein de l'économie mondiale pourrait ne pas avoir le même effet de levier sur la croissance que celui qui a caractérisé la deuxième vague de la mondialisation. Dans le même temps, les innovations technologiques et au sein des entreprises, ainsi que l'évolution des préférences des consommateurs, continueront de modifier en profondeur la production mondiale.

En particulier, les progrès effectués dans les domaines de l'impression 3D, de la robotique et de l'automatisation des processus de fabrication ont déjà reconfiguré les chaînes d'approvisionnement dans un certain nombre de secteurs, et de nouvelles avancées dans ces domaines pourraient bien provoquer des changements plus profonds encore. Ces progrès pourraient se traduire par la "relocalisation" de certaines activités de production, qui induirait une diminution des échanges internationaux de biens intermédiaires. Le déploiement de ces technologies pourrait néanmoins stimuler la croissance économique. Dans ce cas de figure, un recul du rapport entre la croissance du commerce et celle de la production constituerait un signe de progrès plutôt qu'une source de préoccupation.

La montée en gamme des capacités de production dans les pays en voie de rattrapage est un autre facteur clé qui façonne les chaînes de valeur mondiales. Pour l'essentiel, certaines données semblent indiquer que les entreprises chinoises se tournent de plus en plus vers la recherche de sources d'approvisionnement nationales pour leurs pièces et composants plutôt que vers l'importation de ces derniers de l'étranger[43].

Cette nouvelle orientation réduit également la dépendance à l'égard du commerce transnational et pourrait bien avoir joué un rôle dans la stagnation du rapport entre la croissance du commerce et celle du PIB. Cependant, la montée en gamme des capacités de production devrait de nouveau renforcer la croissance à terme[44].

Quelles qu'en soient les causes, les changements touchant les chaînes de valeur mondiales perturbent les modes de production dominants, et cette situation devrait être au centre des préoccupations des décideurs. Lorsque des activités de production sont délocalisées à l'étranger, les travailleurs concernés risquent de perdre leur emploi. De manière plus générale, certains éléments donnent à penser que l'accroissement de la spécialisation verticale a exercé une pression sur la main-d'œuvre non qualifiée dans les pays à revenu élevé et a contribué à creuser les inégalités de revenu.

Il ressort d'une étude importante que la concurrence à l'importation serait à l'origine du quart des suppressions d'emplois dans le secteur manufacturier aux États-Unis d'Amérique entre 1990 et 2007[45]. À cet égard, il est important de savoir quelles incidences a le rôle croissant joué par le capital immatériel dans la production des chaînes de valeur mondiales sur la rémunération des travailleurs selon les différents niveaux de compétences. Parmi les différentes hypothèses avancées, le rôle croissant des actifs incorporels aurait particulièrement bénéficié aux travailleurs les plus talentueux, qualifiés de "superstars"[46]. Toutefois, aucun élément de preuve systématique ne vient appuyer cette hypothèse.

Quelles mesures les décideurs devraient-ils prendre pour faire face aux perturbations induites par les changements au sein des chaînes de valeur mondiales? La protection des échanges commerciaux n'est pas la réponse à donner. Comme nous l'avons vu dans la section 1.1, la libéralisation progressive des échanges a été l'un des facteurs de l'essor des chaînes de valeur mondiales. Étant donné que la formation de ces chaînes est fortement influencée par le coût sous-jacent des échanges, une inversion de la politique des marchés ouverts pourrait, en soi, être hautement perturbatrice. Par ailleurs, les anciens modes de production ne seraient pas rétablis pour autant étant donné que les techniques de production ont grandement évolué depuis.

De manière générale, les économistes préconisent plutôt de mettre en place un filet de sécurité sociale qui atténue les effets négatifs du chômage et d'instituer des mesures visant à faciliter la reconversion professionnelle des travailleurs concernés. En effet, les politiques visant à répondre aux perturbations découlant des changements intervenus au sein des chaînes de valeur mondiales sont, en principe, similaires aux politiques visant à répondre aux perturbations qui interviennent naturellement dans les pays qui connaissent des transformations structurelles en raison de leur croissance économique.

Montée en gamme des capacités au sein des chaînes de valeur mondiales

Il est essentiel pour les décideurs des pays à faible revenu et des pays à revenu intermédiaire de savoir quelles mesures adopter afin d'aider les entreprises locales à opérer une montée en gamme de leurs capacités de production dans les chaînes de valeur mondiales, un processus que l'on retrouve parfois sous les expressions "s'élever le long de la chaîne de valeur" ou "accroître la valeur retirée de la participation aux chaînes de valeur mondiales".

Toutefois, ces perspectives axées sur la valeur peuvent induire en erreur. Comme indiqué dans la section 1.3, la valeur ajoutée ne constitue peut-être pas le bon indicateur pour évaluer la rentabilité du capital et de la main-d'œuvre ou les bénéfices retirés de ces facteurs dans le cadre de la participation aux chaînes de valeur mondiales. En outre, le concept de "valeur captée" pourrait donner à croire que la participation aux chaînes de valeur mondiales suppose un jeu à somme nulle, qu'elle génère des bénéfices considérables pour certains participants – a priori les entreprises dominantes – au détriment des autres. S'il est vrai que les différences sur le plan du pouvoir de négociation peuvent effectivement avoir une incidence sur la répartition verticale des bénéfices, les revenus générés par les chaînes de valeur mondiales sont pour une large part attribuables au capital et à la main-d'œuvre intervenant dans la production de la chaîne de valeur mondiale. Les revenus attribuables au capital et à la main-d'œuvre dépendent à leur tour de la dotation des pays en capital et en main-d'œuvre et de la mesure dans laquelle ces facteurs sont employés de manière productive.

En effet, la question qui consiste à déterminer comment opérer une montée en gamme des capacités au sein des chaînes de valeur mondiales est en principe similaire à la question plus générale de savoir comment stimuler le développement industriel. Ainsi, les recommandations de politique que les économistes ont formulées en vue de promouvoir la croissance industrielle s'appliquent également à la montée en gamme dans les chaînes de valeur mondiales. Il s'agit notamment de mettre en place des institutions qui encouragent l'apprentissage technologique et appuient l'augmentation de la capacité d'absorption, comme indiqué dans la section 1.4. La croissance des chaînes de valeur mondiales soulève cependant certains points spécifiques sur le plan de la politique tant industrielle que commerciale.

S'agissant de la politique industrielle, les stratégies y relatives ont beaucoup évolué ces dernières décennies, à la fois sur le plan pratique et sur le plan du raisonnement académique[47]. Toutefois, si un consensus est en train de se former, c'est bien sur le fait que les pouvoirs publics ont un rôle important à jouer pour mettre en évidence les capacités industrielles préexistantes, souvent au niveau des sous-régions, afin de les mettre à profit en supprimant les contraintes pesant sur l'activité des entreprises et en ciblant de manière adéquate des investissements publics complémentaires[48].

Selon le secteur concerné, il peut être important d'adopter une perspective axée sur la chaîne de valeur mondiale en étudiant les perspectives qui s'offrent aux entrepreneurs locaux ainsi que les difficultés auxquelles ils sont confrontés. Cette démarche peut être utile, par exemple, pour mettre en avant les capacités de niche qui pourraient être renforcées en vue d'une nouvelle ou d'une meilleure participation aux chaînes de valeur mondiales, ou pour suivre l'évolution des tendances sur les marchés de consommation finale dans le monde qui créent des opportunités pour les entreprises locales. Dans le cadre d'une telle analyse, il est également utile de s'interroger sur le rôle que différents types de droits de propriété intellectuelle peuvent jouer pour contribuer à la montée en gamme dans les chaînes de valeur mondiales.

En ce qui concerne la politique commerciale, la participation fructueuse aux chaînes de valeur mondiales dépend, cela va de soi, de la présence de marchés ouverts permettant aux entreprises d'importer des intrants intermédiaires et d'exporter des biens transformés, avec facilité.

Point tout aussi important, une participation fructueuse repose sur des mesures d'intégration plus profondes facilitant la conduite des opérations commerciales tout au long de la chaîne d'approvisionnement. Parmi ces mesures figurent notamment celles visant à assurer la compatibilité des mesures réglementaires, l'harmonisation des normes relatives aux produits et aux technologies et l'ouverture des marchés des services aux entreprises qui appuient la production des chaînes de valeur mondiales. Dans le domaine de la propriété intellectuelle, par exemple, les entreprises doivent supporter des coûts considérables pour protéger leurs différents droits de propriété intellectuelle dans un grand nombre de pays. Des initiatives de coopération, à l'instar des systèmes de dépôt de demandes de brevet, d'enregistrement de marques et de dessins ou modèles industriels de l'OMPI, permettent aux utilisateurs de faire baisser ces coûts, la décision finale quant à l'octroi du droit restant du ressort des États membres participants.

Pour conclure, selon toute vraisemblance, la montée en gamme dans les chaînes de valeur mondiales ne suppose pas un jeu à somme nulle entre les différents pays. Bien que ce processus puisse provoquer le déplacement de certains acteurs de la chaîne de valeur mondiale, et entraîner ainsi des bouleversements, comme indiqué précédemment, il s'agit d'un phénomène qui est par définition en constante évolution.

Le progrès technologique et les nouveaux cycles applicables aux produits entraînent immanquablement une reconfiguration permanente des chaînes de valeur mondiales, qui permet à certaines entreprises de s'insérer dans une chaîne et peut pousser d'autres sociétés vers la sortie. En outre, la montée en gamme dans les chaînes de valeur mondiales génère une croissance économique susceptible d'élargir le marché offert à l'ensemble des produits de la chaîne de valeur mondiale.

Notes

1. Voir Baldwin (2012).

2. Voir OMPI (2011, 2013 et 2015).

3. Voir par exemple Krugman (1995) pour une analyse plus approfondie des deux vagues de mondialisation.

4. Hummels *et al.* (2001) donnent une estimation de la contribution de la spécialisation verticale à la croissance du commerce international de certains pays.

5. Voir Yi (2003) pour une présentation de ce point en bonne et due forme.

6. Voir Baldwin (2012) pour une analyse plus approfondie de ce point.

7. Constantinescu *et al.* (2016) mettent en évidence une baisse de l'élasticité du commerce au PIB à long terme.

8. Voir Baldwin (2012).

9. Voir OMPI (2011, 2013 et 2015) pour une analyse plus approfondie de la manière dont les marchés concurrentiels stimulent les investissements dans les actifs incorporels, et de l'importance croissante de la gestion de la marque.

10. Baldwin et Venables (2013) ont introduit la distinction entre les structures des chaînes d'approvisionnement de types "serpent" et "araignée".

11. Voir Coase (1937), et Alchian et Demsetz (1972).

12. Baldwin et Venables (2013) démontrent que le type de structure de la chaîne d'approvisionnement – "serpent" ou "araignée" – a des incidences complexes sur l'équilibre entre les forces centrifuges, qui conduisent à une dispersion de la production, et centripètes, qui poussent à la concentration au même endroit de différentes activités de production.

13. Fort (2016) a mis en évidence combien l'amélioration des TIC a conduit à une fragmentation de la production dans le cas des entreprises des États-Unis d'Amérique. Il est intéressant de relever que cet effet semble encore plus prononcé pour l'externalisation à l'intérieur du pays que pour l'externalisation à l'étranger.

14. Les différences de coûts salariaux ne sont pas la seule raison pour laquelle les entreprises recherchent des sources d'approvisionnement dans des pays étrangers. La littérature économique a établi de longue date que les économies d'échelle et la différenciation des produits constituent un élément moteur important de la spécialisation et des échanges, en particulier entre pays à revenu élevé ayant des coûts salariaux comparables. Voir Helpman et Krugman (1985).

15. Voir Gereffi et Fernandez-Stark (2016) pour une analyse récente de ce point.

16. Voir Baldwin *et al.* (2014).

17. Krugman (1994) a souligné ce point il y a bien longtemps.

18. Cette approche suit celle adoptée par Prescott et Visscher (1980) et Cummins (2005).

19. Au sujet des investissements dans les actifs incorporels effectués par des pays donnés, voir Corrado *et al.* (2013)

20. À cet égard, Chen *et al.* (2017) élargissent l'exercice comptable concernant les chaînes de valeur mondiales réalisé par Timmer *et al.* (2014) mentionné précédemment.

21. L'indice des prix à la consommation des États-Unis d'Amérique a été utilisé pour exprimer en prix constants la valeur de la production finale de produits manufacturés.

22. Voir notamment Constantinescu *et al.* (2016) et Timmer *et al.* (2016).

23. Plus précisément, ces parts s'élevaient en 2014 à 27% pour la distribution, à 26,6% pour la production finale et à 46,4% pour les autres étapes. La part générée à l'étape de distribution a légèrement reculé par rapport à celle enregistrée en 2000. La part générée à l'étape de la production finale a baissé de 4,2 points de pourcentage tandis que celle générée aux autres étapes a augmenté de 5,5 points de pourcentage.

24. Dans les faits, la part de revenu générée par les actifs incorporels dans le cas des produits pétroliers semble être étroitement corrélée au cours mondial du pétrole. Voir Chen *et al.* (2017).

25. Voir Chen *et al.* (2017) pour plus de détails sur ce point et d'autres réserves.

26. Voir le chapitre 2 du rapport de l'OMPI de 2013 pour une analyse plus approfondie des caractéristiques des actifs fondés sur la réputation.

27. Voir Teece (1986) pour davantage de précisions sur le concept de pouvoir d'exclusivité.

28. Dans les statistiques de la balance des paiements, les services liés à la propriété intellectuelle apparaissent sous "frais pour usage de propriété intellectuelle non classés ailleurs" et "vente de droits de propriété découlant de la recherche-développement" comme cela est précisé dans le Manuel des statistiques du commerce international des services 2010 établi par l'Équipe spéciale interinstitutions des statistiques du commerce international des services (2011).

29. Voir l'article "Ireland's 'de-globalised' data calculate a smaller economy", paru dans le Financial Times du 18 juillet 2017.

30. Voir le premier chapitre du rapport de l'OMPI de 2015 pour une analyse plus approfondie de ce point.

31. La gestion des connaissances est au cœur des théories modernes relatives aux entreprises multinationales. Voir Teece (2014) pour une étude récente des ouvrages consacrés à ce sujet.

32. Voir Maskus *et al.* (2005) pour des données d'enquête à cet égard.

33. Voir le chapitre 2 du rapport de l'OMPI de 2011 et le chapitre 4 du présent rapport pour une analyse plus approfondie de ce point.

34. Voir Goodridge *et al.* (2016).

35. Cette proportion est calculée à partir du nombre de dépôts de demandes de brevet pour 2015 fourni par le Centre de données statistiques de propriété intellectuelle de l'OMPI (www3.wipo.int/ipstats/).

36. Pour une étude plus exhaustive des ouvrages consacrés à ce sujet, voir Hoekman *et al.* (2005) et Arora (2009).

37. Voir le premier chapitre du rapport de l'OMPI de 2011.

38. Voir le premier chapitre du rapport de l'OMPI de 2015 et Nelson et Pack (1999) pour une analyse plus approfondie de ce point.

39. Voir le premier chapitre du rapport de l'OMPI de 2013 pour une analyse plus approfondie de ce point.

40. Voir le premier chapitre du rapport de l'OMPI de 2015.

41. Dans sa mise à jour des perspectives de l'économie mondiale de juillet 2017, le Fonds monétaire international prévoyait que la croissance du commerce mondial s'élèverait à 4% et la croissance de la production à 3,5%.

42. Selon Cosar et Demir (2017), la conteneurisation a permis de réaliser des économies considérables sur les coûts d'acheminement par voie maritime, qui ont compté pour une part importante de l'augmentation des échanges mondiaux. Cependant, la majeure partie de l'effet de levier de la conteneurisation sur les échanges a déjà été réalisé.

43. Constantinescu *et al.* (2016) font état d'une diminution de la part des importations chinoises de pièces et de composants dans les exportations de marchandises.

44. Le modèle théorique présenté par Samuelson (2004) démontre que lorsqu'un pays à faible revenu opère une montée en gamme de ses capacités dans le cadre d'activités de production à l'égard desquelles un pays à revenu élevé détenait auparavant un avantage comparatif, le revenu par habitant dans le second pays peut, dans certains cas, diminuer. Toutefois, le revenu par habitant à l'échelle mondiale augmenterait dans tous les cas de figure.

45. Voir Autor *et al.* (2013).

46. Voir Rosen (1981) pour l'étude fondatrice consacrée à l'économie des superstars. Haskel *et al.* (2012) proposent un cadre théorique qui explique comment l'intégration économique peut stimuler les revenus réels des superstars.

47. Voir Rodrik (2004).

48. Voir les recommandations formulées par Foray (2014) et Rodrik (2008) concernant la formulation des politiques industrielles et en matière d'innovation.

Références

Alchian, A. A. et Demsetz, H. (1972). Production, information costs, and economic organization. *American Economic Review*, 62(5), 777-795.

Arora, A. (2009). Intellectual property rights and the international transfer of technology. Dans OMPI (éd.), *The Economics of Intellectual Property*. OMPI, Genève, 41-64.

Autor, D. H., Dorn, D. et Hanson, G. H. (2013). The China syndrome : local labor market effects of import competition in the United States. *American Economic Review*, 103(6), 2121-2168.

Baldwin, R. (2012). Global Supply Chains : Why They Emerged, Why They Matter, and Where They Are Going. *CEPR Working Paper n° 9103*.

Baldwin, R. et Venables, A. (2013). Spiders and snakes : offshoring and agglomeration in the global economy. *Journal of International Economics*, 90(2), 245-254.

Baldwin, R., Ito, T. et Sato, H. (2014). The Smile Curve : Evolving Sources of Value Added in Manufacturing. Polycopié disponible à l'adresse : www.uniba.it/ricerca/dipartimenti/dse/e.g.i/egi2014-papers/ito.

Chen, W., Gouma, R., Los, B. et Timmer, M. (2017). Measuring the Income to Intangibles in Goods Production : A Global Value Chain Approach. *Document de recherche économique de l'OMPI n° 36*. OMPI, Genève.

Coase, R. H. (1937). The nature of the firm. *Economica*, 4(16), 386-405.

Constantinescu, C., Mattoo, A. et Ruta, M. (2016). The global trade slowdown : cyclical or structural? *Journal of Policy Modeling*, 38(4), 711–722.

Corrado, C., Haskel, J., Jona-Lasino, C. et Iommi, M. (2013). Innovation and intangible investment in Europe, Japan, and the United States. *Oxford Review of Economic Policy*, 29(2), 261-286.

Cosar, K. et Demir, B. (2017). Shipping Inside the Box : Containerization and Trade. *CEPR Discussion Paper n° 11750*.

Cummins, J. G. (2005). A new approach to the valuation of intangible capital. Dans Corrado, C., Haltiwanger, J. et Sichel, D. (éds), *Measuring Capital in the New Economy*, NBER Book Series Studies in Income and Wealth, 47-72.

Foray, D. (2014). *Smart Specialisation : Opportunities and Challenges for Regional Innovation Policy.* Routledge, Londres.

Fort, T. C. (2016). Technology and Production Fragmentation : Domestic *versus* Foreign Sourcing. *NBER Working Paper 22550*.

Gereffi, G., Humphrey, J. et Sturgeon, T. (2005). The governance of global value chains. *Review of International Political Economy*, 12(1), 78-104.

Gereffi, G. et Fernandez-Stark, K. (2016). *Global Value Chain Analysis : A Primer* (2ᵉ édition). Duke University Center on Globalization Governance & Competitiveness, Durham.

Goodridge, P., Haskel, J. et Wallis, G. (2016). UK Intangible Investment and Growth : New Measures of UK Investment in Knowledge Assets and Intellectual Property Rights. Étude réalisée à la demande de l'Office de la propriété intellectuelle du Royaume-Uni.

Haskel, J., Lawrence, R. Z., Leamer, E. E. et Slaughter, M. J. (2012). Globalization and U.S. wages : modifying classic theory to explain recent facts. *Journal of Economic Perspectives*, 26(2), 119-140.

Helpman, E. et Krugman, P. (1985). *Market Structure and Foreign Trade*. MIT Press, Cambridge.

Hoekman, B. M., Maskus, K. E. et Saggi, K. (2005). Transfer of technology to developing countries : unilateral and multilateral policy options. *World Development*, 33(10), 1587-1602.

Hummels, D., Ishii, J. et Yi, K.-M., (2001). The nature and growth of vertical specialization in world trade. *Journal of International Economics*, 54(1), 75-96.

Équipe spéciale interinstitutions des statistiques du commerce international des services (2011). *Manuel des statistiques du commerce international des services 2010 (MSITS 2010)*. Nations Unies/Fonds monétaire international/Organisation de coopération et de développement économiques/Office statistique de l'Union européenne/Conférence des Nations Unies sur le commerce et le développement/Organisation mondiale du tourisme/Organisation mondiale du commerce, Genève, Luxembourg, Madrid, New York, Paris et Washington.

Krugman, P. (1994). Competitiveness : a dangerous obsession. *Foreign Affairs*, 73(2), 28-44.

Krugman, P. (1995). Growing world trade : causes and consequences. *Brooking Papers on Economic Activity*, (1), 327-377.

Maskus, K. E., Dougherty, S. M. et Mertha, A. (2005). Intellectual property rights and economic development in China. Dans Fink, C. et Maskus, K. E. (éds), *Intellectual Property and Development : Lessons from Recent Economic Research*, Oxford University Press et Banque mondiale, New York, 295-331.

Nelson, R. R. et Pack, H. (1999). The Asian miracle and modern growth theory. *The Economic Journal*, 109(457), 416-436.

Neubig, T. S. et Wunsch-Vincent, S. (2017). A Missing Link in the Analysis of Global Value Chains : Cross-Border Flows of Intangible Assets, Taxation and Related Measurement Implications. *Document de recherche économique de l'OMPI n° 37*. OMPI, Genève.

Prescott, E. C. et Visscher, M. (1980). Organization capital. *Journal of Political Economy*, 88, 446-461.

Rassier, D. (2017). Intangible Assets and Transactions within Multinational Enterprises : Implications for National Economic Accounts. *Document de recherche économique de l'OMPI n° 38*. OMPI, Genève.

Rodrik, D. (2004). Industrial Policy for the Twenty-First Century. *CEPR Discussion Paper n° 4767*.

Rodrik, D. (2008). Normalizing Industrial Policy. *Commission on Growth and Development, Working Paper n° 3*. Banque mondiale, Washington.

Rosen, S. (1981). The economics of superstars. *American Economic Review*, 71(5), 845-858.

Samuelson, P. A. (2004). Where Ricardo and Mill rebut and confirm arguments of mainstream economists supporting globalization. *Journal of Economic Perspectives*, 18(3), 135-146.

Seppälä, T., Kenny, M. et Ali-Yrkkö, J. (2014). Global supply chains and transfer pricing : insights from a case study. *Supply Chain Management*, 19(4), 445-454.

Teece, D. J. (1986). Profiting from technological innovation : implications for integration, collaboration, licensing and public policy. *Research Policy*, 15, 285-305.

Teece, D. J. (2014). A dynamic capabilities-based entrepreneurial theory of the multinational enterprise. *Journal of International Business Studies*, 45, 8-37.

Timmer, M., Erumban, A. A., Los, B., Stehrer, R. et de Vries, G. J. (2014). Slicing up global value chains. *Journal of Economic Perspectives*, 28(2), 99-118.

Timmer, M., Los, B., Stehrer, R. et de Vries, G. J. (2016). An Anatomy of the Global Trade Slowdown Based on the WIOD 2016 Release. *Groningen Growth and Development Centre Research Memorandum n° 162*, Université de Groningen.

OMPI (2011). *Rapport sur la propriété intellectuelle dans le monde 2011 – Le nouveau visage de l'innovation*. Organisation Mondiale de la Propriété Intellectuelle, Genève.

OMPI (2013). *Rapport sur la propriété intellectuelle dans le monde 2013 – Marques* : réputation et image sur le marché mondi*al*. Organisation Mondiale de la Propriété Intellectuelle, Genève.

OMPI (2015). *Rapport sur la propriété intellectuelle dans le monde 2015 – Innovation et croissance économique*. Organisation Mondiale de la Propriété Intellectuelle, Genève.

Yi, K.-M. (2003). Can vertical specialization explain the growth of world trade? *Journal of Political Economy*, 111(1), 52-102.

Les actifs incorporels sont essentiels pour tirer parti des nouveaux débouchés sur le marché du café

Les caféiculteurs peuvent accroître leurs revenus en vendant des cafés de qualité supérieure. Cela implique de moderniser leurs exploitations et d'investir dans la création d'une image de marque.

Prix de vente du café
(en dollars É.-U./livre)

Prix de vente des torréfacteurs
4,11 dollars É.-U.

Prix de vente des torréfacteurs
8,50 dollars É.-U.

Prix de vente des torréfacteurs
17,45 dollars É.-U.

Café traditionnel

Café

Baristas indépendants

Prix à l'exportation
1,45 dollar É.-U.

Prix à l'exportation
2,89 dollars É.-U.

Prix à l'exportation
5,14 dollars É.-U.

Chapitre 2
Café : comment les choix des consommateurs transforment la chaîne de valeur mondiale

Le café est l'une des boissons les plus consommées dans le monde. Le nombre de tasses absorbées chaque seconde de chaque jour sur la planète s'élève en effet à près de 35 000[1]. Aux États-Unis d'Amérique, qui sont le plus gros marché mondial en volume et en valeur de ce produit, les trois quarts de la population boivent du café[2].

Le café est un produit de base qui provient de pays du Sud, mais dont les consommateurs sont principalement des pays du Nord. Les pays importateurs de café, dans lesquels se concentre environ 70% de la demande, sont surtout des pays à revenu élevé de l'hémisphère nord. La production de café, en revanche, s'effectue dans des pays à revenu faible à moyen de l'hémisphère sud.

Le café est l'une des denrées agricoles commercialisées les plus importantes, notamment pour les pays producteurs. Il constitue la principale source de revenus de près de 26 millions d'agriculteurs de plus d'une cinquantaine de pays en développement[3]. Sept de ces derniers, notamment, tirent plus de 10% de leurs revenus d'exportation de la vente de café, et cela depuis trois décennies[4]. Si l'importance des revenus liés à leurs exportations de café s'est réduite avec le temps, faire progresser ces pays dans la chaîne de valeur mondiale du café peut contribuer à leur développement économique, et notamment les aider à lutter contre la pauvreté.

Le café jouit d'une faveur grandissante. Sa consommation est en hausse partout, non seulement chez les importateurs traditionnels que sont le Japon et les pays d'Europe, mais aussi dans un nombre croissant d'autres pays. Selon des estimations distinctes de l'Organisation des Nations Unies pour l'alimentation et l'agriculture (FAO) et de l'Organisation internationale du café (OIC), c'est dans les pays en développement que cette consommation augmente le plus rapidement[5]. À cela s'ajoute le fait que de nouveaux produits et services attirent encore plus d'amateurs en leur proposant tout un éventail de modes, de variétés, de moments et de lieux de consommation des produits du café.

L'étude de la chaîne de valeur mondiale du café permet de tirer d'importants enseignements quant à la manière dont les pays à faible revenu, qui sont fortement tributaires des produits de l'agriculture, peuvent renforcer leur participation à la chaîne de valeur afin de tirer profit du commerce international. La chaîne de valeur mondiale du café a été longtemps gouvernée par le

marché et les acheteurs, c'est-à-dire que le gros de la valeur était généré par des acteurs concentrés à l'aval de la filière. L'évolution récente d'un nouveau segment du marché du café offre cependant aux producteurs situés en amont la possibilité d'intervenir plus efficacement dans la chaîne de valeur.

L'un des moyens dont disposent les participants de la filière du café pour capter une plus grande part de la chaîne de valeur consiste à investir afin d'acquérir des actifs incorporels.

Le présent chapitre examine le rôle que jouent les actifs incorporels dans la chaîne de valeur mondiale du café. Il décrit tout d'abord l'évolution de cette chaîne au cours des décennies, en soulignant l'importance des consommateurs dans le fonctionnement actuel de la chaîne de valeur mondiale du café. La section 2.2 se penche ensuite sur l'incidence des actifs incorporels sur la chaîne de valeur mondiale, et tout particulièrement, sur la manière dont ils influencent la répartition de la valeur ajoutée. La section 2.3 s'intéresse de plus près à l'utilisation des actifs incorporels aux fins de rehaussement des activités au long de la chaîne de valeur, ainsi qu'aux flux de technologie entre les différents participants de cette dernière.

2.1 – La nature changeante de la chaîne de valeur du café

2.1.1 – De la cerise du caféier à la tasse de café – Une chaîne de valeur internationale

Comme celle de la plupart des produits de base qui s'échangent sur les marchés, la chaîne de valeur du café a une configuration "en serpent". Elle commence chez le cultivateur, qui choisit l'espèce du caféier, puis le cultive et en récolte les fruits (cerises) lorsqu'ils sont à maturité. Ces derniers sont ensuite préparés par voie sèche ou voie humide, afin d'obtenir un café vert. Selon les structures de marché en place dans le pays producteur, ce travail peut s'effectuer à la plantation, dans une coopérative ou dans des installations appartenant à des négociants locaux ou même à des exportateurs.

L'exportateur ou la coopérative sélectionne ensuite les cafés verts selon la densité, la grosseur et la couleur de leurs grains, avant de les conditionner suivant des définitions et des normes précises, fixées par des importateurs de café ou des utilisateurs industriels tels que des torréfacteurs ou des fabricants de café soluble.

Encadré 2.1

Le négoce de café est un métier risqué

La volatilité des cours du café est extrêmement élevée, car le rendement des récoltes est facilement affecté par les conditions climatiques ou les maladies[6]. L'ampleur des fluctuations de prix peut faire du commerce du café une entreprise risquée, tant pour les acheteurs que pour les vendeurs. Afin d'atténuer ce risque, la plupart des transactions de café vert s'effectuent sur le marché des contrats à terme.

Les acheteurs – importateurs, torréfacteurs et fabricants de café soluble – s'engagent auprès des vendeurs – caféiculteurs, exportateurs ou importateurs – par un contrat commercial standardisé, sur la base de la cote fixée sur les bourses internationales de New York, pour le café arabica, et de Londres pour le café robusta[7]. Ce contrat stipule généralement que l'acheteur achètera à une date future convenue une certaine qualité de café livrable à un endroit donné, et cela, à un prix à déterminer. Les parties s'entendent sur une marge qui sera combinée, à la date de livraison, au prix du café vert établi à divers moments par l'acheteur et le vendeur[8].

Le prix que reçoit réellement le vendeur peut différer sensiblement du prix payé par l'acheteur, dans la mesure où le calcul du prix de règlement final s'effectue habituellement à un moment distinct.

Certains participants essentiels contribuent à réduire le risque inhérent au commerce du café. Les importateurs et les chambres de compensation, en particulier, facilitent grandement ce commerce en assumant une partie du risque lié aux transactions. Le contrat signé entre l'acheteur et le vendeur pourra par exemple préciser que le café est vendu "sous réserve d'approbation d'un échantillon". Si l'acheteur refuse une livraison parce que le produit ne respecte pas la qualité convenue ou une norme technique donnée, le vendeur est tenu de prendre possession du café au lieu de destination.

D'une manière générale, les caféiculteurs ou les exportateurs de café basés dans les pays producteurs ne sont pas équipés pour faire face à ce risque supplémentaire ou pour en absorber le coût. Les intermédiaires, en revanche, seront mieux à même de trouver un autre acheteur pour le lot de café concerné, ainsi qu'une solution de remplacement pour le premier acheteur qui n'a pas accepté la livraison.

Source : OIC et Banque mondiale (2015), ainsi que Samper *et al.* (2017).

À leur arrivée dans leur pays de destination, les cafés verts en vrac sont dirigés vers des entrepôts où l'importateur peut élaborer des mélanges de variétés provenant de pays différents, conformément aux demandes de ses acheteurs, avant de les livrer à ces derniers.

Les torréfacteurs et les fabricants de café soluble peuvent aussi préparer eux-mêmes ces mélanges, selon leurs besoins. Ils torréfient ensuite les cafés verts en appliquant leurs propres recettes, afin d'obtenir des profils de saveur précis, adaptés aux préférences de goût de leur clientèle.

La figure 2.1 représente la chaîne d'approvisionnement du café. Cette dernière est internationale, et cela principalement à deux égards. Tout d'abord, comme on l'a dit précédemment, le gros de la consommation de café se concentre dans des pays importateurs à revenu élevé tels que les États-Unis d'Amérique, l'Allemagne, le Japon, la France et l'Italie. Elle a aussi augmenté progressivement au cours des dernières décennies dans les pays producteurs, mais elle y reste encore nettement inférieure à celle des pays plus riches[9].

Deuxièmement, la torréfaction doit s'effectuer près du lieu de consommation, car la durée de conservation du produit torréfié est limitée. Il y a en effet peu de temps que les techniques de conditionnement et de distribution permettent de préserver la qualité et le goût des grains de café torréfiés. Il était donc difficile pour les pays producteurs d'exporter du café torréfié à travers le monde, et c'est pour cela que leurs exportations se limitent principalement à du café vert – un produit intermédiaire dans la chaîne de valeur – et que le travail de mélange et de torréfaction s'effectue plutôt dans les pays importateurs.

2.1.2 – Priorité au consommateur : comment les nouvelles formes de demande font évoluer la chaîne de valeur mondiale

La chaîne de valeur mondiale du café est depuis longtemps axée sur l'acheteur, c'est-à-dire que le gros de la création de valeur se situe à l'aval, au niveau des torréfacteurs, des enseignes de la distribution et des grandes marques du café. Ce sont également ses acteurs qui fixent les normes de production et de qualité pour l'ensemble du secteur.

Ce mode de gouvernance est toutefois en train de se transformer progressivement. Deux nouveaux segments de marché modifient en effet la manière dont le consommateur perçoit le café qui, au lieu d'être un simple produit, s'accompagne désormais d'un service ayant un contenu social. Boire du café est devenu un acte social, et les consommateurs sont, pour leur part, plus avertis.

Ces nouveaux segments de marché offrent à des participants différents la possibilité de jouer un rôle plus prépondérant le long de la chaîne de valeur.

La demande de café se répartit entre trois catégories de marchés – conventionnel, différencié et expérientiel – auxquelles on donne également le nom de première, deuxième et troisième vague, respectivement. À chacune correspond un type de clientèle cible, ainsi qu'une offre de produits et des prix différents.

**La première vague :
un segment de marché "conventionnel"**

Le segment de marché dit première vague concentre la part la plus importante de la consommation totale de café, tant en volume qu'en valeur. Selon l'estimation de Samper *et al.* (2017), cela représente entre 65 et 80% de la consommation de café et 90 milliards de dollars É.-U., soit 45%, de la valeur du marché mondial du café[10].

Le consommateur cible de ce segment de marché consomme principalement son café chez lui. En règle générale, il en boit quotidiennement, y recherche un apport de caféine et achète des cafés à prix raisonnable qu'il peut trouver facilement, que ce soit dans un supermarché de n'importe quelle grande chaîne ou dans une petite épicerie.

Figure 2.1

Le cheminement du café au long de la chaîne de valeur mondiale

Vue d'ensemble de la chaîne de valeur mondiale du café modifiée pour prendre en compte les nouveaux segments de marché

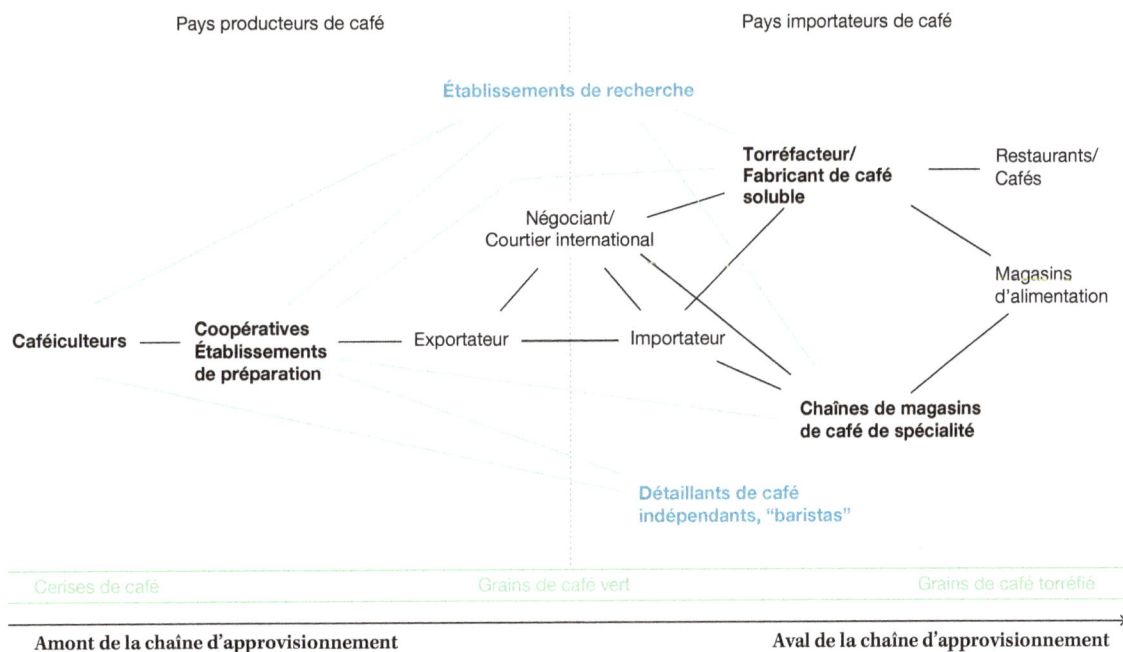

Source : OMPI sur la base de Ponte (2002) et Samper *et al.* (2017).

Note : les lignes noires représentent les liens traditionnels entre les participants; les lignes bleues représentent les liens relativement récents issus de l'importance grandissante des segments de marché de la deuxième et de la troisième vague.

Les produits – sous la forme de paquets de grains de café torréfiés, de café soluble et, plus récemment, de capsules individuelles – sont normalisés, mais peuvent présenter des différences de goût importantes afin de prendre en compte des préférences régionales. La distinction entre deux produits concurrents peut se limiter à la qualité offerte à un prix donné.

La qualité des grains de café utilisés dans ces produits était de faible à médiocre il y a encore quelques décennies, mais elle s'améliore graduellement depuis que de grands torréfacteurs tels que JAB et Nestlé ont lancé de nouveaux produits destinés à une clientèle de consommateurs plus avertis. Ces produits comprennent notamment des dosettes individuelles contenant un café de provenance unique ou un mélange de meilleure qualité.

En ce qui concerne ce segment de marché, la chaîne de valeur mondiale du café est gouvernée par le marché. Les décisions d'achat de café vert des acheteurs – importateurs, torréfacteurs et fabricants de café soluble – sont fondées sur des considérations de coût. Si le prix de l'arabica est plus élevé que celui du robusta, ils peuvent décider d'acheter de plus grandes quantités de robusta et de les travailler pour obtenir un café répondant à certaines normes. Qui plus est, il s'est avéré que l'origine des grains de café vert n'était pas un argument de vente déterminant dans ce segment de marché. Les importateurs, torréfacteurs et fabricants de café soluble achètent par conséquent leur café dans de nombreux pays différents, pour autant que leurs normes de qualité soient respectées.

Les acteurs de la chaîne de valeur du café prennent des risques lorsqu'ils négocient leurs achats de café vert sur les marchés, car les cours sont sujets à d'importantes fluctuations dans le temps. Pour s'en prémunir, ils utilisent le marché des contrats à terme pour leurs transactions (voir l'encadré 2.1).

La deuxième vague :
un segment de marché "différencié"

Le segment de marché dit deuxième vague concerne des consommateurs qui préfèrent consommer leur café dans un cadre social. Il s'agit d'une clientèle capable d'apprécier un large éventail de boissons à base d'expresso et désireuse de le faire dans un lieu pratique et confortable.

Les produits de ce segment de marché vont du traditionnel expresso italien à des préparations plus élaborées de café agrémenté de mousse de lait. Ces boissons sont élaborées selon des techniques précises et normalisées par des serveurs expérimentés ou baristas. Elles sont en outre servies le plus souvent dans des établissements se distinguant par une ambiance agréable, afin d'attirer une clientèle pour laquelle la dégustation de café doit également présenter un aspect social.

La qualité des grains de café utilisés dans ce segment de marché est généralement supérieure à celle de la première vague. Depuis une vingtaine d'années, de plus en plus d'établissements spécialisés offrent à des consommateurs soucieux d'encourager un commerce équitable des boissons faites avec des grains de café cultivés de manière durable par des agriculteurs correctement rémunérés.

Comme dans le cas de la première vague, la gouvernance de la deuxième vague de la chaîne de valeur mondiale est liée au marché. Le fait que les consommateurs concernés manifestent un intérêt plus marqué pour le lieu d'origine des grains de café, la manière dont ils sont cultivés et l'équitabilité de la rémunération des cultivateurs offre toutefois aux participants de la filière la possibilité de se distinguer et de rehausser leurs activités le long de la chaîne de valeur. Des normes volontaires de durabilité (NVD) contribuent au renforcement de l'image des magasins de café de spécialité, de l'impression de responsabilité sociale qu'ils dégagent et de la valeur perçue de leurs produits, ainsi qu'à distinguer les cafés des marques de la deuxième vague de ceux de la première vague.

La troisième vague :
un segment de marché "expérientiel"

Le segment de marché dit troisième vague vise les consommateurs les plus exigeants en matière de goût du café, et les prix qui s'y pratiquent sont à l'avenant. Il s'agit d'une clientèle qui n'hésite pas à payer son café au prix fort. En échange, elle veut savoir d'où proviennent les grains de café, comment ils ont été cultivés et de quelle manière ils doivent être préparés pour que l'on puisse en apprécier pleinement la flaveur, le corps, l'arôme, la fragrance et l'harmonie en bouche.

Les produits de ce segment s'accompagnent d'un historique remontant au lieu où ils ont été cultivés, ainsi que des recettes selon lesquelles ils ont été torréfiés et des techniques utilisées pour les élaborer. L'accent est mis sur les profils de saveur, à l'instar de l'industrie vinicole qui valorise le terroir, le cépage et les méthodes mises en œuvre pour produire un vin.

Tableau 2.1

Les trois segments du marché du café

	Première vague Conventionnel	Deuxième vague Différencié	Troisième vague Expérientiel
Consommateur ciblé	Boit quotidiennement du café, principalement à la maison, mais aussi ailleurs, le cas échéant.	Recherche un large éventail de boissons à base de café, qu'il consomme généralement dans un cadre social.	Consommateur socialement responsable et passionné de café, prêt à payer le prix fort pour des produits éthiques de grande qualité.
Besoins du consommateur	• Énergie	• Énergie • Socialisation • Sensibilisé à l'éthique ou doté d'une conscience sociale	• Énergie • Socialisation • Sensibilisé à l'éthique ou doté d'une conscience sociale
Produits et services	• Mélange de café torréfié en paquet • Café soluble (ou instantané) • Capsules individuelles	• Boissons à base d'expresso, telles que caffè latte, latte macchiato, etc. • Connaissance de différentes techniques de préparation de boissons à base de café – généralement normalisées • Quelques connaissances concernant l'origine des grains de café et les méthodes de culture • Ambiance de l'établissement	• Grains de café de provenance unique • Mélange et torréfaction habituellement sur place • Connaissance approfondie de différentes techniques de préparation permettant d'intensifier la flaveur et l'arôme de chaque café • Solides connaissances concernant l'origine des grains de café et les méthodes de culture • Ambiance du magasin
Type de production	• Production normalisée en grosse quantité • Qualité normalisée	• Différents types de cafés à base d'expresso • Techniques de préparation et de service de café relativement normalisées • Répond à un besoin de socialisation, au même titre que la fréquentation d'un café	• Origine, torréfaction et technique de service personnalisées • Les baristas ont généralement des connaissances très approfondies concernant les grains de café et les techniques de torréfaction et de préparation de boissons
Canaux de distribution	• Supermarchés • Restaurants collectifs	• Supermarchés • En ligne • Chaînes de magasins de café de spécialité	• Magasins indépendants de vente au détail de café • En ligne
Prix	Bas	Moyen à élevé	Élevé à très élevé
Gouvernance de la chaîne de valeur mondiale	Principalement par le marché	Principalement par le marché	Principalement relationnelle

Source : OMPI sur la base de Humphrey (2006), Garcia-Cardona (2016) et Samper *et al.* (2017).

D'une manière générale, la qualité des grains est supérieure à celle du café proposé dans les deux autres segments de marché. Les producteurs s'attachent à constituer des portefeuilles de produits de grande qualité, obtenus par différents mélanges et grâce à des techniques de torréfaction adaptées à chaque variété. Les baristas ont une connaissance approfondie des cafés utilisés et ont même pris, dans certains cas, une part active à la culture des caféiers.

La gouvernance de la chaîne de valeur mondiale de la troisième vague est fondée sur les relations. Le fait de privilégier le lien direct avec le cultivateur s'est traduit par une chaîne de valeur plus courte (on peut voir la différence de longueur entre les chaînes traditionnelles, en noir, et les nouvelles chaînes, en bleu, sur la figure 2.1).

Dans ce segment de marché, la coopération entre cultivateurs et baristas a souvent conduit à des innovations de produits, et notamment à des façons nouvelles de préparer des boissons à base de café.

La consommation de café de ce segment est encore relativement faible par rapport à celle des deux premières vagues et du marché dans son ensemble, mais elle connaît une augmentation rapide.

2.2 – Actifs incorporels et valeur ajoutée

La propriété des actifs incorporels joue un rôle important dans la chaîne de valeur mondiale du café, et permet de mieux comprendre la manière dont se répartissent les revenus le long de cette dernière.

Les actifs incorporels formels, tels que les technologies, les modèles et les marques, sont importants parce qu'ils aident les participants de la chaîne à s'assurer un retour sur les investissements qu'ils font pour innover. D'une manière générale, ces actifs sont protégés par des droits de propriété intellectuelle en bonne et due forme, comme des brevets, des modèles d'utilité, des dessins ou modèles industriels, des droits d'auteur et des secrets commerciaux.

Les actifs incorporels informels jouent également un rôle essentiel dans la détermination de la part de revenu des participants. La maîtrise et le savoir-faire que démontrent les baristas en ce qui concerne le mélange et la torréfaction des gains d'une variété de café donnée représentent, par exemple, une valeur ajoutée considérable dans le segment de marché de la troisième vague.

De plus, l'accès aux canaux de distribution des pays importateurs est indispensable, afin d'assurer la visibilité des produits auprès des consommateurs potentiels.

2.2.1 – Consommation et production : une répartition des revenus inégale

Une part importante de la création de valeur ajoutée tout au long de la chaîne de production du café se concentre du côté du lieu de consommation. Cela est dû à cinq facteurs.

Tout d'abord, les grains de café perdent rapidement leurs qualités gustatives et leur arôme une fois qu'ils ont été torréfiés. Ils sont donc exportés la plupart du temps sous forme de café vert, afin de préserver leurs qualités.

Le café est également exporté sous forme soluble. L'élaboration de ce type de café faisant appel à des procédés coûteux, elle n'est pas à la portée de tous les pays producteurs, mais elle y est de plus en plus pratiquée.

Cela étant, lorsqu'ils exportent du café soluble, la part de valeur ajoutée qui demeure dans ces pays est inférieure à celle des pays importateurs de café[11].

Ce déséquilibre est probablement dû en partie à une différence de capacité de création d'image de marque et d'accès aux canaux de distribution[12].

Deuxièmement, les préférences pour le type de grains de café utilisé – mélange d'arabica et de robusta ou provenance unique, et même degré de torréfaction – varient d'un continent ou d'une région à l'autre. Les pays d'Europe du Nord préfèrent, par exemple, les mélanges de café composés de grains d'arabica légèrement torréfiés, tandis que leurs voisins du Sud apprécient les cafés ayant fait l'objet d'une torréfaction plus poussée et contenant des grains de robusta[13]. De manière générale, les torréfacteurs et les fabricants de café soluble établis près des lieux de consommation sont plus aptes que leurs concurrents des pays producteurs à adapter leurs mélanges et leurs méthodes de torréfaction à des préférences régionales.

Outre de permettre une meilleure adaptation de leurs produits aux goûts régionaux, le choix du lieu d'établissement des grands torréfacteurs répond à un souci d'économie d'échelle. Une usine de torréfaction installée en Allemagne, par exemple, peut produire des cafés pour plusieurs marques européennes, et donc avoir une production plus importante tout en réduisant ses coûts.

Troisièmement, les politiques industrielles des pays importateurs de café sont généralement plus favorables à l'importation de grains de verts non traités qu'à celle de cafés torréfiés et transformés (solubles). Cette pratique restrictive se traduit par une progressivité des droits d'importation sur les cafés torréfiés ou même transformés dans les pays producteurs, et donc par une augmentation des prix de ces derniers.

Il convient toutefois de préciser qu'en vertu de divers accords commerciaux bilatéraux, régionaux et multilatéraux, de nombreux pays importateurs – notamment parmi les pays les plus développés – réduisent progressivement les droits qu'ils perçoivent sur les importations de café. Bien que le problème de la progressivité des droits persiste, ces derniers sont aujourd'hui relativement peu élevés dans l'Union européenne et aux États-Unis d'Amérique; l'Inde et le Ghana, en revanche, imposent respectivement des droits d'importation de 35 et 20% sur le café soluble[14].

Une étude de l'OIC (2011) montre en outre que la progressivité des droits a souvent une plus forte incidence sur les consommateurs de café des pays les moins avancés que sur ceux des pays riches. Elle constate notamment que les consommateurs des pays développés continuent à acheter du café lorsque les prix augmentent. Autrement dit, une hausse des tarifs douaniers sur les cafés n'empêchera pas les amateurs de ces pays de savourer leur boisson importée favorite.

L'importation de cafés torréfiés et transformés de pays producteurs est également soumise à des mesures réglementaires, par exemple sanitaires ou phytosanitaires, qui, sans constituer en elles-mêmes des restrictions commerciales, peuvent néanmoins entraîner des frais de mise en conformité plus importants pour les entreprises des pays producteurs de café.

Quatrièmement, la plupart des innovations de produits et de procédés de préparation du café ont été mises au point dans des pays importateurs de café. Un grand nombre d'appareils de torréfaction, de mouture et même de percolation du café destinés à obtenir le meilleur goût et le meilleur arôme possible ont été inventés et commercialisés de part et d'autre de l'Atlantique[15].

Le procédé de fabrication du café soluble, qui est plus complexe que celui de la torréfaction, a probablement été inventé au cours de la guerre de Sécession aux États-Unis d'Amérique, pour pouvoir faire prendre plus facilement des boissons caféinées aux soldats[16]. La société Nestlé parviendra toutefois à améliorer le goût du café soluble grâce à une technologie brevetée de production de lait soluble, et à dominer le marché de ce produit[17].

Le fait de détenir des droits sur des technologies liées au café a toujours favorisé le lancement de nouveaux produits et services dans ce domaine. Ainsi, les brevets et dessins et modèles industriels protégeant les machines à café et les capsules Nespresso ont permis à la société Nestlé de s'assurer une présence forte sur le segment de marché des consommateurs de café de la première vague. La plupart des brevets ont maintenant expiré, mais les marques Nestlé et Nespresso continuent de figurer en bonne place sur le marché du café.

Enfin, investir dans le développement d'une image de marque forte est une excellente façon de s'assurer la confiance des consommateurs et de gagner des parts dans un marché du café relativement saturé. La

recherche a en effet montré que l'on peut obtenir des prix plus élevés pour des produits de marque que pour des génériques[18]. De nombreux torréfacteurs et fabricants de café soluble consacrent des sommes considérables à l'élaboration de cet actif incorporel, afin de se distinguer de leurs concurrents et de se donner une plus grande notoriété. Nescafé et Starbucks sont deux marques reconnues et appréciées dans le monde entier par les consommateurs de café.

Les pays producteurs de café se tournent graduellement vers le système de la propriété intellectuelle pour protéger leurs actifs incorporels et en tirer pleinement profit. Bien qu'un grand nombre d'avancées technologiques brevetables dans le domaine du café s'effectuent encore dans les pays importateurs (voir la partie 2.2.3 ci-dessous), quelques pays producteurs travaillent à la mise en place de leurs propres capacités de traitement. Le Brésil, par exemple, produit désormais des cafés torréfiés et solubles qui lui permettent de concurrencer des entreprises d'économies plus développées.

Ces pays font en outre plus d'efforts en matière de développement d'image de marque, afin de distinguer leurs cafés de ceux de leurs concurrents. Certains d'entre eux ont par exemple investi pour que leurs cafés soient protégés par des indications géographiques et des marques. Les grains de café de la Jamaïque (Blue Mountain) et de la Colombie (Milds), notamment, se vendent à des prix supérieurs à la moyenne[19].

Le fait de détenir de tels actifs incorporels ne suffit pas, cependant, à garantir l'accès aux consommateurs des économies les plus développées. Outre les difficultés que présente la mise en place d'un circuit de distribution dans un pays importateur, la nature de la chaîne de valeur, gouvernée par les acheteurs, compromet l'aptitude des producteurs de café à faire face, de l'amont de cette chaîne, à des concurrents situés en aval, sur le marché du café. L'essor du segment de marché que constitue la troisième vague de consommation de café est toutefois en train d'assouplir graduellement cette structure de gouvernance.

Tableau 2.2

Les participants de la filière du café, leurs activités créatrices de valeur et leurs actifs incorporels

Participants	Principales activités créatrices de valeur	Principaux acteurs	Risques	Actifs incorporels	Lieu d'établissement
Cultivateurs	• Culture et récolte du café. • Un grand nombre sont liés à des coopératives ou à des associations de cultivateurs. Le traitement des cerises de café (par voie humide ou sèche) est effectué sur place ou par le participant suivant de la chaîne.	• Cultivateurs ou plantations de café; les exploitations de la plupart des cultivateurs ont moins de cinq hectares.	• Effets du changement climatique sur la culture et les récoltes de café. • Effets de la grande volatilité des cours du café et des taux de change sur le revenu des cultivateurs.	• Méthodes de culture (traditionnelles ou non)*. • Marques ou indications géographiques*.	• Dans plus de 50 pays moins avancés.
Coopératives, usines de préparation	• Réalisation d'économies d'échelle permettant la réduction des coûts de nettoyage, de triage et de calibrage des grains de café vert. • Dans certains cas, exportation ou torréfaction du café. La plupart vendent leurs produits à des exportateurs, selon les besoins de ces derniers. • Les activités de traitement des usines de préparation comprennent le décorticage (séparation des restes de pulpe et des grains de café). Elles sont organisées en coopératives dans certaines régions.	• Les coopératives sont généralement situées dans des régions différentes, et ne sont pas directement en concurrence.	• Volatilité des prix, risques de crédit et absence de contrôle sur les opérations de décorticage ou de traitement par voie sèche.	• Certaines coopératives appartiennent à l'État ou sont subventionnées. • La relation entre les coopératives les cultivateurs facilite la diffusion de nouvelles méthodes de culture, et même de nouvelles variétés de café*.	• Dans les pays producteurs de café.
Exportateurs et importateurs de café.	• Achat et préparation pour l'exportation de grains de café reçus de cultivateurs, de coopératives, etc. • Certains exportateurs de café ont aussi des activités de transformation du café après la récolte, par exemple le nettoyage. • Triage mécanique des grains de café par densité, calibre et couleur, conformément à des définitions et à des normes établies par les clients. Les opérations de traitement peuvent être sous-traitées. • Les importateurs ont des activités de stockage de café vert et, dans certains cas, d'élaboration de mélanges. • Services de logistique de volumes importants et de livraison aux torréfacteurs dans des délais définis. • Ajout récent de services de traçabilité et de certification fondés sur la relation avec des acteurs en amont et en aval de la filière du café.	• Un grand nombre d'exportateurs de café ont des relations avec des maisons internationales d'importation ou de négoce. • On peut probablement dire que le marché mondial de l'importation de café est contrôlé à 50% par trois entreprises : les sociétés suisses Volcafe et ECOM, et le groupe allemand Neumann. • Certaines grandes exploitations et coopératives peuvent également avoir des activités d'exportation de café.	• Domaine ayant d'importants besoins de financement, exposé aux risques de fluctuation des prix et des taux de change.	• Secrets d'affaires. • Liens étroits avec un réseau de fournisseurs en amont et en aval de la chaîne. • Savoir-faire en matière de mélange, de calibrage et, en partie, de transformation. • Brevets. • Capacité de garantir la conformité de méthodes de culture ou un étiquetage écologique, ainsi que de fournir toute autre certification exigée par les clients*.	• Les exportateurs établissent des agences à proximité des lieux de culture dans les pays producteurs de café. • Les importateurs sont le plus souvent installés dans les pays consommateurs de café.
Torréfacteurs et fabricants de café soluble.	• Transformation de grains de café vert sur la base de préférences régionales et de normes établies, en utilisant des technologies protégées et des savoir-faire propres. • Distribution de cafés torréfiés et solubles à divers détaillants, selon les normes habituelles de ce segment de marché. • Investissement dans les équipements de conditionnement et la construction d'image de marque, afin de distinguer les produits de ceux de la concurrence.	• Nestlé, JAB-Jacobs Douwe Egberts, Strauss, J. M. Smucker Co. Folgers Coffee, Luigi Lavazza SpA, Tchibo GmbH et Kraft Heinz Co. représentent près de 40% des grands torréfacteurs présents sur le marché du commerce de détail d'alimentation. • Les plus grands fabricants de café soluble sont Nescafé (propriété de la société suisse Nestlé), DEK et l'entreprise allemande Dr. Otto Suwelak.	• Besoins d'investissements importants et nécessité, pour les fabricants de café soluble, de réaliser des économies d'échelle.	• Brevets. • Marques. • Dessins et modèles industriels. • Secrets d'affaires. • Savoir-faire adapté aux préférences de marché en matière de mélange de torréfaction.	• Généralement à proximité des marchés de consommation. • Les fabricants de café soluble peuvent s'établir ailleurs qu'auprès des marchés de consommation, car la durée de vie de leurs produits est plus longue.

Source : OMPI sur la base de Samper *et al.* (2017)
Note : *Nouveaux actifs incorporels mis en évidence par les débouchés des nouveaux segments de marché.

Figure 2.2

Le gros des revenus issus de la vente au détail de café se concentre dans les pays importateurs

Répartition du revenu total de la vente de café dans les commerces d'alimentation entre les pays exportateurs, les importateurs et les pays importateurs, 1965-2013

Répartition des ventes de café en revenus et en valeur (dollars É.-U. la livre)

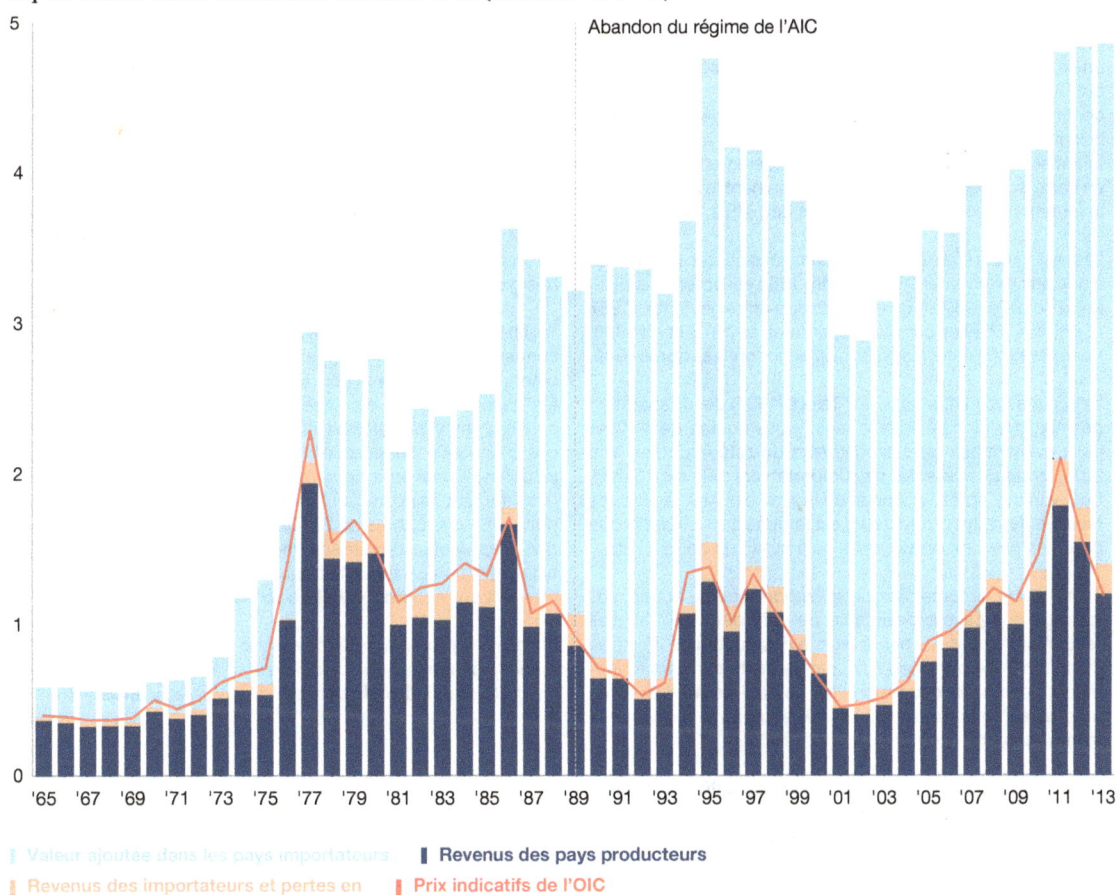

Légende :
- Valeur ajoutée dans les pays importateurs
- Revenus des importateurs et pertes en
- Revenus des pays producteurs
- Prix indicatifs de l'OIC

Source : Samper *et al.* (2017) sur la base de données recueillies auprès de la FAO et de l'OIC.

Note : Les prix de vente au détail dans les magasins d'alimentation indiqués pour les pays importateurs de café sont exprimés en dollars É.-U. par livre de café torréfié, tandis que les revenus des pays producteurs de café et les prix d'importation sont exprimés en dollars É.-U. par livre de café vert FAB (franco à bord). Les pertes en poids correspondent au décorticage, au séchage, à la préparation pour l'exportation et à la torréfaction du café vert. Les prix indicatifs de l'OIC sont des prix de référence pour les grandes catégories et origine de cafés verts. Le régime des quotas de l'AIC a été en vigueur, d'une manière générale, de 1962 à 1989, à l'exception d'une interruption temporaire au cours de la période 1975-1977, en raison des prix élevés du café.

2.2.2 – Incidence de l'activité exercée sur le revenu des participants de la chaîne de valeur du café

Les revenus de la chaîne de valeur du café sont répartis entre les participants selon l'activité qu'ils y exercent. Ainsi qu'il a été mentionné au premier chapitre, la valeur ajoutée par chacune de ces activités est fonction des coûts de capital et de main-d'œuvre dans les différentes étapes de la chaîne. Le capital immatériel joue en particulier un rôle essentiel dans l'explication de la valeur ajoutée tout au long de la chaîne.

Les caractéristiques de consommation des trois segments de marché ont une incidence sur la contribution à la filière de chacun des participants.

Encadré 2.2

Les quotas de l'AIC et leur incidence sur la répartition des revenus

Le commerce mondial du café a été fortement régulé de 1962 à 1989, quoique de manière discontinue, par un Accord international sur le café (AIC)[23].

Cet accord avait pour but de réduire les fluctuations des prix du café et de stabiliser ces derniers, notamment lorsqu'ils étaient bas. Les parties, composées de pays producteurs et de pays consommateurs de café, s'étaient entendues sur une fourchette de prix cibles et limitaient les exportations en attribuant des quotas aux différents pays producteurs. Ce contingentement était assoupli lorsque les prix dépassaient la limite supérieure de la fourchette, resserré lorsqu'ils chutaient sous sa limite inférieure et complètement abandonné en cas d'augmentation dépassant largement le maximum de la fourchette, comme cela fut le cas de 1975 à 1977.

Les restrictions établies par le système des quotas ont conduit à des prix relativement élevés entre 1963 et septembre 1972, entre octobre 1980 et février 1986, puis entre novembre 1987 et juillet 1989. Elles ont été suspendues en 1973 et en 1980, faute d'entente entre les parties, et abandonnées après 1989.

Selon une estimation faite par Talbot (1997) de la répartition des revenus du café sous le régime des quotas de l'AIC, la part revenant aux pays producteurs de café était d'environ 20%, tandis que celle des pays importateurs s'élevait à 55%[24]. En revanche, après l'abandon du régime de l'AIC, la part des revenus des pays producteurs est tombée à 13%, tandis que celle des pays importateurs de café faisait un bond à 78%.

Talbot souligne toutefois que si l'importance de la part des revenus des pays producteurs de café peut résulter des restrictions imposées par le régime des quotas de l'AIC, les fluctuations de prix dues aux changements dans les rendements de la production mondiale de café peuvent avoir eu un effet sur le partage des revenus entre pays producteurs et importateurs.

Une montée des cours internationaux du café se traduirait par une augmentation de la part de revenus des pays producteurs de café, tandis qu'une baisse aurait pour effet une augmentation de la part des pays importateurs.

Des estimations plus récentes de la répartition des revenus du café ont également conclu que la part des pays importateurs était plus élevée que par le passé[25]. La part plus faible des revenus des pays producteurs de café s'explique par deux facteurs : un déclin réel des prix du café sur les marchés internationaux et une augmentation des coûts non liés au café dans cette industrie.

Le maintien des restrictions à la production imposées par le régime des quotas s'est heurté à de nombreuses difficultés. En premier lieu, les pays importateurs de café devaient accepter des prix plus élevés que ceux qu'ils auraient obtenus si ce régime n'avait pas existé. Deuxièmement, les producteurs les plus efficaces étaient obligés de limiter leurs ventes de grains de café même lorsque les prix étaient élevés, et donc de subir une perte de revenus potentiels, pour se conformer à ce régime. Certains pays producteurs devaient ainsi détruire des grains de café les années de grandes récoltes[26].

Troisièmement, enfin, le signal envoyé aux cultivateurs concernant leur rendement et leurs décisions en matière de plantation n'était pas le bon. Étant donné que le prix qui leur était versé n'était pas en rapport avec la réalité des besoins de consommation de café vert, ils étaient encouragés à produire des quantités supérieures à la demande véritable du marché, ce qui avait pour effet de pousser encore plus à la baisse les prix internationaux du café. Une étude plus récente des effets du régime des quotas de l'AIC sur les rendements a estimé que si les récoltes de café sont moins abondantes aujourd'hui, cela est dû en partie au fait que les prix étaient plus bas au moment où l'accord a été abandonné[27].

Malgré ces problèmes, le régime des quotas a rempli, d'une manière générale, son objectif de stabilisation des prix pour les producteurs de café pendant qu'il était en vigueur.

Dans certains cas, les critères de segmentation du marché créent pour ces derniers des possibilités nouvelles qui leur fournissent le moyen d'augmenter la valeur ajoutée de leur activité. Par exemple, le fait d'agir en tant qu'intermédiaires entre les caféiculteurs et les acheteurs de café peut permettre aux importateurs et aux exportateurs de jouer un rôle supplémentaire consistant à encourager la fourniture et la certification de cafés durables dans la deuxième vague.

En revanche, le lien direct entre cultivateur et détaillant de café indépendant qui caractérise la troisième vague a pour effet d'éliminer le besoin d'intermédiaires et de raccourcir la chaîne d'approvisionnement.

Les différents segments de marché ont également une influence sur la capacité des participants à rehausser leurs activités et à s'assurer une meilleure rémunération, notamment ceux de la deuxième et de la troisième vague. Le tableau 2.2 présente une vue d'ensemble simplifiée des rôles des participants de la filière et des actifs incorporels qui s'y rapportent. Il reprend les éléments de la figure 2.1, et explique l'évolution des rôles des participants et leurs liens dans les nouveaux segments de marché. Par exemple, la relation commerciale directe entre cultivateur et détaillant indépendant (en bleu sur la figure 2.1) met en évidence de nouveaux actifs incorporels que le cultivateur peut désormais utiliser à son avantage (marqués par un astérisque dans le tableau 2.2).

Concurrence intense dans la première vague

Comme on l'a vu plus haut, le segment de marché de la première vague concentre la plus grosse partie de la consommation mondiale de café, tant en quantité qu'en valeur. Le volume des produits du café vendus dans ce segment de marché suffit à lui seul à donner aux participants de l'aval de la filière – torréfacteurs, fabricants de café soluble et détaillants – un pouvoir considérable sur les autres acteurs de la chaîne de valeur. Les économies réalisées le long de la chaîne sont généralement absorbées par ces producteurs.

Ce segment de marché est un excellent exemple de chaîne de valeur mondiale axée sur l'acheteur. La concurrence entre producteurs de café est cependant forte dans ce segment de marché, et cela a conduit à une importante concentration de marques au cours des dernières décennies. Sept entreprises fournissent actuellement près de 40% de tout le café vendu dans les magasins d'alimentation. Elles comprennent notamment des marques internationales telles que Jacobs Kronung (Allemagne), Maxwell House (États-Unis d'Amérique) et Nescafé (Suisse). Ces marques se disputent des parts de marché avec les marques privées des chaînes d'alimentation.

Tableau 2.3

Les producteurs de café perçoivent des revenus plus élevés sur les segments de marché les plus récents

		Première vague		Deuxième vague		Troisième vague	
		dollars É.-U. par livre (453 g)	Indice	dollars É.-U. par livre (453 g)	Indice	dollars É.-U. par livre (453 g)	Indice
Du producteur à l'exportateur	Producteur/lieu de production	1,25 (a)	86	na		4,11	80
	Exportateur	s.o.		s.o.		0,45 (d)	
	Broyage à sec	s.o.		s.o.		0,4	
	Conditionnement	s.o.		s.o.		0,11	
	Services coopératifs	s.o.		s.o.		0,07	
Importateur	Café vert FAB	1,45 (b)	100	2,89	100	5,14	100
	Frais logistiques et marge de l'importateur			0,24			
	Café vert à l'entrepôt	s.o.		3,13	108,3	6,58	128
Torréfacteur	Perte de masse et distribution au torréfacteur	s.o.		3,91		s.o.	
	Conditionnement et main-d'œuvre directe	s.o.		0,84		s.o.	
	Autres salaires	s.o.		1,00		s.o.	
	Autres frais fixes	s.o.		2,00		s.o.	
	Commerce équitable États-Unis d'Amérique, Taxe pour le maintien de la certification	s.o.		0,04		s.o.	
	Déplacement vers le lieu d'origine	s.o.				0,35	
	Marge brute	s.o.		0,71		s.o.	
	Prix de vente total du torréfacteur	4,11 (c)	283	8,50	294	17,45	340

Source : OIC (2014), SCAA (2014) et Wendelboe (2015).

Notes : a) Moyenne simple établie à partir des données de tous les pays membres de l'OIC ayant transmis des données; b) Indicateur ex-dock moyen, minoré de 10% pour la conversion ex-dock/franco à bord (FAB); c) Moyenne simple établie à partir des données de tous les pays membres de l'OIC ayant transmis des données sur les prix de détail, minorée de 30% pour couvrir la marge de l'intermédiaire; d) Répartition producteur-exportateur, fondée sur les chiffres de 2012. Indice FAB = 100. Les données concernant les segments de marché reposent sur les prix de 2014.

Cette concurrence intense oblige les participants de l'aval de la chaîne de valeur à maintenir des coûts aussi bas que possible, tout en continuant à offrir aux consommateurs la qualité à laquelle ils attendent. Une augmentation de prix, même minime, peut en effet conduire les consommateurs à changer de marque.

La figure 2.2 illustre la répartition des revenus du café sur le marché du commerce de détail d'alimentation entre les pays importateurs et exportateurs de café entre 1965 et 2013[20]. À partir de 1986, la part du total des revenus de ce marché allant aux torréfacteurs et aux fabricants de café soluble des pays importateurs (en bleu clair sur la figure) dépasse celle des participants des pays producteurs de café (en bleu foncé). On constate en outre que l'évolution des revenus des pays producteurs de café correspond à celle des prix mondiaux, représentés par la courbe des prix indicatifs de l'OIC. Ce lien est particulièrement étroit depuis l'abandon des quotas prévus par l'Accord international sur le café, en 1989 (voir l'encadré 2.2).

La forte concurrence qui caractérise la première vague de consommation de café exerce une pression à la baisse sur les marges bénéficiaires des participants situés en amont de ce segment de marché – des cultivateurs aux exportateurs dans les pays producteurs de café et, dans certains cas, aux importateurs dans les pays importateurs de café[21].

Selon Daviron et Ponte (2005), la torréfaction, le mélange, la mouture et l'emballage sous vide, qui sont plutôt des procédés à faible technologie dans la chaîne de valeur du café, ne représentent qu'une faible part des marges des participants de l'aval. C'est aux investissements qu'ils effectuent pour distinguer leurs produits, en particulier pour construire une image de marque, qu'est due la part importante de valeur ajoutée des pays importateurs de café[22].

L'importance de la certification sur le segment de marché de deuxième vague

Le segment de marché de deuxième vague a vu le jour dans les années 1990, lorsque le prix du café a brutalement chuté suite à l'abandon des quotas imposés par l'Accord international sur le café[28]. Peu de temps après, des organisations non gouvernementales (ONG) ont commencé à mettre en évidence les effets sur les producteurs de la baisse du prix du café, et ont demandé que des mesures soient prises en réponse à ce problème.

C'est ainsi que des boutiques spécialisées comme Starbucks ont commencé à proposer des cafés répondant aux exigences de consommateurs dotés d'une plus grande conscience sociale. Café et produits biologiques issus de l'agriculture durable, qui garantissent des revenus élevés aux producteurs, ont fait leur apparition dans ces boutiques, ainsi que dans les points de vente habituels des magasins d'alimentation diététique.

La plupart des magasins spécialisés n'ont pas de relation directe avec les producteurs de café et doivent donc s'adresser à des intermédiaires pour être sûrs que les grains de café qu'ils achètent répondent à leurs critères. Les exportateurs situés dans les pays producteurs de café, qui sont en relation à la fois avec les producteurs de café, d'une part, et avec les importateurs ou torréfacteurs des pays importateurs, d'autre part, sont bien placés pour organiser la livraison de grains certifiés, cultivés selon des techniques agricoles précises et répondant à d'autres critères en matière d'agriculture durable. Certaines ONG contribuent également à la mise en place de labels de certification comme le label "Commerce équitable" ou "Rainforest Alliance"[29].

Les prix plus élevés de ces produits du café certifiés ou labellisés, ainsi que l'accent mis sur la valeur ajoutée qu'ils apportent aux participants en amont de la chaîne de valeur, se traduisent par un niveau de revenus différent pour les producteurs de ce segment, par rapport à ceux du segment de première vague (voir le tableau 2.3). On a également observé de nombreux autres avantages clairement liés aux normes volontaires de durabilité, allant d'une meilleure préservation des ressources et de l'environnement à des pratiques de travail améliorées[30].

Les chercheurs ont néanmoins des opinions divergentes sur la question de savoir si les producteurs perçoivent des revenus sensiblement plus élevés. Certains avancent que les producteurs de ce segment de marché bénéficient de revenus plus élevés que ceux de la première vague; d'autres n'en sont pas convaincus[31].

Les sceptiques affirment que le coût lié à la mise en œuvre d'une norme volontaire de durabilité et au respect des normes de certification peut contrebalancer le montant plus élevé des recettes brutes perçues, ou font état de la baisse des prix forts[32].

Connaître l'origine de votre café sur le segment de marché de troisième vague

Sur le segment de marché de troisième vague, ce sont les vertus du café qui sont mises en avant. Les informations sur les activités réalisées en amont, comme celles concernant l'origine des grains, le mode de culture et les conditions climatiques, sont jugées tout aussi importantes que celles concernant les activités effectuées en aval, comme la torréfaction, le mélange et le brassage.

C'est sans doute sur ce segment de marché que les participants sont le plus à même d'accroître leurs revenus sur la chaîne de valeur mondiale. Premièrement, il existe des échanges directs entre les producteurs de café et les détaillants. Cette forme d'intégration verticale raccourcit la chaîne d'approvisionnement, de sorte que les producteurs tirent des revenus plus importants de leur café vert. L'écart de prix moyen entre les cafés qui peuvent être associés à un producteur particulier et ceux qui ne le sont pas est de l'ordre de 8 dollars É.-U. par livre[33]. En outre, une étude axée sur le marché américain révèle que le prix du café d'origine unique protégé par des instruments de propriété intellectuelle y est au moins trois fois supérieur au prix de détail moyen du café torréfié[34].

Le tableau 2.3 illustre les différences de revenus entre les producteurs de café sur les différents segments. Deux points importants sont mis en évidence. Premièrement, le prix payé au producteur par livre de café est plus élevé sur les segments de marché de deuxième et troisième vagues. En particulier, les revenus des producteurs sur le segment de marché de la troisième vague sont trois fois supérieurs à ceux des producteurs sur le segment de première vague. Si cette augmentation est remarquable, elle témoigne des stratégies de différenciation appliquées en amont de la chaîne d'approvisionnement. Sur le segment de deuxième vague, la différenciation se fait grâce à l'utilisation d'une norme volontaire de durabilité, tandis que sur celui de troisième vague, ce sont les vertus du grain de café et les échanges directs avec les torréfacteurs des pays importateurs qui sont mis en avant.

Grâce à leurs relations plus étroites sur la chaîne d'approvisionnement, les participants en amont et en aval de cette chaîne entretiennent des échanges plus nombreux. Les torréfacteurs peuvent en apprendre davantage sur la culture du café et aider les producteurs à améliorer leurs techniques agricoles, tandis que les producteurs sont en mesure de fournir aux torréfacteurs un café de qualité.

Dans ce contexte, les participants en amont et en aval de la chaîne d'approvisionnement du café augmentent la valeur qu'ils tirent de leurs activités : les producteurs en améliorant leurs techniques agricoles pour répondre aux besoins des torréfacteurs, et les torréfacteurs en utilisant leurs connaissances améliorées sur le café pour produire des boissons de grande qualité.

La figure 2.3 présente la répartition des revenus sur les segments de marché de manière plus graphique. Si la figure 2.2 illustrait la répartition des revenus pour le segment de marché de première vague, la figure 2.3 donne un aperçu des trois vagues successives en se fondant sur les prix de 2014.

Figure 2.3

La rémunération des producteurs de café est plus élevée sur le segment de troisième vague

Part de la totalité des revenus du café revenant aux participants des pays producteurs et importateurs, par segment de marché

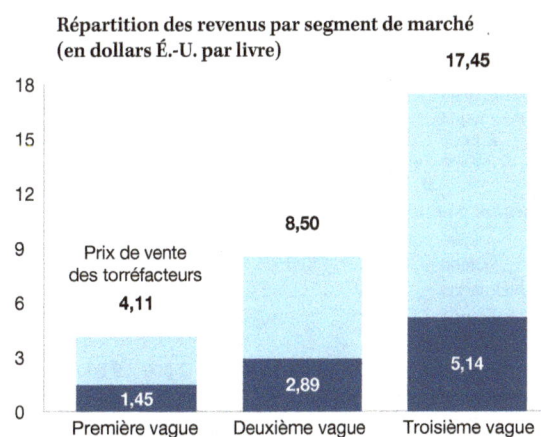

Répartition des revenus par segment de marché (en dollars É.-U. par livre)

Revenus attribuables au pays importateur
Revenus attribuables au pays producteur

Source : OIC (2014), SCAA (2014) et Wendelboe (2015).

Note : Voir notes du tableau 2.3.

2.2.3 – Les actifs incorporels comme source de valeur pour les participants

La répartition des revenus sur la chaîne de valeur mondiale du café est en partie liée aux actifs immatériels détenus. Comme nous l'avons vu dans la sous-section précédente, les investissements dans l'innovation et le développement de la marque sont des facteurs susceptibles d'expliquer la forte valeur ajoutée en fin de chaîne.

Pour mesurer l'activité inventive, il est possible d'examiner la situation relative aux brevets, aux modèles d'utilité et aux dessins et modèles industriels pour les inventions en rapport avec le café, tandis que les activités de gestion des marques peuvent être évaluées au moyen des marques et indications géographiques enregistrées et non enregistrées, le cas échéant[35].

Figure 2.4

Les participants issus de pays importateurs détiennent la plupart des titres de propriété intellectuelle relatifs au café

Nombre total des différents droits de propriété intellectuelle détenus par des participants établis dans les principaux pays importateurs de café et droits équivalents détenus dans les pays producteurs de café et la Chine, 1995-2015

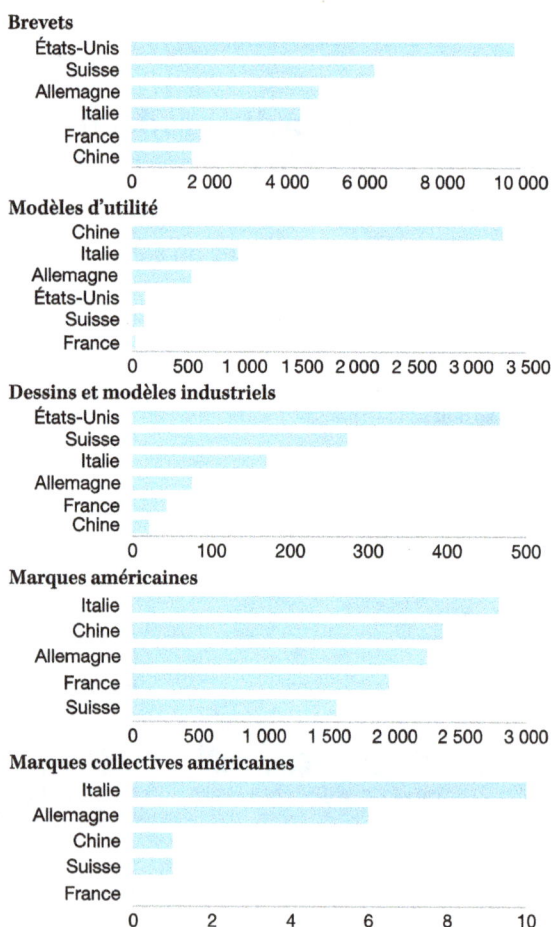

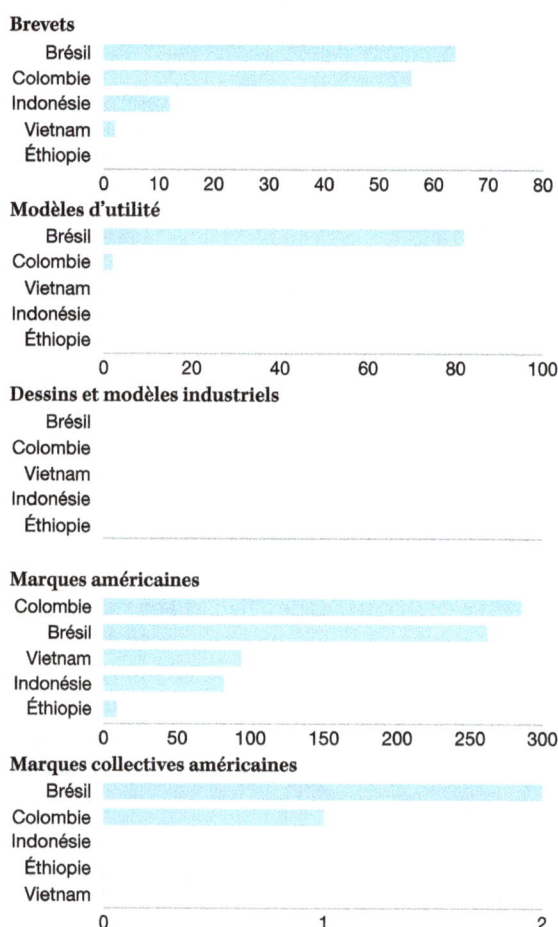

Source : OMPI, sur la base des données fournies par PATSTAT et l'USPTO; voir les notes techniques.
Note : les données relatives aux brevets, dessins et modèles industriels et modèles d'utilité proviennent de la base de données PATSTAT, tandis que les données relatives aux marques ont été fournies par l'USPTO (voir la note de fin de document 36).

Encadré 2.3

La Chine – un marché qui présente un énorme potentiel de croissance, notamment en termes de production

La Chine est l'un des plus récents pays producteurs de café, avec notamment l'arabica doux de la province du Yunnan[38]. La production de la Chine double tous les cinq ans depuis deux décennies. La consommation de café sur le marché chinois présente un fort potentiel de croissance et les habitudes de consommation y sont similaires à ce que l'on observait au Japon il y a 50 ans[39].

Les activités de la Chine en matière de propriété intellectuelle semblent coïncider avec l'augmentation de sa production de café. Au cours de la dernière décennie, l'activité de dépôt de demandes de brevet et d'enregistrement de marques a fait un bond dans le pays, et la Chine rivalise désormais avec les pays importateurs de café qui enregistrent les plus hauts revenus.

Depuis 1995, le nombre de demandes de brevet relatives au café déposées en Chine est quasiment identique au nombre des demandes déposées en France, et il est supérieur au nombre des demandes déposées au Royaume-Uni[40]. En outre, quelque 3300 technologies associées au café sont protégées au moyen de modèles d'utilité[41]. Néanmoins, la plupart des dépôts de demandes de brevet effectués par des déposants chinois visent uniquement la Chine et n'ont pas l'orientation étrangère des demandes déposées en France, en Italie et au Royaume-Uni.

Cela étant, la Chine a déposé pratiquement 2400 demandes d'enregistrement de marques auprès de l'USPTO pour des produits et services en rapport avec le café, devant l'Allemagne qui en a déposé environ 2200. Cela donne à penser que les sociétés chinoises sont très bien implantées sur le marché américain du café.

La plupart des titres de propriété intellectuelle relatifs au café sont détenus par des participants issus de pays importateurs

Ainsi qu'il a été indiqué dans la partie 2.2.1, les pays importateurs de café détiennent la plupart des actifs immatériels formels dans ce domaine. La figure 2.4 compare l'utilisation de la propriété intellectuelle par les cinq principaux pays producteurs, d'une part, et les cinq principaux pays importateurs plus la Chine, d'autre part[36].

Sans surprise, les chiffres indiquent que les participants issus de pays importateurs détiennent une grande partie des droits de propriété intellectuelle relatifs au café.

Les États-Unis d'Amérique, la Suisse et l'Italie sont les trois principaux pays d'origine des participants qui déposent des demandes de brevet relatives au café. Pour les demandes d'enregistrement de marques déposées auprès de l'Office des brevets et des marques des États-Unis d'Amérique (USPTO), les pays européens, en particulier l'Italie, la Suisse et le Royaume-Uni, sont les trois principaux déposants, en plus des ressortissants américains[37].

La Chine est néanmoins une exception flagrante à l'aperçu général véhiculé par la figure 2.4. Dans le secteur du café, le nombre de demandes de titres de propriété intellectuelle déposées par des déposants

établis en Chine rivalise avec celui des cinq principaux pays importateurs de café. Avant 1995, le nombre de demandes de brevet relatives au café déposées par des déposants établis en Chine était comparable au nombre peu élevé de demandes de brevet déposées dans de nombreux pays producteurs de café, comme le Brésil, la Colombie et le Mexique. Depuis 1995 en revanche, la Chine compte parmi les marchés importants sur lesquels la protection par brevet est demandée, au même titre que les pays traditionnellement importateurs de café comme les États-Unis d'Amérique et plusieurs pays européens (voir l'encadré 2.3).

La titularité des droits de propriété intellectuelle reflète la répartition des revenus sur la chaîne de valeur

La figure 2.5 illustre la répartition de l'activité en matière de brevets sur les différents segments de la chaîne de valeur du café[42], ainsi que la part des entreprises qui déposent des demandes de brevet dans ce secteur. Elle indique la part des participants à chaque étape de la chaîne de valeur (en bleu clair) et leur part dans le nombre total de demandes de brevet déposées (en bleu foncé).

Plus de 90% de toute l'activité en matière de brevets porte sur deux segments : le traitement des grains et la distribution finale[43].

Ces deux segments représentent quasiment les deux tiers du nombre total d'entreprises présentes dans le secteur du café au niveau mondial. Parmi les participants figurent habituellement des torréfacteurs, des producteurs de café soluble et des détaillants qui effectuent eux-mêmes la torréfaction, notamment des magasins spécialisés et de petits commerçants.

En revanche, les activités habituellement menées dans les pays producteurs de café, comme la culture, d'une part, et la récolte et les activités menées après la récolte, d'autre part, ne font pas l'objet d'un grand nombre de demandes de brevet. Ces deux segments représentent ensemble moins de 2% de l'ensemble des demandes de brevet déposées dans le secteur du café.

L'activité en matière de marques se développe parmi les participants au stade de la distribution finale. La figure 2.6 illustre le nombre de demandes d'enregistrement de marques déposées par des détaillants américains auprès de l'USPTO pour les segments de première, deuxième et troisième vagues.

Si le nombre de demandes d'enregistrement de marques relatives à des produits et services en rapport avec le café tend généralement à augmenter depuis les années 1980, le nombre de demandes déposées sur les segments de deuxième et troisième vagues a presque triplé entre 2000 et 2016. Le nombre de demandes déposées par de petits détaillants sur le segment de troisième vague constitue une part importante de cette croissance.

Cette importance accrue des demandes d'enregistrement de marques illustre l'importance des activités de gestion des marques d'une manière générale, en particulier sur les segments de marché de deuxième et troisième vagues. Ces segments de marché ont commencé à prendre de l'ampleur en 2000 et 2010, respectivement.

Les activités de gestion des marques se développent, contrairement à l'activité en matière de brevets

Le nombre de demandes d'enregistrement de marques portant sur des biens et des services en rapport avec le café a augmenté au cours des dernières années.

La figure 2.7 montre que la part des demandes d'enregistrement de marques relatives au café par rapport à toutes les autres catégories de marques a augmenté durant les dernières décennies. Le nombre de demandes déposées est monté en flèche en 1991, 2000 et 2010, soit au moment où les segments de deuxième et troisième vagues ont vu le jour et pris leur essor[44].

En revanche, la croissance de la protection par brevet des technologies associées au café a été inégale au cours de cette période. Si le nombre de brevets relatifs au café a augmenté, la part de ces brevets dans le nombre total de brevets diminue depuis 2005. Le nombre de demandes de brevet relatives au café a culminé cette année-là, avec plus de 1500 demandes déposées dans le monde.

2.3 – gestion des actifs immatériels dans la chaîne de valeur du café

Les participants de la chaîne de valeur mondiale du café protègent et gèrent leurs actifs immatériels principalement de quatre façons : i) en protégeant leurs technologies brevetables là où se trouvent leurs concurrents; ii) en utilisant des stratégies de différenciation et notamment des marques pour se distinguer de leurs rivaux; iii) en privilégiant les circuits courts avec les producteurs de café; et iv) en maintenant un certain rendement de production compte tenu des changements climatiques et des maladies du caféier.

2.3.1 – protection du café sur les principaux marchés

Comme indiqué précédemment, la plupart des actifs immatériels formels de la chaîne de valeur mondiale du café sont détenus par des participants qui se situent dans des économies plus développées importatrices de café. Ces derniers protègent leur capital immatériel dans les pays où ils doivent faire face à la concurrence, qui sont généralement d'autres économies plus développées importatrices de café.

La figure 2.8 montre les pays dans lesquels des technologies brevetées étaient protégées à l'échelle internationale au cours des périodes 1976-1995 (en haut) et 1996-2015 (en bas).

Figure 2.5

Plus de la moitié de tous les brevets relatifs au café porte sur le segment de la distribution finale

Part en pourcentage des entreprises présentes dans le secteur du café, et part des demandes de brevet relatives au café par segment de la chaîne de valeur

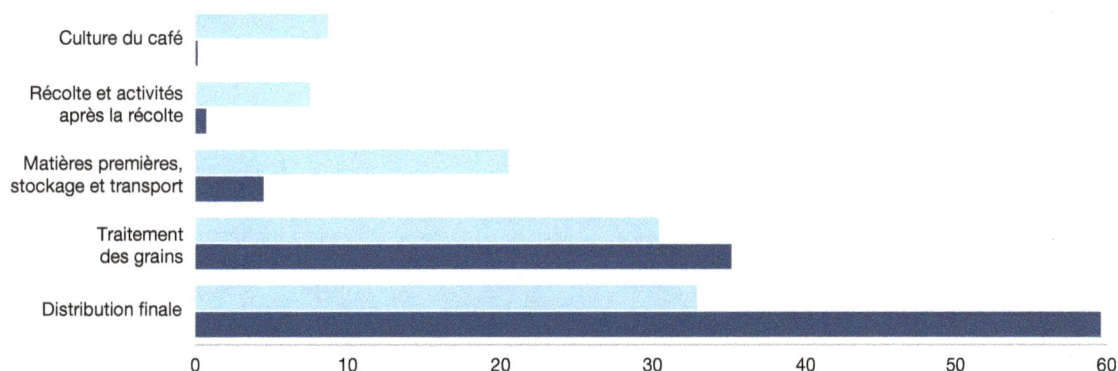

ENTREPRISES   BREVETS

Source : OMPI, sur la base des données de PATSTAT et Ukers (2017); voir les notes techniques.
Le classement des segments de la chaîne de valeur repose sur Samper et al. (2017).
Note : les barres en bleu clair représentent la part de toutes les entreprises du secteur du café présentes, pour chaque segment de la chaîne de valeur. Les barres en bleu foncé indiquent la part des brevets relatifs au café attribuable à chaque segment de la chaîne. La part des participants sur le segment de la culture du café est probablement sous-évaluée, car la liste des entreprises du secteur du café provient des données d'Ukers et ne comprend que les sociétés inscrites au registre.

Figure 2.6

Le nombre de demandes d'enregistrement de marques augmente, en particulier pour les segments de deuxième et troisième vagues

Nombre total de demandes d'enregistrement de marques relatives au café déposées auprès de l'USPTO par segment de marché, 1980-2016

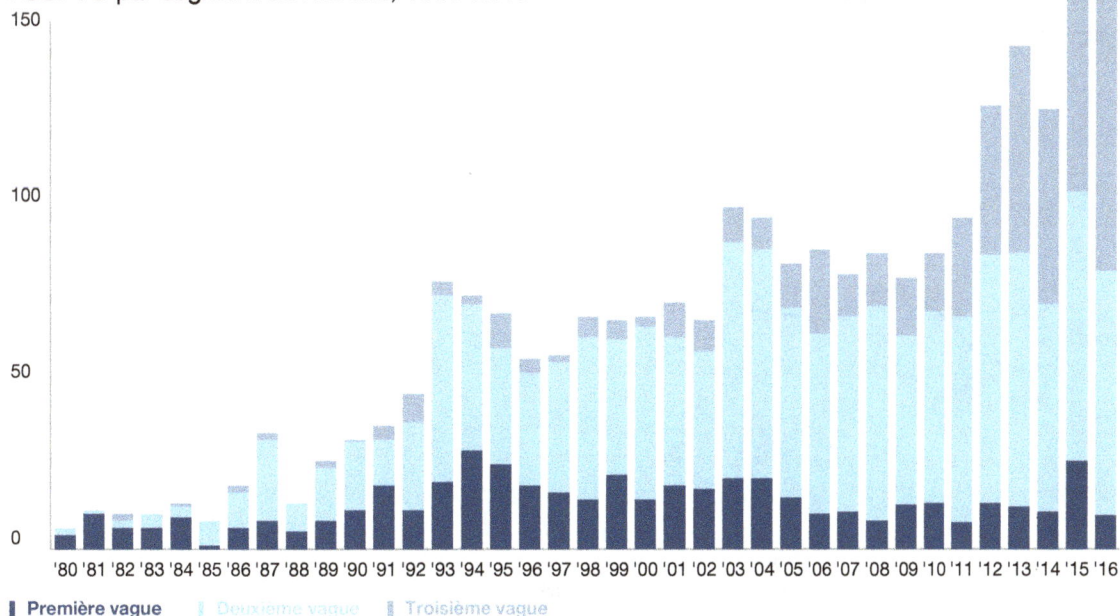

Première vague   Deuxième vague   Troisième vague

Source : OMPI, sur la base des données de l'USPTO et PQC; voir les notes techniques.
Notes : les désignations commerciales américaines ont été classées par PQC compte tenu des trois segments du marché du café. La liste établie par PQC a été utilisée pour recenser les demandes d'enregistrement de marques déposées auprès de l'USPTO pour chaque segment de marché ou vague.

Figure 2.7

les participants du secteur du café utilisent de plus en plus la gestion des marques aux fins de différenciation

Nombre annuel de demandes de brevet et d'enregistrement de marques relatives au café (axe de gauche) et part en pourcentage des brevets et marques relatifs au café par rapport au nombre total de brevets et de marques (axe de droite)

Nombre total de brevets   Part des brevets relatifs au café (en %)

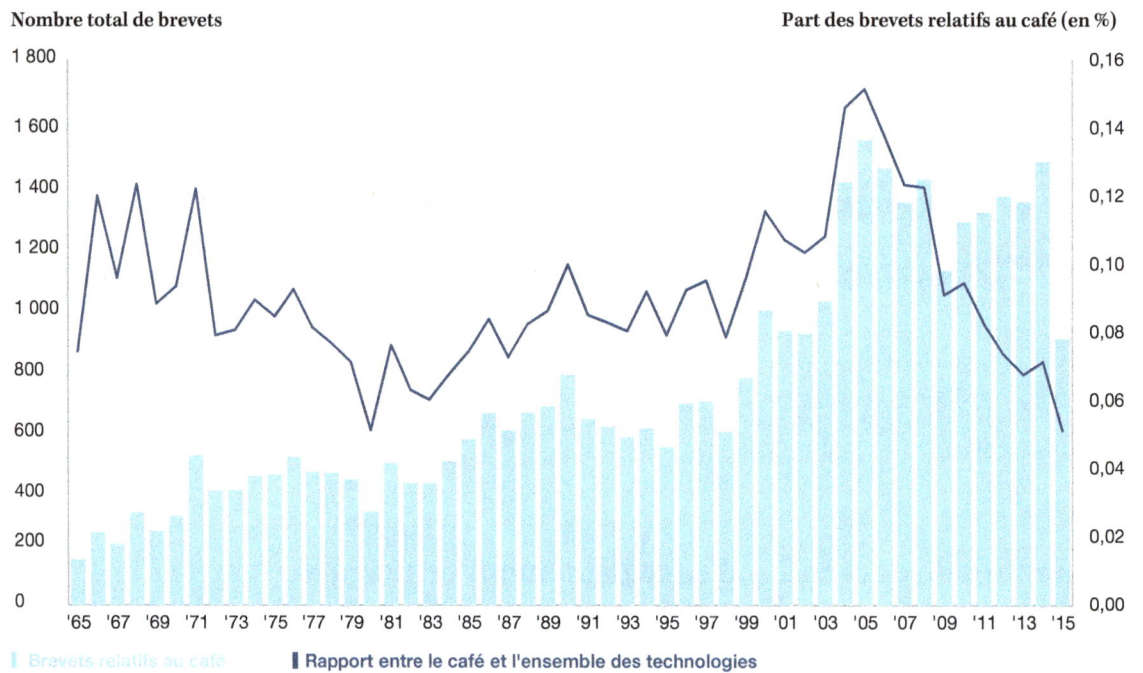

Brevets relatifs au café   ▌ Rapport entre le café et l'ensemble des technologies

Nombre total de demandes déposées auprès de l'USPTO   Part des marques relatives au café (en %)

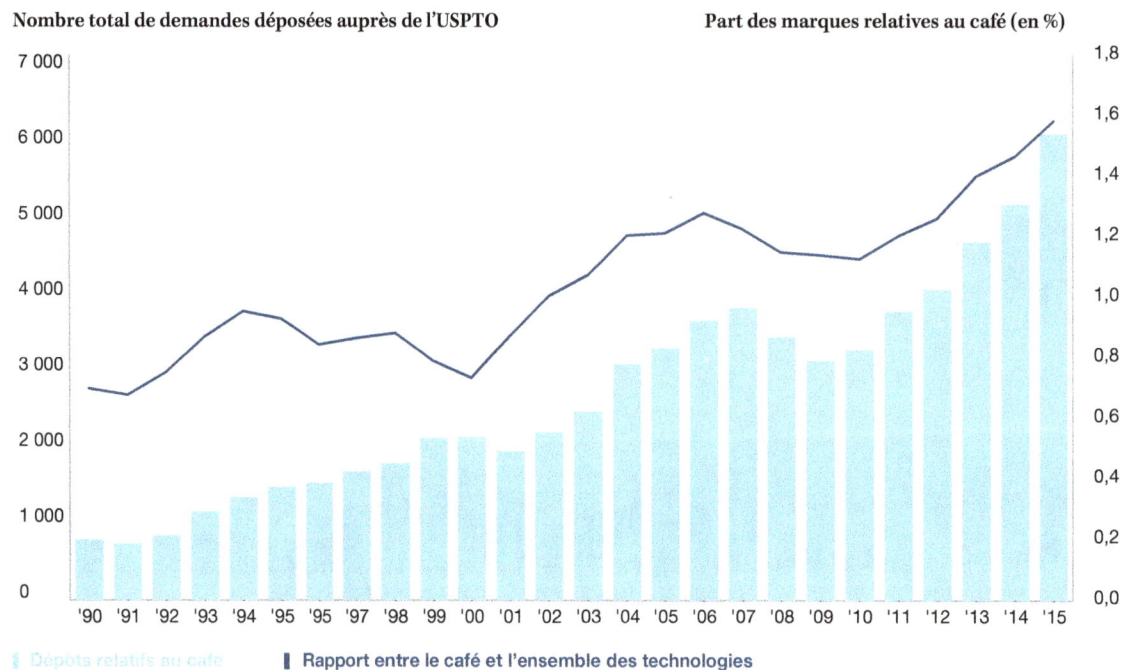

Dépôts relatifs au café   ▌ Rapport entre le café et l'ensemble des technologies

Source : OMPI; sur la base des données de PATSTAT et de l'USPTO; voir les notes techniques.

Deux points méritent d'être soulignés. Tout d'abord, les technologies liées au café sont principalement protégées dans les économies plus développées; c'était le cas en 1995 et cela se vérifie aujourd'hui encore. Le Brésil, la Chine et le Mexique sont les seuls pays producteurs de café dans lesquels la protection par brevet est demandée pour des inventions portant sur le café. Ensuite, les offices de propriété intellectuelle de certains marchés importants comme la Chine et la Fédération de Russie représentent maintenant une part de dépôts de demandes de brevet portant sur le café plus élevée qu'au cours de la période précédant 1996, ce qui témoigne d'une augmentation de la consommation de café dans ces pays.

En revanche, la croissance de l'activité en matière de brevets en Chine est un cas à part. La plupart des demandes déposées auprès de l'Office d'État de la propriété intellectuelle de la République populaire de Chine (SIPO) sont déposées uniquement en Chine et nulle part ailleurs, tandis que les brevets pour lesquels des demandes ont été déposées dans d'autres pays tendent à être protégés dans plusieurs pays.

Figure 2.8

Principaux marchés pour les brevets portant sur le café

Part en pourcentage des familles de brevets portant sur le café dans le monde à l'égard desquelles les déposants ont demandé la protection dans un pays donné au cours des périodes 1976-1995 (en haut) et 1996-2015 (en bas).

1976-1995

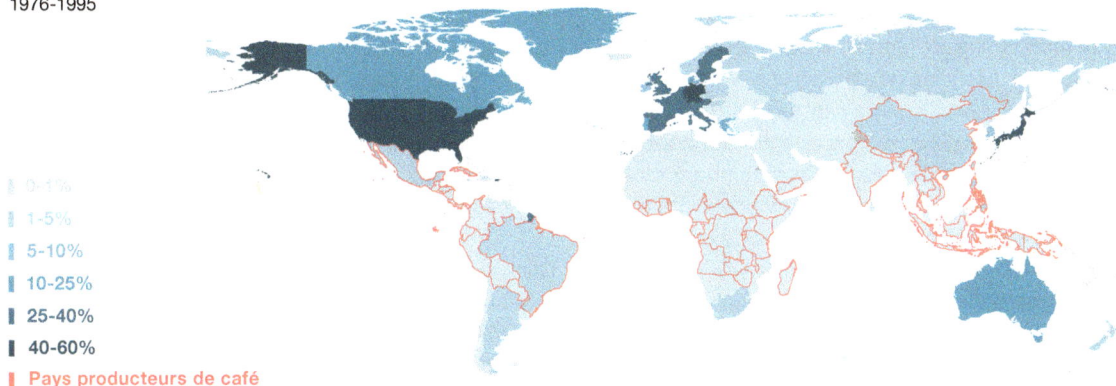

- 0-1%
- 1-5%
- 5-10%
- 10-25%
- 25-40%
- 40-60%
- Pays producteurs de café

1996-2015

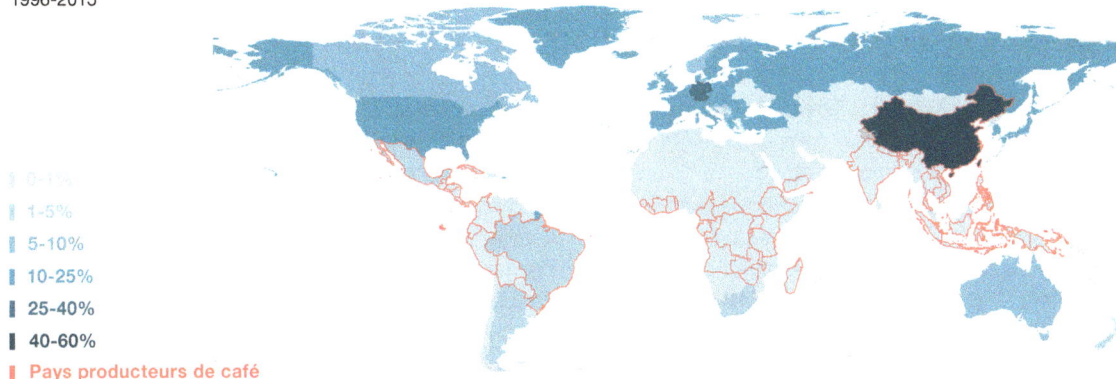

- 0-1%
- 1-5%
- 5-10%
- 10-25%
- 25-40%
- 40-60%
- Pays producteurs de café

Source : OMPI, données extraites de la base de données PATSTAT; voir les notes techniques.

Notes : Les familles de brevets prises en considération comptent au moins un document de brevet délivré par un office de propriété intellectuelle. Les pays dont les contours ont été tracés en rouge sont les pays membres de l'Organisation internationale du café (OIC) producteurs de café, auxquels il faut ajouter la Chine.

2.3.2 – Utilisation des marques comme stratégie de différenciation

Les stratégies en matière de marques varient d'un segment à l'autre du marché

Dans la première vague, la structure de gouvernance axée sur le marché implique que la plupart des actifs immatériels soient contrôlés par les acheteurs, c'est-à-dire les torréfacteurs et les fabricants de café soluble. Aussi, les relations durables avec les distributeurs, les investissements dans les nouvelles technologies et les activités en matière de marques continuent d'assurer une part de marché aux acheteurs sur un marché concurrentiel. L'un des exemples qui illustrent le mieux l'importance que revêtent les marques est celui de Nestlé et de l'introduction des machines à capsules expresso et des capsules portant les marques Nespresso et Nescafé Dolce Gusto. Ces machines ont été innovantes car elles ont permis au consommateur de préparer des boissons de type expresso de qualité, en portion individuelle, à la maison.

La deuxième vague se caractérise également par une structure de gouvernance axée sur le marché. Les participants investissent massivement dans les marques afin de se distinguer de leurs concurrents. Starbucks, par exemple, est l'une des désignations commerciales les plus connues au monde dans le domaine du café[45]. En revanche, les enseignes vendant du café de spécialité dans cette deuxième vague ont un modèle commercial différent de celui qui prévaut dans la première vague, qui les relie directement au consommateur. Ces enseignes suivent de près les tendances de la consommation et se positionnent souvent de façon à refléter un certain mode de vie.

La pratique en vigueur dans la deuxième vague, qui consiste à mettre l'accent sur la certification et l'étiquetage, est en train d'être adoptée par les torréfacteurs et les fabricants de café soluble dans la première vague. En effet, on voit de plus en plus d'emballages de café sur lesquels ont été apposées des étiquettes de certification destinées à indiquer comment le café a été cultivé et à rassurer le consommateur en lui garantissant que le producteur a été équitablement rémunéré.

La figure 2.9 montre le nombre de marques déposées aux États-Unis d'Amérique par détaillant de café dans les première, deuxième et troisième vagues. Pratiquement tous les détaillants de café de la première vague comptent une marque déposée.

Bien que les deuxième et troisième vagues comptent un nombre total de dépôts plus élevé que la première vague, il y a moins de chances qu'une désignation commerciale soit protégée par une marque dans ces deux segments du marché que dans la première vague. Seulement 12% des désignations commerciales de la première vague ne sont pas protégées par une marque, tandis que près de 30% des désignations commerciales de la deuxième vague et 45% des désignations commerciales de la troisième vague ne sont pas protégées par une marque.

En d'autres termes, les participants de la première vague utiliseront sans doute davantage les marques que les participants des segments de marché plus récents, ce qui témoigne de la valeur des désignations commerciales sous-jacentes.

En outre, le type de demande d'enregistrement de marque varie en fonction des consommateurs ciblés dans les trois segments de marché. Les détaillants de la première vague tendent à déposer plus de demandes d'enregistrement de marques de produits que ceux des deuxième et troisième vagues, ce qui témoigne de la volonté des détaillants de la première vague de consommation de cibler la consommation à domicile. Les deux marchés plus récents enregistrent une part plus élevée de demandes d'enregistrement de marques de services, ce qui témoigne d'une volonté de cibler les services personnalisés.

Comment explique-t-on le recours relativement faible à la protection conférée par les marques dans la troisième vague? Ce segment de marché se caractérise par des liens étroits entre détaillants spécialisés et producteurs de café et par l'accent qui est mis sur la transparence et les connaissances, plus que dans les segments plus anciens. On pourrait donc penser que les désignations commerciales sont un élément essentiel du capital immatériel qui doit être protégé. Cependant, les données concernant l'activité de dépôt de demandes d'enregistrement de marques indiquent qu'à peine la moitié des détaillants de la troisième vague ont déposé une demande d'enregistrement de marque. La part des détaillants dans la troisième vague qui ne détiennent pas de marque s'élève à 45%, contre près de 30% dans la deuxième vague et à peine 12% dans la première vague.

Cette anomalie apparente pourrait s'expliquer par le fait que la plupart des détaillants dans la troisième vague sont en général des désignations commerciales exploitant de petits créneaux qui n'ont pas besoin d'être protégées par une marque pour être reconnues.

Figure 2.9

Les segments de marché plus récents comptent plus de dépôts de demandes d'enregistrement de marques aux États-Unis d'Amérique

Nombre de détaillants de café et nombre correspondant de dépôts de demandes d'enregistrement de marques par segment de marché (gauche); répartition des différents types de dépôt de demande d'enregistrement de marque par segment de marché (droite)

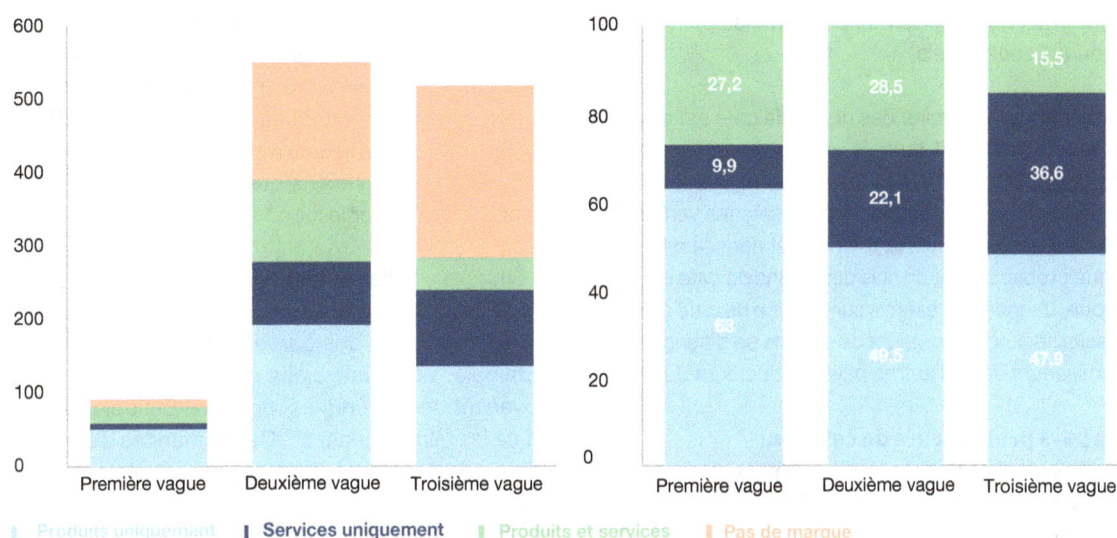

Première vague   Deuxième vague   Troisième vague

Première vague   Deuxième vague   Troisième vague

| Produits uniquement | Services uniquement | Produits et services | Pas de marque |

Source : OMPI, données extraites de la base de données PATSTAT et PQC; voir les notes techniques.

En revanche, les désignations commerciales dans les première et deuxième vagues sont généralement plus importantes et ciblent le marché mondial du café, et nécessitent donc une protection formelle de la propriété intellectuelle.

Bien que la troisième vague demeure faible en termes de volume de commerce, celle-ci influe déjà sur la façon dont les activités commerciales sont menées dans les deux autres segments de marché.

2.3.3 – La troisième vague donne la possibilité aux producteurs de café de passer à un niveau supérieur

La troisième vague, avec sa structure de gouvernance relationnelle, a modifié la façon dont les actifs immatériels sont gérés dans l'industrie du café. Sa chaîne de valeur raccourcie, permettant des échanges commerciaux directs avec les producteurs, a ouvert de nouvelles perspectives aux différents acteurs du marché, notamment aux producteurs et aux acheteurs, qui peuvent passer à un niveau supérieur en devenant détaillants indépendants.

Premièrement, les informations concernant l'origine et la variété des grains de café, la façon dont ils ont été récoltés et traités, et la garantie que les producteurs sont équitablement rémunérés, font désormais partie intégrante de la vente de café. Ces informations se traduisent par une augmentation du prix du café, qui permet de réinvestir dans le développement des exploitations de café.

Deuxièmement, pour de nombreux acheteurs, il est de plus en plus important de pouvoir déterminer l'origine des grains de café de qualité. Le commerce direct est un moyen qui permet aux acheteurs de s'assurer qu'ils achètent du café de qualité.

En outre, les acheteurs peuvent ainsi approfondir leurs connaissances sur le café et les partager ensuite avec leurs clients. Pour les producteurs de café, le fait de pouvoir communiquer directement avec les acheteurs peut parfois conduire à un transfert de technologie et de savoir-faire qui contribue au développement des exploitations et des méthodes de traitement.

Le meilleur exemple est celui du torréfacteur italien Illycafé et de ses relations avec les producteurs de café brésiliens depuis la fin des années 1980. Pour Illycafé, ce partenariat avec les producteurs de café lui assure un approvisionnement relativement stable en grains de café brésilien répondant à ses critères de qualité élevés. Pour les producteurs, ce partenariat les aide à développer leurs méthodes de culture et de traitement après récolte ainsi que leurs installations de traitement et leur permet de bénéficier de programmes de formation théorique substantiels.

Troisièmement, l'origine des grains de café est devenue un aspect important du café, qui figure sur l'emballage des produits du café. Les torréfacteurs, les fabricants de café soluble et notamment les enseignes vendant du café de spécialité dans la première et dans la deuxième vague proposent désormais des grains de café d'origine unique. L'accent qui est mis sur l'origine du café donne la possibilité aux producteurs de café de se distinguer des fournisseurs dans d'autres pays producteurs de café.

Les pays producteurs de café sont de plus en plus nombreux à adopter des stratégies de différenciation

Les deuxième et troisième vagues montrent que les participants dans les pays producteurs de café peuvent tirer un revenu plus élevé de la chaîne de valeur s'ils différencient leurs produits. Actuellement, les pays producteurs de café sont de plus en plus nombreux à déployer des efforts pour distinguer leur production du café générique ou d'autres produits de grande consommation.

Premièrement, certains producteurs de café ou associations s'efforcent de protéger activement les cafés provenant de leurs pays sur les marchés étrangers. Aux États-Unis d'Amérique, les participants déposent des demandes d'enregistrement de marques pour protéger leurs produits du café. Le Brésil, la Jamaïque et le Mexique ont tous utilisé des marques collectives et de certification là-bas[46]. La Colombie, l'Éthiopie, la Jamaïque et le Kenya utilisent également les marques pour protéger l'origine de leurs produits du café. Dans l'Union européenne, il existe deux indications géographiques pour le café provenant de la Thaïlande, une indication géographique pour la Colombie, pour l'Indonésie et pour la République dominicaine, quatre marques européennes associées au terme "café" pour l'Éthiopie et la Jamaïque, et cinq marques concernant des logos pour le café de la Colombie et de la Jamaïque.

Certains gouvernements, notamment ceux de la Colombie et de l'Éthiopie, ont soutenu des initiatives visant à renforcer des droits de propriété intellectuelle comme les indications géographiques et les marques afin que les produits de leur pays bénéficient d'une bonne visibilité. En Colombie, la Fédération de producteurs de café de Colombie (FNC) a mis en œuvre une stratégie de différenciation consistant à protéger activement les cafés provenant de ses différentes régions, à assurer la conformité avec certaines normes privées de durabilité et à démontrer que ses grains de café pouvaient être utilisés pour préparer des boissons à base d'expresso. La FNC soutient notamment le Programme Café de Colombie 100% permettant à certains mélanges de café dans la première vague ainsi que dans d'autres segments de marché de porter le logo "100% colombien"[47].

En Éthiopie, l'Initiative de dépôt de marques de cafés fins et de concession de licences, mise en œuvre par le Consortium des parties prenantes du café fin d'Éthiopie, vise à créer des marques pour les cafés provenant des différentes régions d'Éthiopie dans le but de les faire connaître[48]. Des demandes d'enregistrement de marques ont été déposées notamment en Afrique du Sud, en Australie, au Brésil, au Canada, en Chine, aux États-Unis d'Amérique et dans l'Union européenne. Ce consortium a également fait appel à une société établie au Royaume-Uni qui l'aide à commercialiser ses cafés dans le monde entier. Ces mesures ont contribué à accroître la notoriété du café éthiopien (voir l'encadré 2.4).

Deuxièmement, des pays comme le Brésil et la Colombie sont entrés dans la partie aval de la chaîne d'approvisionnement du café en torréfiant le café et en vendant des produits sur les marchés étrangers. La Colombie est également entrée dans le commerce des détaillants de café en ouvrant des enseignes spécialisées semblables à Starbucks dans différentes régions du monde. Ces enseignes affichent la désignation commerciale Juan Valdez et servent uniquement du café colombien. En 2016, on comptait 371 enseignes Juan Valdez en activité, dont 120 à l'étranger. Cette année-là, la désignation commerciale Juan Valdez a rapporté 37 millions de dollars É.-U. en redevances à l'Association du café de Colombie.

Troisièmement, les producteurs de café sont de plus en plus nombreux à travailler directement avec les acheteurs de café en participant aux réseaux communautaires du café.

Encadré 2.4

Comment les difficultés rencontrées concernant le dépôt de demandes d'enregistrement de marques éthiopiennes devant l'USPTO ont contribué à accroître la notoriété du café éthiopien

En 2005, l'Office éthiopien de la propriété intellectuelle (EIPO), au nom de l'Initiative de dépôt de marques de cafés fins et de concession de licences, a déposé des demandes d'enregistrement de marques pour les désignations commerciales Yirgacheffe, Sidamo et Harrar auprès de l'USPTO. Toutefois, il a rencontré une opposition en ce qui concerne les noms Sidamo et Harrar.

Selon les médias, la société Starbucks était l'une des instigatrices de cette opposition. Une année plus tard, le Gouvernement éthiopien et Starbucks ont conclu un accord avantageux pour les deux parties. La société Starbucks a signé des contrats de licences volontaires par lesquels elle reconnaissait à l'Éthiopie la titularité des noms Harrar, Sidamo et Yirgacheffe, qu'ils fassent ou non l'objet d'un enregistrement de marque. En échange, l'EIPO a mis en place un système de concession de licence à titre gratuit dans le cadre duquel elle autorisait la société Starbucks à utiliser ces noms.

La médiatisation des difficultés rencontrées par l'EIPO devant l'USPTO et du rôle joué par la société Starbucks semble avoir contribué à accroître la notoriété du café éthiopien. L'ancien directeur général de l'EIPO a affirmé que, à la suite de cet épisode médiatique, le prix de la livre de Yirgacheffe avait augmenté de 0,60 dollar É.-U.

Source : (OMPI), "l'Éthiopie et l'histoire de Starbucks", *IP Advantage* : www.wipo.int/ipadvantage/fr/details.jsp?id=2621

Se bâtir une réputation en mobilisant la communauté du café

La communauté du café comprend un réseau de baristas et de torréfacteurs regroupés en corporations et en associations. Ces corporations et ces associations organisent des concours et des réunions au cours desquels les participants partagent leur expérience et présentent leur savoir-faire afin que leur travail soit reconnu.

Un concours en particulier s'adresse aux producteurs et aux acheteurs de café : la Coupe de l'excellence. Ce concours vise à récompenser les producteurs de café pour leur investissement dans la production d'un café de qualité. Il donne la possibilité aux producteurs de faire connaître leurs cafés à l'échelle internationale. Les 10 cafés les mieux classés sont mis aux enchères et sont souvent vendus à prix d'or.

Les exploitants et les exploitations ainsi récompensés gagnent en reconnaissance et nouent généralement des relations durables avec les acheteurs de café[49]. Cette forme de gestion des marques leur confère un avantage considérable sur la concurrence.

Une évaluation indépendante portant sur les programmes de la Coupe de l'excellence menés au Brésil et au Honduras a permis de chiffrer à environ 137 millions et 25 millions de dollars É.-U., respectivement, la valeur créée pour ces pays. Selon les estimations, ces gains résultent des ventes par adjudication, de l'augmentation du commerce direct et d'un accès accru aux marchés du café de spécialité. Les lauréats de la Coupe de l'excellence ont obtenu des marges de profit deux à neuf fois supérieures à celles de leurs homologues conventionnels[50].

La communauté du café applique certaines normes afin de simplifier les échanges entre acheteurs et producteurs. En outre, des systèmes codifiés de détermination de la qualité et de mesure, notamment les normes de dégustation ou de notation établies par l'Association du café de spécialité, facilitent ces échanges. Ces normes motivent les producteurs de café à produire un café de qualité supérieure et offrent aux baristas et aux torréfacteurs des garanties en ce qui concerne la qualité du café acheté. Plus les acteurs de la filière du café adoptent cette norme, plus il devient facile pour les fournisseurs et les acheteurs de café de travailler directement les uns avec les autres sur le marché mondial.

Toutefois, le changement climatique et les maladies du caféier représentent une menace pour la production mondiale de café.

2.3.4 – Créer de nouvelles variétés de café dans le cadre de partenariats public-privé

La production de café doit faire face à plusieurs difficultés, notamment le changement climatique, les ravageurs et les maladies du caféier, la pénurie de main-d'œuvre et la pression foncière.

Ces difficultés concernent en particulier la production de café arabica de qualité. Tout d'abord, il existe très peu de variétés dans l'espèce arabica, ce qui la rend très vulnérable aux maladies et au changement climatique[51]. Ensuite, l'augmentation des températures due au changement climatique va certainement réduire les surfaces agricoles consacrées à la culture du caféier[52].

Des variétés de caféier plus résistantes doivent être mises au point pour garantir l'approvisionnement mondial en café. Les instituts de recherche de certains pays producteurs de café d'Afrique, notamment en Côte d'Ivoire, en Éthiopie, au Kenya, en Ouganda et en République-Unie de Tanzanie, et d'Amérique latine, notamment au Brésil, en Colombie, au Costa Rica et au Honduras, sont parvenus à mettre au point de nouvelles variétés de caféier au niveau régional[53]. Certaines ONG aussi déploient des efforts pour aider à mettre au point des variétés de caféier plus robustes. On peut notamment citer comme exemple l'organisation World Coffee Research, qui travaille en étroite collaboration avec les pays producteurs de café afin d'encourager les échanges de variétés de caféier afin que soient mises au point des variétés plus résistantes. Plus récemment, des acteurs du secteur privé participant à la chaîne de valeur du café, tels que Starbucks, Nestlé ou encore Ecom Agroindustrial Corporation, se sont aussi rapprochés des instituts de recherche locaux.

La plupart des résultats de la recherche dans ce domaine sont accessibles au public. Cela s'explique pour deux raisons. Tout d'abord, les instituts de recherche et les gouvernements peuvent demander que les travaux réalisés restent publics. Ensuite, certaines variétés végétales s'épanouissent dans certaines régions et dans certains climats seulement, c'est pourquoi une variété de caféier qui donne de bons résultats dans une région ne peut pas toujours être utilisée dans une autre région. Souvent, les instituts de recherche des différents pays producteurs de café doivent mettre au point des variétés adaptées à leur environnement, ce qui représente des efforts et des investissements supplémentaires.

L'organisation World Coffee Research a lancé une initiative visant à réduire les efforts et les investissements nécessaires pour recenser les variétés de caféier résistantes, consistant à encourager les échanges de variétés d'un pays à l'autre au sein d'une même région. En collaborant ainsi étroitement avec les gouvernements et les producteurs de café, cette ONG favorise le transfert de technologie entre son groupe de recherche et les producteurs de café.

Une autre solution envisageable pour faciliter le transfert de technologie vient des droits d'obtenteur. Quelques pays se sont appuyés sur le système de l'Union internationale pour la protection des obtentions végétales (UPOV) pour protéger les variétés de caféier mises au point. Le système de l'UPOV vise à encourager les obtenteurs à mettre au point de nouvelles variétés végétales et à en favoriser la diffusion[54].

La première demande d'octroi de droits d'obtenteur dans le cadre du système de l'UPOV a été déposée au Brésil en 2004[55]. Jusqu'à présent, d'après les chiffres fournis par l'UPOV[56], 46 demandes d'octroi de droits d'obtenteur ont été déposées pour des variétés de caféier des espèces arabica et canephora. Ces demandes provenaient du Brésil (19), de Colombie (19), du Costa Rica (1) et du Kenya (7) et la plupart d'entre elles ont été déposées par des organismes publics de recherche et des associations du café.

2.4 – Conclusion

Dans le cas du café, comme dans celui de nombreuses matières premières produites dans le Sud et consommées dans le Nord, la répartition des revenus le long de la chaîne de valeur est inégale. Les torréfacteurs, les titulaires de marques et les distributeurs en aval dans les pays importateurs de café détiennent une part de la valeur totale du marché disproportionnée.

Les actifs incorporels jouent un rôle important dans la chaîne de valeur mondiale du café. Comme indiqué dans le premier chapitre, le capital immatériel compte pour 31% du total des revenus dans le groupe des produits alimentaires, des boissons et des produits du tabac. Le présent chapitre a mis en évidence la façon dont les revenus générés par le café sont répartis actuellement le long de la chaîne de valeur ainsi que les liens existant entre la titularité des actifs incorporels et cette répartition.

Le segment de marché de première vague domine le marché au regard du volume de consommation et de la valeur qu'il représente. La concurrence sur ce marché est rude et, surtout, repose sur le maintien du coût de production à un bas niveau. Le choix de l'origine du café et de la variété, arabica ou robusta, pour satisfaire la demande de ce segment de marché est fondé sur le prix. Jusqu'à récemment, l'origine du café revêtait une importance mineure; les participants à la chaîne de valeur en aval (grands torréfacteurs, producteurs de café soluble et grands distributeurs de café) s'appuyaient plutôt sur leur stratégie en matière de gestion de marque pour se différencier de leurs rivaux. Ces participants captent une part significative du montant total des revenus du marché, ce qui témoigne du poids économique de ces activités dans la chaîne de valeur mondiale.

Lorsqu'il est apparu, au milieu des années 1990, le segment de marché de deuxième vague a ravivé la culture de consommation du café ainsi que l'aspect social de cette dernière. Ce segment de marché met l'accent sur un café de qualité supérieure à celle des grains utilisés dans le premier segment ainsi que sur un service personnalisé, et met en avant l'importance de la provenance et du mode de culture du café. L'essor de ce segment a coïncidé avec une prise de conscience croissante des enjeux sociaux et éthiques parmi les consommateurs; l'exigence d'une rémunération équitable des producteurs de café et la durabilité environnementale de la culture du café sont devenues des arguments de vente à prendre en considération. En s'efforçant de répondre à ces exigences, les participants situés en aval dans ce segment de la chaîne de valeur ont progressivement mis l'accent sur les questions de transparence, notamment en partageant davantage d'informations et de connaissances sur les activités d'amont relatives à la culture du café dans le cadre de la certification et de l'adoption de normes volontaires de durabilité.

Le segment de marché de troisième vague a apporté un degré supplémentaire de qualité et a enrichi encore les connaissances. Ce segment s'efforce de répondre aux préoccupations sur les plans social et éthique relatives à la rémunération des producteurs et à la durabilité de la culture du café; il met en outre l'accent sur les liens directs entre distributeurs spécialistes et producteurs de café et s'appuie sur les connaissances pointues des distributeurs et des consommateurs sur la meilleure façon de préparer le café en vue d'en apprécier pleinement la saveur, le corps, l'arôme, le parfum et la sensation en bouche.

Les modes de consommation de café les plus récents des deuxième et troisième vagues modifient complètement la donne dans le secteur. Premièrement, les stratégies mises au point par les torréfacteurs et les distributeurs sur le segment de marché de deuxième vague afin de répondre aux préoccupations sociales et éthiques en mettant en œuvre différents programmes de certification ainsi que des normes volontaires de durabilité sont devenues de véritables critères de différenciation dans la vente du café. L'écart de prix entre les cafés mentionnant le producteur et ceux n'en faisant pas mention peut atteindre 8 dollars É.-U. par livre[57].

Deuxièmement, l'établissement de liens directs entre distributeurs et producteurs offre des perspectives de montée en gamme pour les participants tant en amont qu'en aval. Cette nouvelle marche des affaires dans le secteur du café facilite l'échange de connaissances et le transfert de technologie entre les participants. Elle permet également aux producteurs de café de faire mieux connaître leurs cafés à travers des activités de gestion de marque parmi lesquelles peuvent figurer des campagnes commerciales et le dépôt de demandes de protection classique au titre de la propriété intellectuelle de marques ou d'indications

géographiques. Les prix au départ de l'exploitation perçus par les producteurs lorsqu'ils fournissent du café aux segments de marché de deuxième ou de troisième vague sont supérieurs à ceux qu'ils perçoivent sur le segment de première vague; les revenus perçus par les producteurs sur le segment de marché de troisième vague sont trois fois plus élevés que ceux des producteurs sur le segment de première vague.

Troisièmement, le fait de mettre l'accent sur les activités d'amont dans la chaîne de valeur du café contribue à l'accroissement des revenus des participants tant en amont qu'en aval.

Les acteurs sur les segments de marché de première et deuxième vagues sont en train de reprendre à leur compte la nouvelle marche des affaires initiée par les acteurs sur le segment de troisième vague au vu de la croissance rapide et des possibilités qu'elle offre pour accroître la consommation de café. Un bon indicateur à cet égard est l'acquisition récente par Nestlé, grand torréfacteur de la première vague, d'une entreprise de renom de la troisième vague, Blue Bottle, qui annonce l'entrée de Nestlé dans la troisième vague. Et il ne s'agit pas d'un cas isolé. Son proche concurrent, JAB, a fait l'acquisition des désignations commerciales Peet's et Stumptown pour pouvoir voguer sur les flots de la troisième vague. Starbucks, société de la deuxième vague, a récemment sondé le terrain et lancé sa marque Reserve[58].

L'adoption de la stratégie commerciale de la troisième vague par d'autres segments de marché offre aux participants en amont de nouvelles possibilités pour accroître leurs revenus, notamment en mettant à profit leurs désignations commerciales. La mesure dans laquelle ils atteindront leur objectif dépendra de la connaissance, et de la reconnaissance, de ces désignations commerciales par les consommateurs. Pour ce faire, il faudra veiller à sensibiliser davantage à la fois les consommateurs et les grands distributeurs dans les pays importateurs de café.

Le potentiel de croissance de la troisième vague attire de plus en plus les torréfacteurs et les producteurs de café soluble traditionnels, même si elle ne représente qu'une faible part du secteur du café. Jusqu'à présent, ce modèle commercial semble être très rentable pour chacun des participants à la chaîne de valeur mondiale du café. Si les producteurs de café souhaitent profiter davantage de cet engouement, ils doivent d'une part se pencher davantage sur l'ensemble des possibilités de différenciation qui s'offrent à eux et, d'autre part, étudier la possibilité d'utiliser des instruments de propriété intellectuelle afin de conserver la valeur qu'ils créent.

Notes

1. Le présent chapitre se fonde sur Samper *et al.* (2017).

2. Selon un projet réalisé par Technomic (2015) sur la base d'une étude commandée par NCAUSA (2015). Dans la liste par PIB par habitant, les États-Unis d'Amérique se classent au vingt-sixième rang des pays consommateurs de café. La première place à cet égard revient à la Finlande, suivie de la Norvège, de l'Islande, du Danemark et des Pays-Bas (Smith 2017).

3. OIC (2015a).

4. Ces sept pays sont le Burundi, l'Éthiopie, le Guatemala, le Honduras, le Nicaragua, l'Ouganda et le Rwanda (CCI 2012; OIC 2015c).

5. OIC (2014).

6. La volatilité des prix du café est également influencée par le comportement des investisseurs sur le marché des matières premières.

7. Les deux espèces de café les plus consommées dans le monde sont l'arabica et le canephora, plus connu sous le nom de robusta. L'arabica est considéré comme un café de qualité supérieure à celle du robusta et se vend, par conséquent, plus cher que ce dernier.

8. Cette marge est une fourchette qui permet de savoir dans quelle mesure le prix peut s'écarter, par exemple, du prix du café vert.

9. Le Brésil constitue une exception à cette règle. Selon l'OIC (2014), sa consommation de café est en effet passée de 26,4 millions de sacs en 2000 à 43,5 millions de sacs en 2012, ce qui représente une augmentation de près de 65%.

10. Selon Samper *et al.* (2017), l'industrie mondiale du café a créé entre 194 et 202 milliards de dollars de valeur en 2016.

11. Selon les calculs de l'OIC (2013), la valeur moyenne des exportations de café soluble par des pays producteurs a été inférieure de 26% à celle des réexportations de café soluble par des pays importateurs de café sur la période 2000-2011.

12. Samper *et al.* (2017).

13. Ponte (2002), Pendergrast (2010), Morris (2013), Elavarasan *et al.* (2016).

14. CCI (2012).

15. Ukers (1922).

16. Selon Talbot (1997a), le café soluble (instantané) a été inventé durant la guerre de Sécession américaine. Le premier brevet relatif au café soluble a toutefois été délivré en Grande-Bretagne en 1771, pour une "composition de café". Le premier café soluble vendu dans le commerce est attribué à un Néo-Zélandais nommé David Strang, qui a obtenu en 1890 un brevet pour un procédé "à air chaud sec" de lyophilisation du café.

17. L'inventeur était un ingénieur nommé Max Rudolph Morgenthaler, et le brevet déposé en 1937 en Suisse concernait un "procédé pour la préservation des substances aromatiques d'un extrait sec de café soluble".

18. Voir OMPI, chapitre 3 (2013).

19. Giovannucci *et al.* (2009).

20. La méthode retenue pour cette estimation de la répartition des revenus du café s'appuie sur des travaux antérieurs de Talbot (1997b), actualisés par Fitter et Kaplinsky (2001) et Ponte (2002). Elle a été décrite par Lewin *et al.* (2004), ainsi que Daviron et Ponte (2005).

21. Daviron et Ponte (2005) illustrent bien ce point dans leur analyse des coûts du café robusta dans la chaîne de valeur Ouganda-Italie.

22. Daviron et Ponte (2005) qualifient ces stratégies de différenciation d'investissements dans la "production symbolique". Lewin *et al.* (2004) leur donnent le nom de "coûts hors café".

23. OIC (2014).

24. Talbot (1997b) a été le premier à calculer la répartition du total des revenus de la chaîne mondiale du café. La période couverte par son analyse s'étend de 1971 à 1995.

25. Voir Fitter et Kaplinsky (2001), Ponte (2002), Lewin *et al.* (2004) et Daviron et Ponte (2005). Les méthodes utilisées pour calculer la répartition des revenus entre les pays producteurs et importateurs de café sont différentes dans les quatre estimations, mais elles parviennent toutes au même résultat : une baisse de la part de revenus des pays producteurs de café.

26. Voir Long (2017).

27. Mehta et Chavas (2008) ont étudié l'évolution des prix du café au Brésil, chez le caféiculteur, le grossiste et le détaillant, pendant et après le régime de l'AIC.

28. Les bas prix du café étaient attribuables aux fortes quantités de café déversées sur le marché et à l'offre excédentaire de café vert qui en a découlé (OIC 2014).

29. Voir CCI (2011) pour les différents labels de certification et leur impact sur le commerce du café.

30. Voir COSA (2013) pour les avantages observés des normes volontaires de durabilité.

31. Wollni et Zeller (2007). Daviron et Ponte (2005) constatent que les producteurs répondant au label "Commerce équitable" perçoivent des revenus similaires à ceux perçus durant la période des quotas imposés par l'Accord international sur le café, soit environ 20 cents par dollar, mais ils indiquent qu'au moment où l'étude a été réalisée, le système du commerce couvrait moins de 1% du marché du café. Dragusanu *et al.* (2014) ont actualisé les données et examiné des données mondiales pour constater des avantages généraux mais pas universels.

32. Dans une analyse récente (2016), García-Cardona avance que les producteurs de café qui appliquent ces normes de certification ne perçoivent pas nécessairement un prix plus élevé pour leur café certifié. Le coût supporté par les producteurs pour être conforme aux diverses normes de certification et les maintenir est souvent élevé. Voir également IISD (2014) et Samper et Quiñonez-Ruiz (2017).

33. Transparent Trade Coffee (2017).

34. Teuber (2010).

35. Une indication géographique est différente d'une marque en ce sens qu'elle porte sur l'origine géographique particulière du produit, qui possède des qualités ou une notoriété associée à cette origine, le terroir. Voir l'encadré 2.2 dans OMPI (2013) pour des explications détaillées.

36. Les demandes américaines d'enregistrement de marques déposées auprès de l'USPTO ont été exclues de cette analyse.

37. Les données relatives aux marques de l'USPTO ont été choisies pour deux raisons. Premièrement, le marché américain est un marché vaste et important du point de vue de la consommation de café. Deuxièmement, l'USPTO prévoit une exigence d'usage, qui donne une image plus précise de la concurrence réelle concernant les produits et services en rapport avec le café (voir le chapitre 2 OMPI (2013) sur l'intention d'utiliser la marque et l'usage effectif de la marque).

38. Le Gouvernement chinois a relancé la production de café en 1988. La Chine produit également du robusta sur l'île de Haïnan.

39. OIC (2015b).

40. La Chine a déposé approximativement 1500 demandes de brevet portant sur des technologies associées au café depuis 1995. Pendant la même période, la France en a déposé environ 1763 et le Royaume-Uni 1225.

41. Renvoie au nombre total de demandes d'enregistrement de modèles d'utilité déposées par des inventeurs chinois depuis 1995.

42. Le répertoire Ukers (2017) contient une importante base de données regroupant des entreprises du secteur du café, notamment des associations de producteurs, des torréfacteurs ou des fournisseurs de machines à café et d'autres services relatifs au café comme le conditionnement. Les entreprises sont classées selon le segment de la chaîne de valeur qui leur correspond. Néanmoins, cette liste n'inclut pas les petits producteurs de café établis dans différentes régions du monde et elle sous-estime donc le nombre de participants sur ce segment particulier.

43. Les activités de ces participants ont tendance à se chevaucher. La plupart des torréfacteurs se chargent également du traitement des grains.

44. Le segment de marché de deuxième vague a vu le jour dans les années 1990 mais il n'a vraiment pris son essor qu'en l'an 2000, et le segment de marché de troisième vague a pris son essor en 2010, alors qu'il était apparu en l'an 2000.

45. En 2012, la société Starbucks faisait la une des journaux au sujet des prix de transfert et de ses pratiques fiscales au Royaume-Uni. La société avait appliqué des règles comptables internationales pour évaluer son capital immatériel de manière à échapper au fisc britannique (Bergin 2012). Voir le chapitre 1 sur les prix de transfert.

46. La Jamaïque et le Mexique n'apparaissent pas dans la figure 2.4, car ils ne font pas partie des cinq principaux producteurs de café.

47. Voir Reina *et al.* (2008).

48. Ce consortium regroupe des représentants de coopératives éthiopiennes, des exportateurs privés de café et de l'EIPO et d'autres organes du gouvernement concernés.

49. Pour de plus amples informations, voir www.allianceforcoffeeexcellence.org/en/cup-of-excellence/winning-farms.

50. ACE et Technoserve (2015).

51. L'organisation World Coffee Research a découvert que le caféier de l'espèce arabica avait une diversité génétique de 1,2 seulement. En revanche, les fèves de café de l'espèce robusta sont plus résistantes et présentent une meilleure diversité.

52. Le modèle présenté par Moat *et al.* (2017) prévoit un recul de 40 à 60% des surfaces agricoles en Éthiopie comme conséquence du changement climatique, en excluant toute intervention significative ou autre facteur pouvant avoir une influence majeure. Voir également Stylianou (2017).

53. Voir ICO (2015c) pour les exemples concernant l'Afrique et Samper *et al.* (2017) pour les exemples concernant l'Amérique latine.

54. Voir Jördens (2009).

55. Le registre tenu par l'UPOV s'appuie sur les déclarations volontaires des autorités nationales. Il est très probable que les listes des enregistrements effectués en vertu du système de l'UPOV dont disposent les offices nationaux soient plus longues que la liste fournie ici.

56. Voir Chen *et al.* (2017).

57. Transparent Trade Coffee (2017).

58. Voir de la Merced et Strand (2017).

Références

ACE et Technoserve (2015). *Cup of Excellence in Brazil and Honduras : An Impact Assessment.* Alliance for Coffee Excellence.

Bergin, T. (2012). Special report : how Starbucks avoids UK taxes. *Reuters.* Reuters, Londres.

Chen, W., Gouma, R., Los, B. et Timmer, M. (2017). Measuring the Income to Intangibles in Goods Production : A Global Value Chain Approach. *Document de recherche économique de l'OMPI n° 36.* OMPI, Genève.

COSA (2013). *The COSA Measuring Sustainability Report : Cocoa and Coffee in 12 Countries.* The Committee on Sustainability Assessment, Philadelphie.

Daviron, B. et Ponte, S. (2005). *The Coffee Paradox : Global Markets, Commodity Trade and the Elusive Promise of Development.* Zed Books, Londres et New York.

De la Merced, M. J. et Strand, O. (2017). Nestlé targets high-end coffee by taking majority stake in Blue Bottle. Paru dans le *New York Times* du 14 septembre 2017.

Dragusanu, R., Giovannucci, D. et Nunn, N. (2014). The economics of Fair Trade. *Journal of Economics Perspectives* 28(3), 217-236.

Elavarasan, K., Kumar, A. *et al.* (2016). The basics of coffee cupping. *Tea & Coffee Trade Journal,* janvier, 30-33.

Fitter, R. et Kaplinksy, R. (2001). Who gains from product rents as the coffee market becomes more differentiated? A value-chain analysis. *IDS Bulletin* 32(3), 69-82.

García-Cardona, J. (2016). *Value-Added Initiatives : Distributional Impacts on the Global Value Chain for Colombia's Coffee.* Thèse de doctorat, Université du Sussex. Institut d'études du développement, Université du Sussex, Brighton.

Giovannucci, D., Josling, T. E., Kerr, W., O'Connor, B. et Yeung, M. T. (2009). *Guide to Geographical Indications : Linking Products and Their Origins.* Centre du commerce international, Genève.

Humphrey, J. (2006). Global Value Chains in the Agrifood Sector. *UNIDO Working Research Papers.* Organisation des Nations Unies pour le développement industriel, Vienne.

OIC (2011). "Les effets des tarifs douaniers sur le commerce du café", document n° ICC 107-7 présenté à la 107e session du Conseil international du Café. Organisation internationale du Café, Londres.

OIC (2013). "Les échanges mondiaux du café soluble", document n° ICC 110-5 présenté à la 110e session du Conseil International du Café. Organisation internationale du Café, Londres.

OIC (2014). "Le commerce mondial du café (1963-2013), Étude des marchés, des défis et des possibilités du secteur", document n° ICC 111-5 Rev.1 présenté à la 112e session du Conseil international du Café. Organisation internationale du Café, Londres.

OIC (2015a). "Création d'emplois par le secteur du café", document n° ICC 105-5 présenté à la 105e session du Conseil International du Café. Organisation internationale du Café, Londres.

OIC (2015b). "Le café en Chine", document n° ICC 115-7 présenté à la 115e session du Conseil International du Café. Organisation internationale du Café, Milan.

OIC (2015c). "La durabilité de la filière café en Afrique", document n° ICC 114-5 présenté à la 114e session du Conseil International du Café. Organisation internationale du Café, Londres.

OIC et Banque mondiale (2015). Risk and Finance in the Coffee Sector : A Compendium of Case Studies Related to Improving Risk Management and Access to Finance in the Coffee Sector. *Rapport du Groupe de la Banque mondiale* n° 93923-GLB. Groupe de la Banque mondiale, Washington.

IISD (2014). *The State of Sustainability Initiatives (SSI) Review 2014 : Standards and The Green Economy.* Institut international du développement durable, Genève.

ITC (2011). Trends in the Trade of Certified Coffees. *Sustainability Market Assessments Doc. No. MAR-11-197.E.* Centre du commerce international, Genève.

ITC (2012). *The Coffee Exporter's Guide – Third Edition.* Centre du commerce international, Genève.

Jördens, R. (2009). "Benefits of plant variety protection", dans *Responding to the Challenges in a Changing World : The Role of New Plant Varieties and High Quality Seed in Agriculture – Proceedings of the Second World Seed Conference.* Organisation des Nations Unies pour l'alimentation et l'agriculture, Rome.

Lewin, B., Giovannucci, D. et Varangis, P. (2004). Coffee Markets : New Paradigms in Global Supply and Demand. *World Bank Agriculture and Rural Development Discussion Paper 3.* Banque mondiale, Washington.

Long, G. (2017). Coffee sustainability : the journey from bean to barista laid bare. Paru dans le *Financial Times* du 24 septembre 2017.

Mehta, A. et Chavas, J.-P. (2008). Responding to the coffee crisis : what can we learn from price dynamics? *Journal of Development Economics* 85(1), 282-311.

Moat, J., Williams, J., Baena, S., Wilkinson, T., Gole, T. W., Challa, Z. K., Demissew, S. et Davis, A. P. (2017). Resilience potential of the Ethiopian coffee sector under climate change. *Nature Plants,* 3(17081).

Morris, J. (2013). Why espresso? Explaining changes in European coffee preferences from a production of culture perspective. *European Review of History : Revue européenne d'histoire,* 20(5), 881-901.

NCAUSA (2015). *NCA National Coffee Drinking Trends.* National Coffee Association USA, New York.

Pendergrast, M. (2010). *Uncommon Grounds: The History of Coffee and How it Transformed Our World.* New York: Basic Books.

Ponte, S. (2002). The "Latte Revolution"? Regulation, markets and consumption in the global coffee chain. *World Development,* 30(7), 1099-1122.

Reina, M., G. Silva et L. Samper (2008). *Juan Valdez: The Strategy Behind the Brand.* Bogotá: Ediciones B.

Samper, L. et X. Quiñones-Ruiz (2017). Towards a balanced sustainability vision for the coffee industry. *Resources,* 6(2), 17.

Samper, L., D. Giovannucci et L. Marques-Vieira (2017). The Powerful Role of Intangibles in the Coffee Value Chain. *WIPO Economic Research Working Paper No. 39.* Geneva: WIPO.

SCAA (2014). *Economics of the Coffee Supply Chain: An Illustrative Outlook.* Santa Ana, CA: The Specialty Coffee Association of America.

Smith, O. (2017). Mapped: the countries that drink the most coffee. *The Telegraph*, October 1, 2017.

Stylianou, N. (2017). Coffee under threat: will it taste worse as the planet warms? *BBC News.* London: BBC.

Talbot, J.M. (1997a). The struggle for control of a commodity chain: instant coffee from Latin America. *Latin American Research Review*, 32(2), 117-135.

Talbot, J.M. (1997b). Where does your coffee dollar go? The division of income and surplus along the coffee commodity chain. *Studies in Comparative International Development*, 32(1), 56-91.

Technomic (2015). The Economic Impact of the Coffee Industry. *NCA Market Research Series.* New York: National Coffee Association USA.

Teuber, R. (2010). Geographical indications of origin as a tool of product differentiation: the case of coffee. *Journal of International Food & Agribusiness Marketing*, 22(3-4), 277-298.

Transparent Trade Coffee (2017). Specialty Coffee Retail Price Index – 2016, Q4: www.transparenttradecoffee. org/scrpi.

Ukers (2017). *UKERS Tea & Coffee Global Directory & Buyer's Guide.* 64th Edition. Bell Publishing Ltd.

Ukers, W.H. (ed.) (1922). *All About Coffee.* New York: The Tea and Coffee Trade Journal Company.

Wendelboe, T. (2015). 2014 *Transparency Report.*

WIPO The Coffee War: Ethiopia and the Starbucks Story. *IP Advantage*: www.wipo.int/ipadvantage/en/details. jsp?id=2621.

WIPO (2013). *World Intellectual Property Report 2013: Brands – Reputation and Image in the Global Marketplace.* Geneva: World Intellectual Property Organization.

Wollni, M. et M. Zeller (2007). Do farmers benefit from participating in specialty markets and cooperatives? The case of coffee marketing in Costa Rica. *Agricultural Economics*, 37(2-3), 243-248.

L'innovation transforme le secteur photovoltaïque

La demande est en pleine expansion

Les prix se sont effondrés

Si par le passé les entreprises occidentales étaient en position de force, ce sont à présent les sociétés chinoises qui dominent la production de modules photovoltaïques

2005

2012

■ Chine
■ Japon
▨ États-Unis d'Amérique
☐ Allemagne
▢ Autres

Les entreprises dominantes se tournent vers les actifs incorporels pour obtenir un avantage concurrentiel, elles augmentent leurs investissements dans la recherche-développement et intensifient leur activité en matière de brevets

Source : Rapport 2017 sur la propriété intellectuelle dans le monde

Chapitre 3
Cellules photovoltaïques, rattrapage technologique et concurrence au sein de la chaîne de valeur mondiale

Les nouvelles technologies dans le domaine des énergies renouvelables sont l'un des piliers de la croissance économique et du développement durables. Ces dernières décennies, l'intérêt suscité par les innovations permettant de transformer l'énergie solaire, éolienne ou géothermique, entre autres, en électricité s'est accru à l'échelle mondiale, et il en est allé de même de la demande[1].

Le présent chapitre se penche sur la manière dont la chaîne de valeur mondiale des technologies solaires photovoltaïques a évolué afin de répondre à la demande de production d'électricité durable. Il met l'accent sur la contribution essentielle des actifs incorporels dans la création de valeur au sein des différents segments de cette chaîne de valeur mondiale particulière dans laquelle l'innovation technologique et la diffusion des technologies ont joué un rôle capital.

Comme ce fut le cas de nombreuses technologies, une découverte fortuite fut à l'origine de la mise au point de la technologie solaire photovoltaïque aux fins de la production d'électricité. Vers la fin des années 1930, début des années 1940, Russell Ohl qui travaillait alors aux Bell Laboratories dans le New Jersey (États-Unis d'Amérique) a découvert au moyen d'un voltmètre que le fait d'éclairer un matériau monocristallin générait une tension électrique. En 1941, Russell Ohl brevetait un dispositif utilisant ce principe[2]. Russell Ohl n'est pas le premier scientifique à avoir découvert un matériau conduisant l'électricité sous l'effet de l'exposition au soleil, ce que l'on dénomme également l'effet de semi-conduction. Les premières traces d'une telle découverte remontent à près d'un siècle plus tôt, en France, quand Edmond Becquerel remarqua que l'exposition au soleil de deux métaux plongés dans un liquide générait un courant électrique. Entre la découverte de Becquerel et celle d'Ohl, plusieurs scientifiques étaient parvenus à fabriquer des cellules photovoltaïques à partir de différents matériaux, mais les scientifiques des Bell Laboratories furent les véritables concepteurs de la première cellule photovoltaïque en silicium cristallin[3].

De nos jours, deux types différents de cellules solaires photovoltaïques sont commercialisés : les cellules photovoltaïques composées de plaquettes de silicium cristallin et les cellules à couches minces, le premier type représentant cependant plus de 90% du marché du photovoltaïque. Les systèmes actuels utilisant l'une ou l'autre de ces technologies peuvent fournir de l'électricité au même titre qu'une centrale électrique traditionnelle (production d'électricité de grande puissance). De tels systèmes peuvent, à l'instar des centrales électriques, produire de l'électricité pour le réseau uniquement. Les installations industrielles de grande envergure – ou, par exemple, les centres de stockage de données – peuvent également assurer une production d'électricité à grande échelle à partir de systèmes photovoltaïques pour leur consommation propre uniquement, ce qui peut leur permettre de compenser ainsi tout ou partie de leur consommation d'électricité provenant du réseau. Les systèmes photovoltaïques de plus petite taille peuvent également être utilisés à des fins domestiques ou commerciales. Ils peuvent eux aussi soit être connectés au réseau soit être utilisés uniquement pour une consommation propre, en particulier dans des zones éloignées sans raccordement au réseau.

Tout équipement photovoltaïque utilisé pour une consommation propre uniquement doit nécessairement être alimenté par des batteries ou être associé à des sources de combustibles complémentaires pour pouvoir produire de l'électricité tout au long de la journée.

Figure 3.1

La demande de photovoltaïque est en pleine expansion

Nouvelles capacités créées chaque année (en mW), entre 2000 et 2015

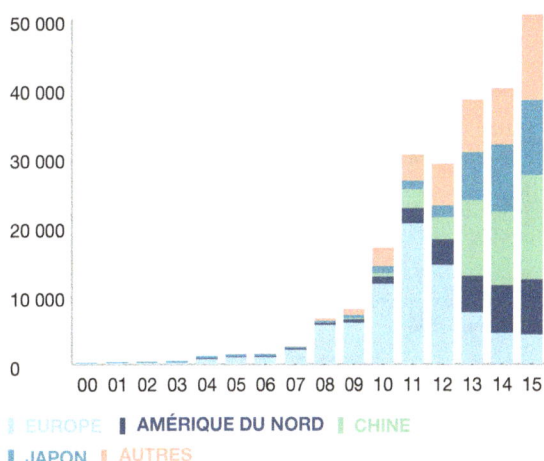

EUROPE   AMÉRIQUE DU NORD   CHINE
JAPON   AUTRES

Source : AIE (2016).

La demande de systèmes photovoltaïques a connu une croissance exponentielle depuis l'an 2000 (voir la figure 3.1). En 2016, le nombre de nouvelles installations dans le monde dépassait de 34% celui de l'année précédente et enregistrait une croissance atteignant 126% en Chine. Jusqu'en 2011, la croissance concernait principalement l'Europe. La demande est désormais répartie de manière plus homogène et la Chine constitue à présent le principal marché du photovoltaïque. La figure 3.1 illustre l'augmentation annuelle de la capacité photovoltaïque en fonction de l'origine de la demande entre 2000 et 2015. L'augmentation est exponentielle, passant d'un peu plus de zéro en 2000 à 50,6 GW en 2015. La croissance de la capacité en Europe a nettement ralenti depuis 2011, mais elle reste forte en Chine, au Japon et en Amérique du Nord.

Les politiques d'aides publiques ont été le principal moteur de l'expansion du marché du solaire photovoltaïque (voir la figure 3.2). De tout temps, les organismes de réglementation ont eu recours principalement au système de tarifs de rachat en vertu duquel des prix garantis sont imposés aux exploitants des réseaux pour l'électricité produite à partir de sources d'énergie solaire. Du fait de ce mécanisme, l'énergie solaire photovoltaïque, dont les coûts de production sont plus élevés que ceux de l'électricité produite à partir des sources traditionnelles, bénéficie de tarifs plus intéressants, stimulant ainsi les investissements dans la technologie photovoltaïque qui se diffusent en amont dans la chaîne de valeur.

Toutefois, de tels mécanismes limitent l'information sur les prix communiquée du côté de l'offre aux organismes de réglementation, ce qui restreint dans une certaine mesure les incitations à investir dans les technologies photovoltaïques permettant de réduire les coûts tout au long de la chaîne de valeur. Le prix étant fixé par l'organisme de réglementation, les marges du côté de l'offre dépendent de la qualité de l'information dont elle dispose sur les coûts de la production d'électricité à partir de systèmes photovoltaïques. L'expérience semble montrer que les organismes de réglementation ont fréquemment surévalué ces coûts puisque la capacité installée a presque toujours dépassé les quantités qu'il était prévu de commander initialement.

Une autre solution consiste désormais pour les organismes de réglementation à se tourner vers les mécanismes d'adjudication et les mécanismes concurrentiels tels que la proposition de tarifs de rachat dans le cadre d'appels d'offres ou les accords d'achat d'électricité (AAE). Ces mesures se fondent sur une plus grande clarté des signaux liés aux prix fournis par les fournisseurs, ce qui encourage davantage les fournisseurs et les porteurs de projet existants à faire baisser leurs coûts. Les AAE contribuent sans doute à une diffusion plus rapide des innovations permettant de réduire les coûts tout au long de la chaîne de valeur dans son ensemble étant donné que les concepteurs de technologies solaires photovoltaïques soumettent des offres en vue de concevoir de nouveaux projets de production

Figure 3.2

Les pouvoirs publics sont le principal moteur de l'expansion du marché du photovoltaïque

Décomposition des mesures d'incitation et de soutien du marché du solaire photovoltaïque, 2015

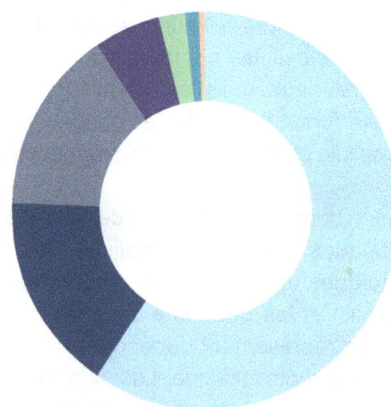

59,7%
Tarifs de rachat pour la totalité de la production

16,2%
Subventions directes ou allègements fiscaux

14,9%
Autoconsommation subventionnée

5,6%
Fixation de tarifs de rachat dans le cadre d'appel d'offres

2,4%
Certificats verts

1,1%
Accords d'achats d'électricité (AAE) concurrentiels

0,2%
Autoconsommation non subventionnée

Source : AIE (2016).

Figure 3.3

La structure générale de la chaîne de valeur du photovoltaïque cristallin est de type "serpent"

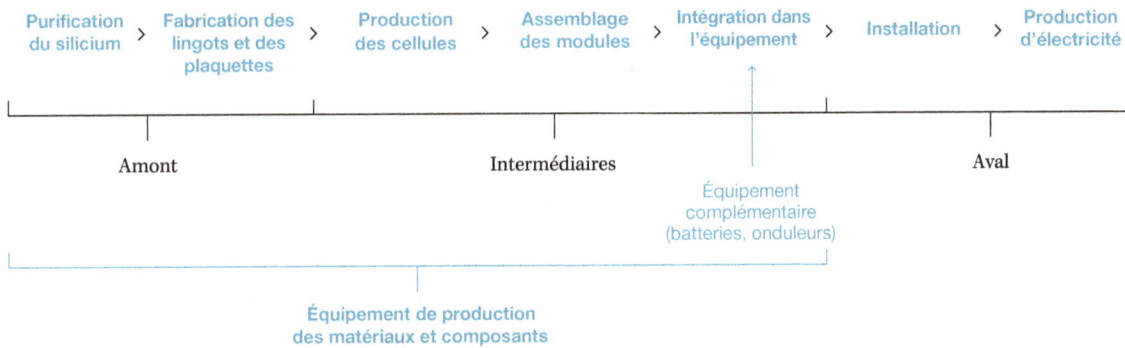

Source : Carvalho, Dechezleprêtre et Glachant (2017).

d'électricité et que les pouvoirs publics attribuent le marché aux fournisseurs soumettant les offres les plus concurrentielles sur le plan des coûts. Toutefois, la fixation de tarifs de rachat sans recourir aux appels d'offres représentait toujours près de 60% du marché du photovoltaïque en 2015.

Le présent chapitre se décompose en trois sections principales. La section 3.1 analyse l'évolution de la chaîne de valeur mondiale. La section 3.2 examine la manière dont les actifs incorporels, en particulier les innovations de produit et de procédé, ont façonné la chaîne d'approvisionnement mondiale. La section 3.3 porte sur le rôle de la protection par la propriété intellectuelle, notamment les brevets, dans le nouvel environnement commercial qui s'est fait jour à la suite des bouleversements que le secteur a connus. La section finale résume les principales observations formulées.

3.1 – L'évolution de la chaîne de valeur mondiale du photovoltaïque

Une chaîne de valeur à structure linéaire

La présente section décrit la structure de la chaîne de valeur des cellules photovoltaïques composées de plaquettes de silicium cristallin, qui représentent la grande majorité du marché du photovoltaïque. Conformément à la classification présentée dans le premier chapitre, la structure générale de cette chaîne de valeur est de type "serpent" (voir la figure 3.3).

Les segments en amont et intermédiaires concernent tous les processus associés à la production des systèmes photovoltaïques. Ces segments sont fortement tributaires des équipements de production, qui ont joué un rôle crucial dans la diffusion de la technologie au sein du secteur photovoltaïque[4]. Les segments en aval recouvrent les services associés à la production d'électricité à partir des systèmes photovoltaïques.

La production de panneaux photovoltaïques composés de modules cristallins comprend cinq segments principaux. La première étape consiste en la purification du dioxyde de silicium (SiO_2) que l'on trouve dans le sable quartzeux. L'extrême pureté requise dans le secteur photovoltaïque (supérieure à 99,999%) est atteinte à l'issue d'un processus chimique lourd et consommant beaucoup d'énergie au terme duquel on obtient du silicium polycristallin. Le secteur des semi-conducteurs utilise également le silicium polycristallin, mais le secteur du photovoltaïque compte pour 90% de la production de ce matériau[5]. La deuxième étape est celle de la fabrication de lingots et de plaquettes en formant des cylindres ou briques de silicium pur (lingots) et en les découpant en fines couches (plaquettes ou "wafers"). Pendant la troisième étape, celle de la fabrication des cellules photovoltaïques, deux plaquettes ayant subi un dopage différent sont assemblées pour créer une jonction P-N à l'origine de l'effet photovoltaïque. De nombreux traitements ou modifications de procédés peuvent avoir lieu à cette étape afin d'accroître le rendement de la cellule.

La quatrième étape consiste en l'assemblage des modules : les cellules photovoltaïques sont soudées les unes aux autres et encapsulées entre des couches de verre, formant ainsi un module qui sera collé par chauffage dans un laminoir. La cinquième étape est celle de l'intégration des modules dans les systèmes photovoltaïques : les modules sont couplés à des équipements complémentaires (batteries ou onduleurs) de sorte qu'ils puissent fournir de l'électricité à des dispositifs ou au réseau.

Les principaux segments en aval dans la production tant des cellules composées de silicium cristallin que des cellules à couches minces sont au nombre de deux. Le premier correspond à la mise des systèmes photovoltaïques sur le marché de l'utilisateur final : cette étape recouvre tous les services commerciaux liés à la conception des projets, au financement, à la logistique, aux homologations et à la main-d'œuvre. Le second est celui de la production d'électricité à partir de ces systèmes, qui inclut tous les services liés au fonctionnement et au contrôle de la capacité photovoltaïque installée.

Malgré la crise, le secteur photovoltaïque est en pleine expansion et la concurrence sur le marché s'est accrue

Malgré la crise financière de 2008, la demande de systèmes photovoltaïques et par voie de conséquence la production se sont accrues entre 2005 et 2011. La demande est toujours en hausse et de nouvelles capacités de production voient le jour dans le monde entier. À titre d'exemple, entre 2005 et 2012, la capacité de production mondiale de lingots a augmenté de 9590%, et la capacité de production de plaquettes s'est accrue de 3991%. Entre 2005 et 2011, les grands pays producteurs traditionnels (Allemagne, Japon et États-Unis d'Amérique) ainsi que les acteurs plus récents tels que la Chine et l'Inde ont tous multiplié leurs capacités de production dans les segments en amont et intermédiaires de la chaîne de valeur des systèmes solaires photovoltaïques composés de silicium cristallin[6].

Cette croissance est également allée de pair avec l'entrée de nouveaux acteurs sur le marché, ce qui a renforcé la concurrence. En 2004, les différents segments de production étaient fortement concentrés, les cinq acteurs principaux assurant la majeure partie de la production mondiale.

Comme le montre la figure 3.4, en 2004 les cinq principaux producteurs représentaient entre 80 et 100% de la production dans la plupart des segments. La seule exception concernait le segment des modules et, même dans ce dernier, les cinq plus grands acteurs comptaient pour plus de 50% de la production. Toutefois, en 2012, leur contribution à la production dans les quatre autres segments avait fortement reculé; elle s'établissait à 30% environ.

Figure 3.4

La concurrence sur le marché du photovoltaïque s'est fortement accrue

Part de marché des cinq plus grandes entreprises dans les segments en amont et intermédiaires de la chaîne de valeur du photovoltaïque cristallin, entre 2004 et 2012

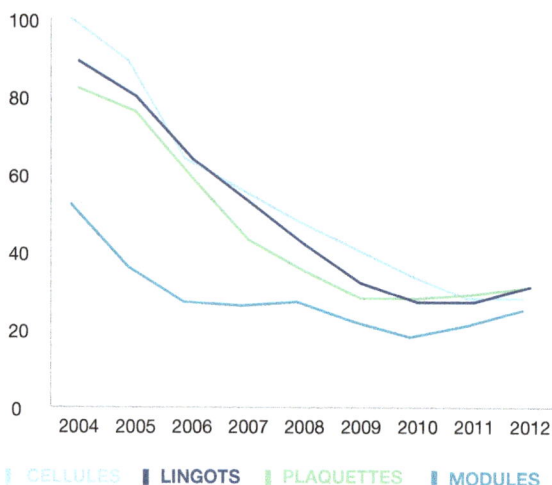

CELLULES   LINGOTS   PLAQUETTES   MODULES

Source : ENF (2013a, 2013b).

Ces changements se sont traduits par une baisse spectaculaire des prix du solaire photovoltaïque depuis 2008. D'après les estimations, les prix des modules solaires photovoltaïques auraient chuté de plus de 80% entre 2008 et 2015, diminuant de 26% chaque fois que la capacité était multipliée par deux[7]. Les prix de tous les composants des systèmes solaires photovoltaïques ont diminué et ces équipements sont désormais considérés pour une bonne part comme des marchandises, dont la compétitivité est définie par le prix uniquement, et non comme des produits différenciés, dont la réussite sur le marché dépend tant du prix que de la qualité.

Figure 3.5

Les prix des composants photovoltaïques se sont effondrés

Prix au comptant de chacun des composants des modules photovoltaïques polycristallins, 2010-2017

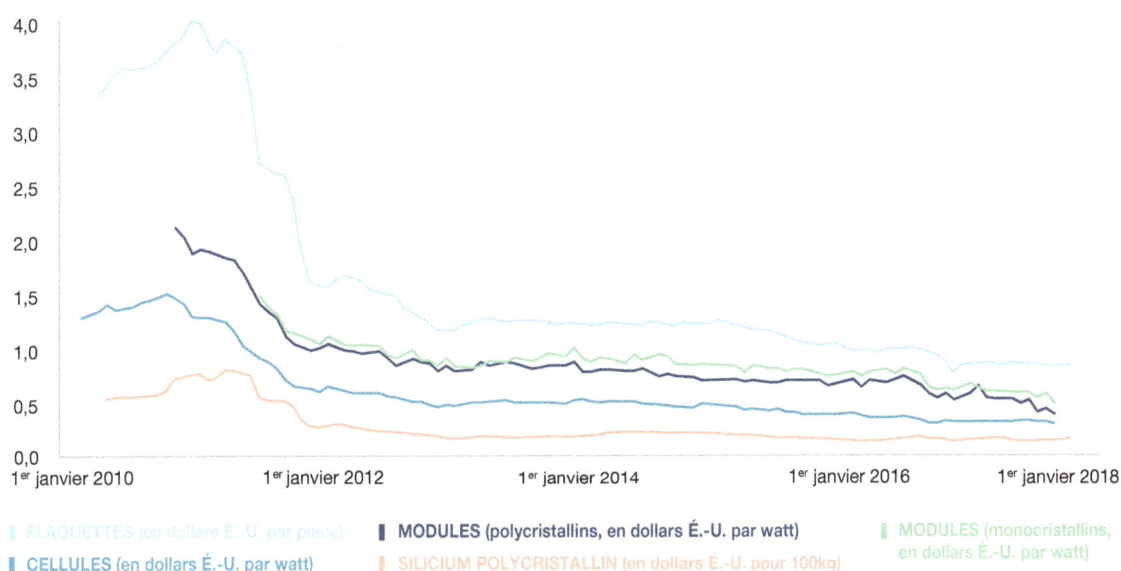

PLAQUETTES (en dollars É.-U. par pièce)   MODULES (polycristallins, en dollars É.-U. par watt)   MODULES (monocristallins, en dollars É.-U. par watt)

CELLULES (en dollars É.-U. par watt)   SILICIUM POLYCRISTALLIN (en dollars É.-U. pour 100kg)

Source : OMPI, données extraites de BNEF (2017).

Les prix ont fortement chuté jusqu'au début de l'année 2012 et cette tendance à la baisse se poursuit, plus lentement cependant (voir la figure 3.5).

Du fait de la baisse des prix de l'énergie solaire photovoltaïque, les systèmes photovoltaïques sont devenus compétitifs sur le plan des coûts par rapport aux sources d'énergie traditionnelles, en particulier sur les marchés où les prix de l'électricité traditionnelle sont élevés, le rayonnement solaire est fort et les taux d'intérêt sont bas. Ces conditions ont incité davantage les acheteurs à installer des équipements de production d'énergie solaire pour leur consommation propre, et la demande sur ce marché a également augmenté. Il n'est pas surprenant que l'augmentation de la demande de photovoltaïque dans des régions autres que l'Europe ait coïncidé avec la forte chute des prix observée depuis 2011. En outre, les politiques d'aides publiques susmentionnées fondées sur les appels d'offres ont sans doute renforcé la tendance à la baisse des prix. À titre d'exemple, en 2016 Abu Dhabi et le Mexique ont reçu des offres proposant des tarifs de rachat parmi les plus bas jamais enregistrés pour l'énergie solaire photovoltaïque.

La Chine est désormais le principal acteur de la chaîne de valeur du photovoltaïque

La répartition mondiale de la chaîne de valeur du photovoltaïque a radicalement changé au cours de la dernière décennie, marquée par un transfert massif en Chine d'activités d'amont et intermédiaires[8]. Si les pays producteurs traditionnels sont effectivement parvenus à accroître le volume de leur production ainsi que leurs capacités de production entre 2005 et 2011, la croissance a été bien plus forte et bien plus rapide en Chine.

Jusqu'en 2004, la demande et la production étaient majoritairement concentrées en Europe où les pouvoirs publics accordaient des aides généreuses afin d'accélérer le déploiement des capacités photovoltaïques. De puissants signaux économiques ont ainsi été envoyés aux pays dotés d'un secteur des semi-conducteurs bien établi, tels que l'Allemagne, la Suisse, le Japon et les États-Unis d'Amérique, qui ont dans un premier temps occupé une place dominante dans la fourniture d'équipement de production de modules photovoltaïques composés de plaquettes de silicium cristallin.

La production et la demande dans les pays asiatiques ont ensuite progressivement rattrapé leur retard, en particulier en Chine. Cette situation s'est traduite par des surcapacités, des chutes spectaculaires des prix et la sortie de nombreuses entreprises occidentales des segments en amont et intermédiaires.

En 2015, la Chine est devenue le principal marché du photovoltaïque et le premier pays dans tous les segments de production en amont et intermédiaires. La figure 3.6 présente une comparaison de l'évolution des parts du marché chinoises et de celles du principal producteur dans chaque segment en 2005. La tendance apparaît clairement : en 2012, la Chine est devenue le principal fournisseur de tous les segments du marché mondial du photovoltaïque. Elle concentrait plus de 60% de la production dans tous les segments de la chaîne, à l'exception de celui de la production de silicium. Les entreprises chinoises sont à leur tour entrées sur le marché du silicium polycristallin, dont elles sont également devenues les principales fournisseuses, comptant pour un tiers de la production en 2011; elles sont néanmoins entrées bien plus tard dans ce segment que dans les autres segments de production et concentrent une part nettement moindre du marché mondial.

Restrictions au commerce : actions politiques, réactions économiques

La forte chute des prix mentionnée précédemment a exercé une pression concurrentielle sur les fabricants de panneaux solaires photovoltaïques établis aux États-Unis d'Amérique et en Europe, qui réalisaient d'importants profits avant 2008. Cette situation a entraîné une augmentation des faillites et des acquisitions en 2011 et 2012[9].

En conséquence, des associations de fabricants de systèmes solaires photovoltaïques aux États-Unis d'Amérique et en Europe ont fait pression sur leur gouvernement respectif pour qu'ils imposent des droits de douane sur les importations de produits solaires photovoltaïques chinois[10].

Ils soutenaient que les entreprises chinoises du secteur bénéficiaient de prêts bonifiés accordés par leur gouvernement, ce qui leur permettait non seulement d'établir des installations de production, mais aussi d'assurer la production même lorsque les prix du marché tombaient en deçà du coût de production[11].

Figure 3.6

La Chine est désormais le principal pays fournisseur dans tous les segments du marché photovoltaïque en amont et intermédiaires

Pourcentage de la capacité de production mondiale, entre 2004 et 2012

Principaux pays fournisseurs en 2005

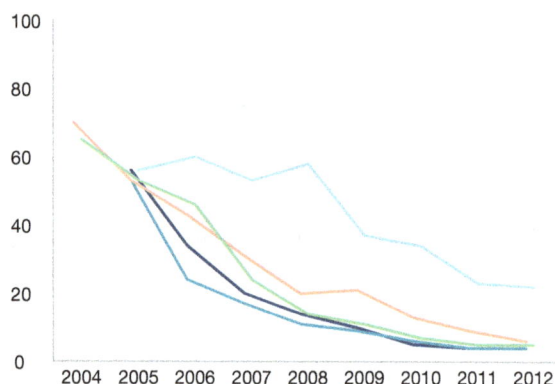

Chine

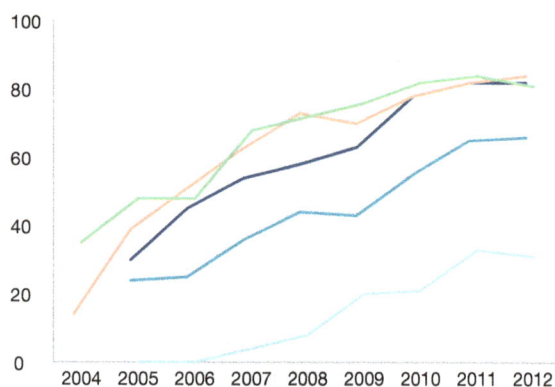

SILICIUM POLYCRISTALLIN   PLAQUETTES
LINGOTS   MODULES PHOTOVOLTAÏQUES CRISTALLINS
CELLULES PHOTOVOLTAÏQUES EN SILICIUM CRISTALLIN

Source : ENF (2013b) et BNEF (2013).

Note : Les principaux pays fournisseurs en 2005 étaient les États-Unis d'Amérique pour le silicium polycristallin et les modules photovoltaïques cristallins, l'Europe pour les lingots et les plaquettes, et le Japon pour les cellules photovoltaïques en silicium cristallin.

Les pouvoirs publics des États-Unis d'Amérique et d'Europe ont donc imposé des droits antidumping à l'encontre de différents produits photovoltaïques cristallins chinois en 2012 et 2013.

Cette mesure est toujours en vigueur, car elle a été prorogée tant aux États-Unis d'Amérique qu'en Europe[12].

Par ailleurs, d'autres pays qui avaient mis en place des mesures de soutien en faveur du marché de l'énergie solaire photovoltaïque se sont prévalus des prescriptions relatives à la teneur en éléments locaux, en vertu desquelles un certain pourcentage de technologies utilisées dans les marchés du photovoltaïque locaux doit provenir d'installations de fabrication locales. Ces prescriptions ont été mises en œuvre en Inde, en Afrique du Sud et en Ontario (Canada), bien que cet État ait en fin de compte dû annuler cette mesure pour se mettre en conformité avec une décision rendue par l'Organisation mondiale du commerce[13].

Les entreprises chinoises ont en partie contourné ces obstacles au commerce en créant des usines de fabrication au Brésil, en Allemagne, en Inde, en Malaisie, aux Pays-Bas, en Thaïlande et au Viet Nam[14].

Ces usines approvisionnent les marchés locaux de ces pays, mais sont également utilisées comme bases d'exportation vers d'autres marchés dans lesquels des droits sont actuellement appliqués. Aussi, les facteurs d'ordre économique et politique tels que les restrictions au commerce et les retombées négatives que ces dernières peuvent avoir sur l'accès au marché peuvent jouer un rôle important dans la répartition géographique de la chaîne de valeur mondiale.

Conserver une place sur le marché grâce à l'intégration verticale

La répartition des bénéfices au sein de la chaîne de valeur du photovoltaïque a été profondément modifiée au cours de la dernière décennie. Avant 2011, les subventions généreuses octroyées en Europe maintenaient les prix bien au-dessus des coûts de production dans tous les segments de la chaîne de valeur.

Figure 3.7

Les fabricants du secteur photovoltaïque sont à présent beaucoup moins rentables

Bénéfices nets des principales entreprises du secteur (en millions de dollars É.-U.), entre 2008 et 2012

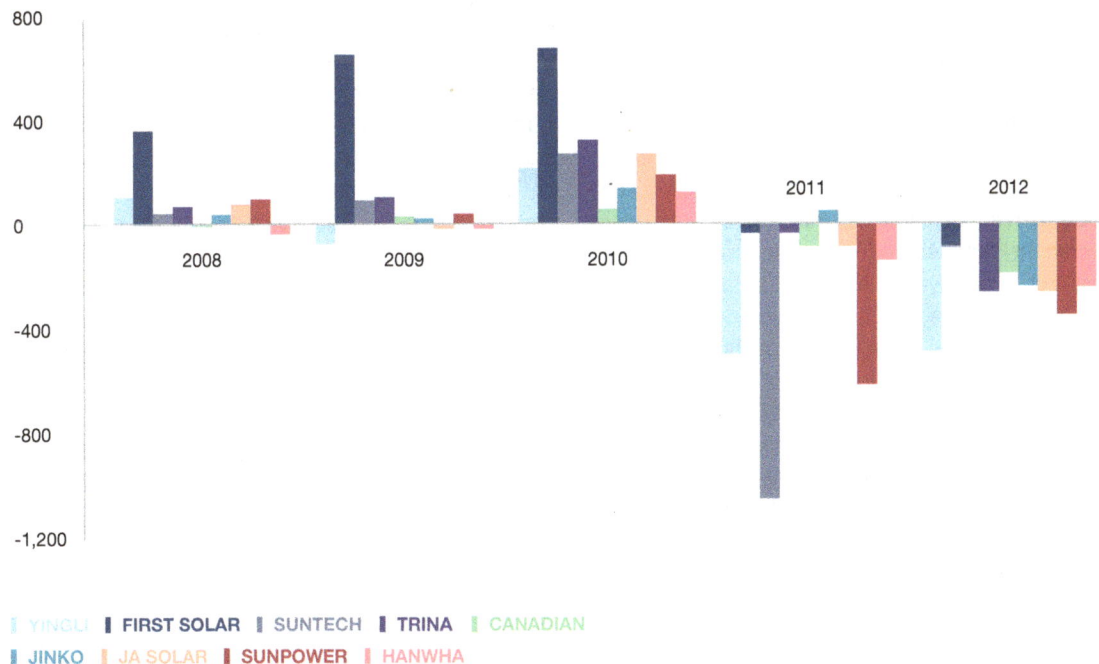

YINGLI ▮ **FIRST SOLAR** ▮ SUNTECH ▮ **TRINA** ▮ CANADIAN
▮ JINKO ▮ JA SOLAR ▮ **SUNPOWER** ▮ HANWHA

Source : Carvalho *et al.* (2017).

Encadré 3.1

La chaîne de valeur du photovoltaïque, détruire pour mieux reconstruire ?

Toutes les grandes entreprises opérant dans les segments intermédiaires ont commencé à essuyer des pertes en 2011 ou 2012 (voir la figure 3.7). En 2012, Q-Cells, un fabricant de cellules photovoltaïques établi en Allemagne leader sur le marché pendant la plus grande partie des années 2000, a fait faillite et a ensuite été racheté par Hanwha (République de Corée). Le géant du photovoltaïque chinois Suntech a également déposé le bilan en 2013, ce qui a donné lieu à une restructuration complète de ses activités. Depuis, la situation s'est améliorée, mais elle reste difficile. Des entreprises telles que REC Silicon et Centrotherm Photovoltaics, qui opèrent dans différents segments, continuent de rencontrer de grandes difficultés. De manière générale, les marges des entreprises opérant dans les segments intermédiaires sont inférieures à la moyenne enregistrée dans le secteur des semi-conducteurs.

De nombreuses entreprises participant à la chaîne de valeur du photovoltaïque ont trouvé la solution en se tournant vers l'intégration verticale. Comme le montre le tableau 3.1, plusieurs entreprises opérant dans les segments en amont et intermédiaires, telles que GCL, First Solar, Canadian Solar, SunPower et Jinko Solar, ont également procédé à l'intégration verticale d'activités d'aval.

Nombreux sont ceux qui affirment que l'innovation de procédé est la seule stratégie qui permettra aux entreprises opérant dans les segments en amont et intermédiaires de conserver une place sur le marché[16].

First Solar constitue un exemple intéressant en l'espèce. En se spécialisant dans les cellules à couches minces, qui représentent une part mineure du marché (7% seulement en 2015), First Solar est devenue l'entreprise opérant dans les segments intermédiaires la plus rentable. Sa réussite commerciale tient à sa capacité de fabriquer des composants photovoltaïques innovants au-dessous du prix du marché et des coûts de production de ses concurrents. Le rendement de conversion de l'énergie électrique de ses cellules photovoltaïques à couches minces avoisine celui des cellules photovoltaïques en silicium cristallin, mais leur coût de production est nettement inférieur au prix du marché de détail des cellules en silicium cristallin. First Solar parvient à conserver son avantage comparatif du fait que les autres entreprises ne possèdent pas les connaissances nécessaires pour reproduire son produit, une cellule photovoltaïque composée de tellurure de cadmium, et qu'elle utilise des équipements de production spécialisés protégés par des droits de propriété intellectuelle.

Mais dans quelle mesure cet exemple est-il reproductible? First Solar a pu attirer des financements, passer à une production de plus grande échelle et commercialiser sa technologie au moment où les prix des systèmes solaires photovoltaïques étaient élevés[17]. Il est difficile d'imaginer comment une telle occasion pourrait se présenter au vu de la situation actuelle du marché.

À la suite de la baisse des prix en 2011, les entreprises intervenant dans les segments en amont et intermédiaires ont vu leurs marges bénéficiaires s'effondrer, ce qui a grandement mis en danger leur place sur le marché (voir l'encadré 3.1 et la figure 3.7).

Bien que la conjoncture économique se soit améliorée depuis, plusieurs entreprises opérant dans différents segments continuent de rencontrer de grandes difficultés. De manière générale, les marges des entreprises intervenant dans les segments intermédiaires sont inférieures à la moyenne enregistrée dans le secteur des semi-conducteurs. Compte tenu de la faiblesse des prix de marché dans les segments en amont et intermédiaires, une plus grande part de la valeur de la chaîne tient désormais au segment de l'expansion du marché, situé en aval. En conséquence, de nombreuses entreprises du secteur opérant dans les segments en amont et intermédiaires ont été absorbées par des sociétés intervenant dans les segments en aval (voir le tableau 3.1)[15].

Les fabricants de systèmes solaires photovoltaïques se tournent de plus en plus vers l'aval et l'expansion du marché.

Cette tendance s'est fait jour pendant la crise financière de 2008, lorsque des commandes de systèmes solaires photovoltaïques ont été annulées, car les porteurs de projets dans le secteur de l'énergie solaire photovoltaïque n'étaient plus en mesure d'obtenir des soutiens financiers[18]. Avant la crise, la plupart d'entre eux finançaient leurs projets au moyen de prêts bancaires. Les banques étaient disposées à financer des projets dans le secteur de l'énergie solaire photovoltaïque, ainsi que des projets liés à d'autres types d'énergie renouvelable, puisque les mesures de fixation de tarif de rachat par les pouvoirs publics garantissaient un prix donné pendant au moins 20 ans. La crise financière a affecté les liquidités des banques et a mis à mal leur capacité d'octroyer des prêts aux porteurs de projets.

De ce fait, les entreprises ont dû annuler les projets qu'elles avaient conçus, ce qui s'est traduit par des annulations de commandes de produits photovoltaïques en amont dans la chaîne de valeur. Les fabricants de systèmes solaires photovoltaïques, qui avaient jusqu'alors réalisé d'importants profits, ont subi de plein fouet les annulations de leurs commandes et n'ont pas pu revendre leurs produits à d'autres porteurs de projets.

Ces entreprises aux bilans solides ont commencé à se tourner vers l'aval et l'élaboration de projet afin de générer une demande pour leurs propres produits en amont.

3.2 – Comment les actifs incorporels ajoutent-ils de la valeur dans la chaîne de valeur mondiale du photovoltaïque?

Comme indiqué dans la section précédente, la décennie qui vient de s'écouler a été marquée par le transfert massif de la plupart des activités d'amont et intermédiaires en Chine. Ce transfert a eu pour corollaire direct le déplacement dans ce pays d'une importante part des activités économiques associées à la chaîne de valeur du photovoltaïque, y compris de la valeur ajoutée totale.

Toutefois, la situation en ce qui concerne la création et le rendement des actifs incorporels photovoltaïques n'a pas toujours été aussi évidente[19].

Premièrement, les actifs fondés sur les connaissances dans la chaîne de valeur du photovoltaïque n'étaient pas nécessairement liés soit au principal lieu de production (la Chine) soit aux principaux pays demandeurs (en Europe). Deuxièmement, comme nous l'avons mentionné dans la section précédente, les actifs fondés sur les connaissances ne portent pas seulement sur les innovations de produit, mais aussi sur les innovations de procédé permettant de réduire les coûts. Troisièmement, il est important de comprendre de quelle manière la Chine a pu acquérir les connaissances nécessaires pour redéfinir la structure de la chaîne de valeur mondiale actuelle du photovoltaïque.

La présente section se penche sur la manière dont les actifs fondés sur les connaissances ont défini la structure actuelle de la chaîne de valeur du photovoltaïque. La contribution des actifs fondés sur la réputation dans les segments en aval est étudiée dans la section suivante.

Tableau 3.1

Marges de BAIIA des principales entreprises du secteur photovoltaïque, entre 2015 et 2016

Entreprise	Segments du marché	Marge de BAIIA (en %)
GCL-Poly Energy	Silicium/plaquettes/projets liés à l'énergie	25 a)
Wacker	Production de silicium/autres produits chimiques	19.8 a)
REC Silicon	Production de silicium	-4 a)
OCI Company	Production de silicium/autres produits chimiques	7.4 a)
First Solar	Cellules/modules/projets liés à l'énergie	21.6 a)
Trina	Lingots/plaquettes/cellules/modules	5.54 a)
JA Solar	Cellules/modules	7.55 a)
Canadian Solar	Lingots/plaquettes/cellules/modules/ projets liés à l'énergie	8.01 a)
Jinko Solar	Plaquettes/cellules/modules/projets liés à l'énergie	10.6 b)
SunPower	Cellules/modules/projets liés à l'énergie	6.36 b)
Applied Materials	Équipement de production	25.2 b)
Centrotherm Photovoltaics	Équipement de production	-10.7 a)
Sungrow	Onduleurs	10.6 a)
SMA Solar	Onduleurs	11.3 a)
SolarEdge	Onduleurs	10.3 a)

Source : Carvalho *et al.* (2017).
Notes : a) 2015; b) 2016.

Où les actifs fondés sur les connaissances relatifs au photovoltaïque sont-ils créés?

Depuis 1975, le Laboratoire national sur les énergies renouvelables des États-Unis d'Amérique (NREL) suit les résultats enregistrés par les parties prenantes (entreprises et établissements universitaires) obtenant les rendements de conversion de l'énergie électrique des cellules photovoltaïques les plus élevés au monde, pour tous les types de cellules photovoltaïques (voir l'encadré 3.2). Au cours de cette période, des rendements record ont été enregistrés régulièrement dans chacune des catégories de cellules. En outre, de nouveaux records dans toutes les catégories de cellules ont été atteints presque chaque année depuis 2010, après deux décennies marquées par de très lentes améliorations. Toutes les technologies autres que celle du photovoltaïque cristallin ont également connu de rapides progrès, notamment les cellules multijonction, à simple jonction et à couches minces ainsi que d'autres types de cellules photovoltaïques qui en sont à leurs débuts[26].

Quels pays sont à l'origine des innovations de produit relatives aux cellules photovoltaïques actuelles et alternatives? Il ressort du tableau 3.2 que les États-Unis d'Amérique ont enregistré 56% des 289 records mondiaux de rendement énergétique recensés, suivis par l'Allemagne (12%), le Japon (11%) et l'Australie (6%). Ces quatre pays regroupent la majeure partie des innovations de produit relatives au photovoltaïque répertoriées. Les États-Unis d'Amérique occupent la première position toutes catégories de cellules photovoltaïques confondues, et affichent un nombre particulièrement élevé de records en ce qui concerne les innovations relatives aux cellules photovoltaïques à couches minces et multijonction. L'Australie se classe à la deuxième position pour ce qui est des records de rendement des cellules photovoltaïques en silicium cristallin actuelles, mais ne détient aucun record en ce qui concerne les cellules photovoltaïques alternatives. D'autres pays tels que la République de Corée, le Canada et la Suisse ont quant à eux établi des records uniquement en lien avec les cellules photovoltaïques alternatives.

Encadré 3.2

La révolution photovoltaïque

On compte actuellement quatre types différents de cellules photovoltaïques : i) les cellules composées de plaquettes de silicium cristallin; ii) les cellules à couches minces; iii) les cellules à haut rendement composées de matériaux III-V; et iv) les cellules photovoltaïques organiques. Si seuls les deux premiers types sont commercialisés à l'heure actuelle, les deux derniers sont toutefois très prometteurs. Les cellules photovoltaïques composées de plaquettes de silicium cristallin représentent plus de 90% du marché du photovoltaïque[20].

Les technologies photovoltaïques plus récentes doivent satisfaire deux conditions essentielles avant de pouvoir être mises sur le marché. Premièrement, elles doivent produire de l'électricité de manière fiable et stable hors laboratoire et, deuxièmement, leurs coûts de production doivent être inférieurs aux prix du marché des technologiques existantes concurrentes. À ce jour, certains types de cellules à couches minces et de cellules à haut rendement affichent un rendement de conversion de l'énergie électrique supérieur à celui des cellules commercialisées, mais elles peinent à se rapprocher des prix de ces dernières, en partie car elles sont produites à plus petite échelle[21].

De ce fait, l'innovation de procédé tout au long de la chaîne de valeur joue un rôle décisif dans le secteur photovoltaïque (voir la figure 3.3). La production de silicium polycristallin s'appuie sur deux procédés principaux : le procédé Siemens et le procédé de réacteur à lit fluidisé (FBR)[22].

La production de silicium polycristallin consommant beaucoup d'électricité, la réduction des coûts repose en grande partie sur l'amélioration du rendement énergétique de ces procédés, le procédé FBR ayant un meilleur rendement que le procédé Siemens. Aux États-Unis d'Amérique, au Canada et en Norvège, des entreprises mettent à l'essai d'autres procédés métallurgiques exclusifs afin de réduire la consommation d'énergie et les coûts de production du silicium polycristallin. Une autre solution à laquelle les entreprises ont recours pour diminuer leurs dépenses d'électricité est le transfert des usines dans des régions où l'électricité est bon marché. Des innovations permettant de réduire les coûts de la production de lingots et de plaquettes ont également pu voir le jour grâce à des innovations dans les équipements de production installés dans ces usines. Pour ce qui est des lingots, la solution consiste à produire des cristaux de plus grande taille et à améliorer les germes de cristal nécessaires pour réduire le temps de traitement et accroître le rendement[23]. D'autres améliorations sur le plan des équipements de production consistent notamment à découper les lingots en plaques plus minces, à réduire les pertes de découpe des lingots ("kerf" en anglais), à augmenter les taux de recyclage et à diminuer les consommables[24]. Parmi les autres innovations de procédé figure notamment la diminution de la quantité de pâtes et d'encres de métallisation contenant de l'argent et de l'aluminium, qui sont les matériaux ne contenant pas de silicium les plus délicats à traiter et les plus chers entrant dans la production des cellules photovoltaïques en silicium cristallin à l'heure actuelle[25].

Il semble que l'innovation de pointe n'ait pas été à l'origine de la position dominante qu'occupent les entreprises chinoises sur le marché. Les plus grandes innovations de produit, s'agissant de l'amélioration du rendement de conversion de l'énergie des différents types de cellules photovoltaïques, semblent toujours provenir d'autres pays. Contrairement aux autres pays, la Chine n'a occupé la première position à l'échelle mondiale que cinq fois, trois records ayant été obtenus en lien avec les cellules à couches minces, qui ne sont pas encore commercialisées.

L'analyse de l'historique des dépôts de demandes de brevet portant sur des technologies photovoltaïques, qui va dans le même sens, permet de se faire une idée plus précise de la situation (voir la figure 3.8). L'augmentation de la demande sur le marché d'installations solaires photovoltaïques est allée de pair avec la croissance du nombre de demandes de brevet dans le monde. Le nombre de premiers dépôts de demandes de brevet est passé de moins de 2500 au début des années 2000 à plus de 16 000 en 2011. Jusqu'en 2008, la plupart de ces technologies trouvaient leur origine au Japon et aux États-Unis d'Amérique. Depuis lors, la délivrance de brevets portant sur des technologies photovoltaïques provenant de Chine a connu une croissance rapide; ce pays est depuis 2010 le principal déposant de demandes de brevet dans ce secteur et compte pour la majorité des dépôts de demandes depuis 2014.

Tableau 3.2

Meilleures innovations de produit par type de cellule photovoltaïque et par pays, entre 1976 et 2017

Pays/région	Cellules en silicium cristallin	Cellules à couches minces	Cellules multijonction (monolithiques à deux terminaux)	Jonction simple (GaAs)	Technologies photovoltaïques émergentes	Total par pays
États-Unis d'Amérique	23	72	36	10	20	161
Allemagne	9	11	6	3	5	34
Japon	12	7	6		7	32
Australie	16					16
République de Corée		1		2	5	8
Canada					7	7
Suisse		1			6	7
Chine	2	3				5
France		2	2			4
Pays-Bas				3	1	4
Autriche					3	3
Inde		3				3
Suède		3				3
Hong Kong, Chine					1	1
Espagne			1			1
Total	62	103	51	18	55	289

Source : Carvalho et al. (2017).

Figure 3.8

La Chine, nouveau porte-drapeau de l'innovation?

Premiers dépôts de demandes de brevet portant sur des technologies photovoltaïques, par origine, entre 2000 et 2015

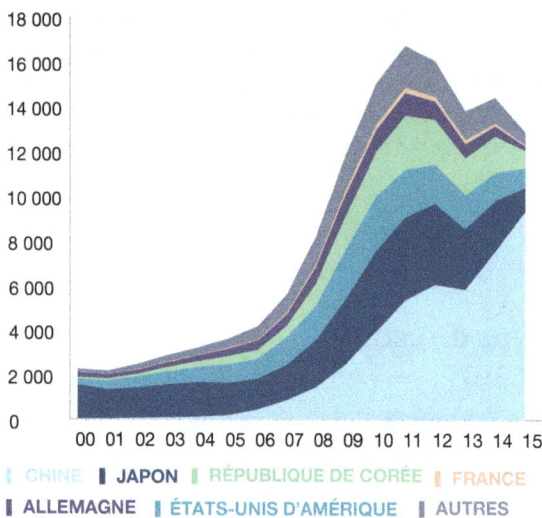

CHINE   JAPON   RÉPUBLIQUE DE CORÉE   FRANCE
ALLEMAGNE   ÉTATS-UNIS D'AMÉRIQUE   AUTRES

Source : OMPI, données extraites de la base de données PATSTAT; voir les notes techniques.

Avec plus de 46% du nombre total de premiers dépôts de demandes de brevet entre 2011 et 2015 dans le monde, la Chine est désormais le premier déposant mondial de demandes de brevet portant sur des technologies photovoltaïques (voir la figure 3.10). La Chine se classe au premier rang en ce qui concerne le nombre de premiers dépôts de demandes de brevet portant sur des technologies liées à chacun des segments de la chaîne de valeur du photovoltaïque, et a déposé le plus grand nombre de premiers dépôts de demandes portant sur le silicium, les lingots et plaquettes et les modules. La situation est différente lorsque l'on s'intéresse à la spécialisation des entreprises chinoises dans les cellules photovoltaïques actuelles (en silicium cristallin) ou dans les cellules photovoltaïques alternatives. Ainsi que l'indiquent les chiffres relatifs aux records de rendement mondiaux, la Chine semble s'être spécialisée davantage dans les cellules photovoltaïques alternatives que dans les cellules en silicium cristallin. En effet, la Chine détient la plus grande part des dépôts de demandes de brevet portant sur des cellules alternatives, mais elle reste derrière le Japon, les États-Unis d'Amérique et la République de Corée pour ce qui est des dépôts portant sur des cellules en silicium cristallin.

Ces chiffres contrastent avec l'avantage concurrentiel dont bénéficie actuellement la Chine à l'égard de la production de cellules photovoltaïques en silicium cristallin.

La majeure partie de l'activité en matière de brevets se déroule dans les deux segments intermédiaires. Plus de la moitié du nombre total de demandes de brevet déposées au cours de la période 2000-2015 portait sur des technologies relatives aux modules, et près d'un tiers sur des technologies relatives aux cellules (voir la figure 3.9). Les technologies relatives au silicium, aux lingots et aux plaquettes représentaient moins de 10% des brevets.

Cela ne signifie pas pour autant que l'innovation est moins fréquente dans les segments en amont et dans celui de l'équipement de production. Des études menées sur le terrain ont en effet établi que les entreprises déposent un nombre considérable de demandes de brevet portant sur des inventions mineures, en particulier en Chine, mais qu'elles tiennent généralement secrètes leurs inventions décisives.

Figure 3.9

La majorité des demandes de brevet déposées concernent des innovations portant sur les modules et les cellules photovoltaïques

Premiers dépôts de demandes de brevet portant sur des éléments de la technologie photovoltaïque par segment, entre 2000 et 2015

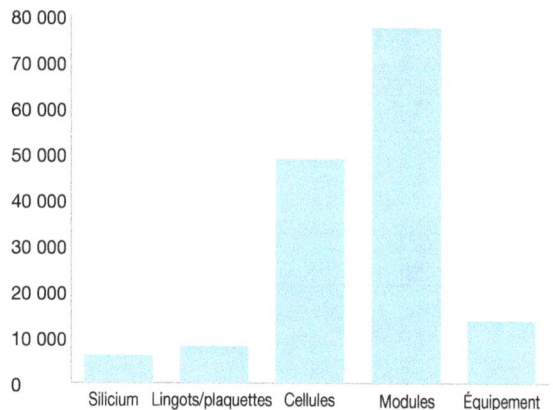

Source : OMPI, données extraites de la base de données PATSTAT; voir les notes techniques.

Figure 3.10

La Chine est devenue l'une des principales parties prenantes dans le secteur photovoltaïque

Répartition (en %) du nombre de dépôts de demandes de brevet portant sur des éléments de la technologie photovoltaïque, par origine et par segment de la chaîne de valeur, entre 2011 et 2015

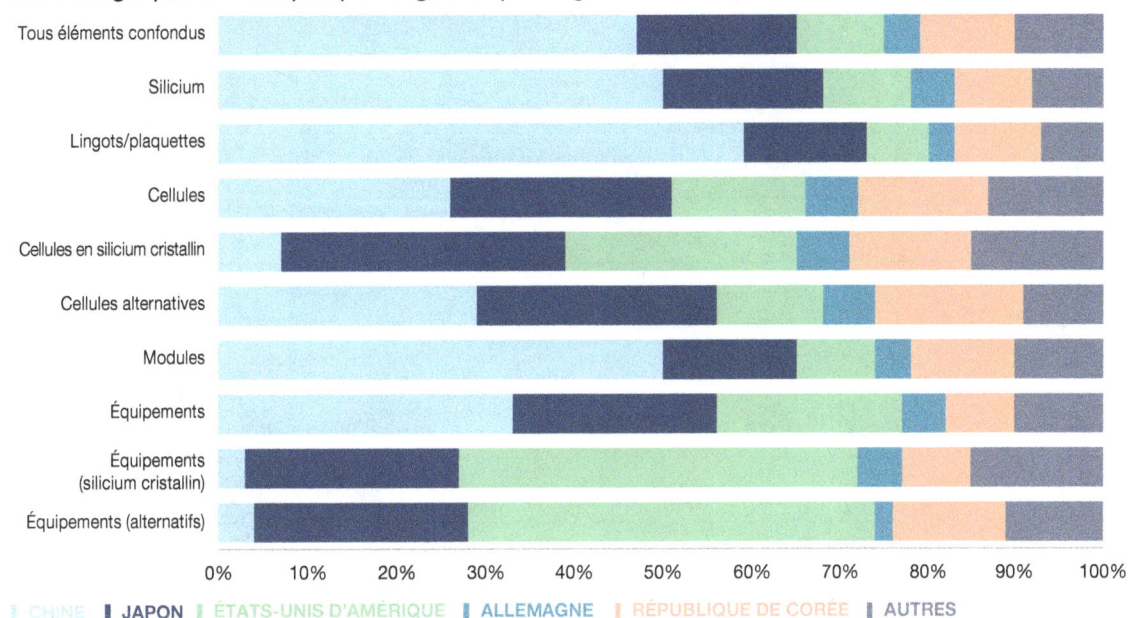

Source : OMPI, données extraites de la base de données PATSTAT; voir les notes techniques.

Un grand nombre de ces innovations décisives portent sur les procédés, ne sont généralement pas menées à bien dans des départements de recherche-développement spécialisés, mais directement sur les lignes de production, et sont protégées davantage en vertu du secret commercial que par des brevets. C'est le cas non seulement dans des entreprises chinoises entrées récemment sur le marché, mais aussi au sein de grands producteurs de silicium occidentaux et japonais qui ont mis au point un savoir-faire pointu en matière de purification du silicium à un coût abordable, qu'ils tiennent secret[27].

Des innovations permettent de réduire les coûts

Ni les records de rendement de conversion ni les brevets ne peuvent garantir la réussite de l'entrée sur le marché d'innovations de produit relatives au photovoltaïque. Comme indiqué dans l'encadré 3.2, pour qu'une nouvelle technologie photovoltaïque soit une réussite commerciale, elle doit à la fois être fiable et avoir un prix compétitif et, si certains types

de cellules photovoltaïques alternatifs ont obtenu des résultats impressionnants en laboratoires, ils ne sont pas encore offerts à une échelle concurrentielle.

En outre, les produits déjà sur le marché tout au long de la chaîne de valeur du photovoltaïque, allant du silicium purifié aux panneaux solaires, sont soumis à des normes élevées. La compétitivité de ces produits sur le marché repose principalement sur la capacité des entreprises de fabriquer des produits répondant à un niveau de qualité normalisé et d'un coût abordable. Dans ce cadre, pour parvenir à entrer dans chaque segment du marché, et à y rester, les entreprises doivent avoir accès à des techniques de production de pointe, ce qui suppose l'existence de marchés internationaux d'équipements de production compétitifs.

En d'autres termes, les innovations de procédé jouent un rôle décisif pour que les entreprises puissent mettre sur le marché de nouveaux produits photovoltaïques et faire en sorte que les produits existants restent sur le marché.

Tableau 3.3

Les plus grandes entreprises sur le marché de l'équipement de production, 2011

Entreprise	Pays du siège	Secteur d'origine
Applied Materials	États-Unis d'Amérique	Semi-conducteurs
Centrotherm	Allemagne	Semi-conducteurs/électronique
MeyerBurger	Suisse	Semi-conducteurs/électronique
GTAT	États-Unis d'Amérique	Électronique
Schmid	Allemagne	Électronique
Komatsu-NTC	Japon	Semi-conducteurs
Oerliko	Suisse	Semi-conducteurs
APPOLLO	États-Unis d'Amérique	Électronique
RENA	Allemagne	Électronique
JGST	Chine	Solaire

Source : Carvalho *et al.* (2017) et Zhang et Gallagher (2016).

Les nouvelles technologies peuvent être introduites dans des marchés concurrentiels sur le plan des prix uniquement si elles sont produites à grande échelle et si elles sont appuyées par des innovations de procédé complémentaires permettant de réduire les coûts. Dans les faits, plusieurs entreprises intervenant dans les segments en amont et intermédiaires de la chaîne de valeur des cellules photovoltaïques en silicium cristallin ne doivent leur survie sur le marché qu'à des innovations de procédé de haut niveau qui leur ont permis de réduire leurs coûts de production plus rapidement que leurs concurrents opérant dans le même segment[28].

De quels pays proviennent les innovations relatives aux équipements de production dans le secteur photovoltaïque? Les équipements de production dans le secteur photovoltaïque cristallin provenaient au départ d'entreprises spécialisées dans la production d'équipement pour les secteurs des semi-conducteurs et de l'électronique.

Ces entreprises ont mis leurs capacités technologiques dans le secteur des semi-conducteurs au service de la production d'équipements adaptés pour la fabrication de lingots, de plaquettes, de cellules et de modules. Les entreprises du secteur des semi-conducteurs établies aux États-Unis d'Amérique, en Allemagne et au Japon figuraient systématiquement parmi les plus grandes entreprises du point de vue de la part de marché dans le secteur de l'équipement de production de systèmes solaires photovoltaïques et de la qualité de ce type d'équipement (voir le tableau 3.3).

La répartition géographique des demandes de brevet complète cette analyse. Jusqu'en 2012, les États-Unis d'Amérique et le Japon arrivaient largement en tête des pays d'origine des dépôts de demandes de brevet portant sur des équipements de production. Depuis, le nombre de dépôts a fortement reculé, d'environ 60% entre 2012 et 2015 (voir la figure 3.11).

Tableau 3.4

Répartition géographique des sièges des fabricants d'équipement de production solaire photovoltaïque, 2016

Pays/province	Nombre d'entreprises	Part en pourcentage par rapport au nombre total d'entreprises
Chine	381	41
États-Unis d'Amérique	152	16
Allemagne	125	13
Japon	70	7
République de Corée	53	6
Province chinoise de Taiwan	44	5
Suisse	18	2
Reste du monde	15	2
Total	81	8
Total	939	100

Source : Carvalho *et al.* (2017).

La baisse a été plus forte pour les États-Unis d'Amérique et le Japon, ce qui a permis à la Chine de conquérir la plus grande part de ce segment en 2012. La Chine totalisait le tiers des demandes de brevet déposées au cours de la période 2011-2015. Toutefois, les États-Unis d'Amérique représentaient toujours près de la moitié du nombre total de dépôts de demandes de brevet portant sur des équipements de production de cellules en silicium cristallin ou de cellules alternatives sur cette même période (voir la figure 3.10). Le Japon et la République de Corée sont également mieux placés que la Chine, qui détient une très faible part de ces brevets.

Comment la Chine a-t-elle rattrapé son retard sur le plan technologique?

De quelle manière les actifs incorporels ont-ils défini la structure actuelle de la chaîne de valeur mondiale du photovoltaïque? Pour pouvoir répondre à cette question, il faut tout d'abord comprendre comment les entreprises chinoises intervenant dans les secteurs en amont et intermédiaires ont acquis les actifs fondés sur les connaissances nécessaires pour se faire une place dans différents segments de la chaîne de valeur. Deux vecteurs principaux ont permis le transfert de technologie en Chine : l'équipement de production et les ressources humaines qualifiées.

Pour la plupart, les entreprises chinoises ont acquis des technologies dans le secteur photovoltaïque en achetant des équipements de production auprès de fournisseurs internationaux[29]. Les entreprises chinoises novatrices sont entrées sur le marché en achetant des équipements de production auprès de fournisseurs occidentaux[30]. Mais la diffusion des connaissances technologiques a dépassé le transfert de tels équipements. En effet, l'apparition progressive de fournisseurs purement chinois de biens d'équipement met en évidence un rattrapage sur le plan technologique. En 2016, près de la moitié des entreprises spécialisées dans l'équipement de production dans le monde avaient leur siège en Chine, les États-Unis d'Amérique, l'Allemagne et le Japon venant ensuite dans le classement des pays comptant le plus grand nombre de sièges (voir le tableau 3.4).

Tableau 3.5

Les six plus grands fabricants de modules ou de cellules solaires en Chine, 2015

Entreprise	Rang mondial	Part en pourcentage par rapport aux recettes mondiales totales	Création	Liens IED/ coentreprise
Trina Solar	1	10	1997	Aucun
JA Solar	2	8	2005	Australie (via JingAo)
Jinko Solar	3	7	2006	Aucun
Yingli	5	5	1998	Aucun
Canadian Solar	6	5	2001	Canada
Shungfeng-Suntech	8	3	2001	Aucun

Source : Carvalho *et al.* (2017).

La circulation de la main-d'œuvre qualifiée a également contribué à la réussite des entreprises chinoises dans les segments en amont et intermédiaires de la chaîne de valeur[31]. Lorsqu'elles sont entrées sur ce marché dans les années 2000, les entreprises chinoises du secteur photovoltaïque ont grandement tiré profit de l'arrivée de cadres hautement qualifiés, qui ont amené en Chine des capitaux, des réseaux professionnels et un savoir technique constitués dans des entreprises et universités étrangères.

Figure 3.11

Le nombre de dépôts de demandes portant sur des éléments de la technologie photovoltaïque diminue depuis 2011

Nombre de dépôts de demandes de brevet portant sur des éléments de la technologie photovoltaïque, dans le monde et par segment de la chaîne de valeur, entre 2000 et 2015

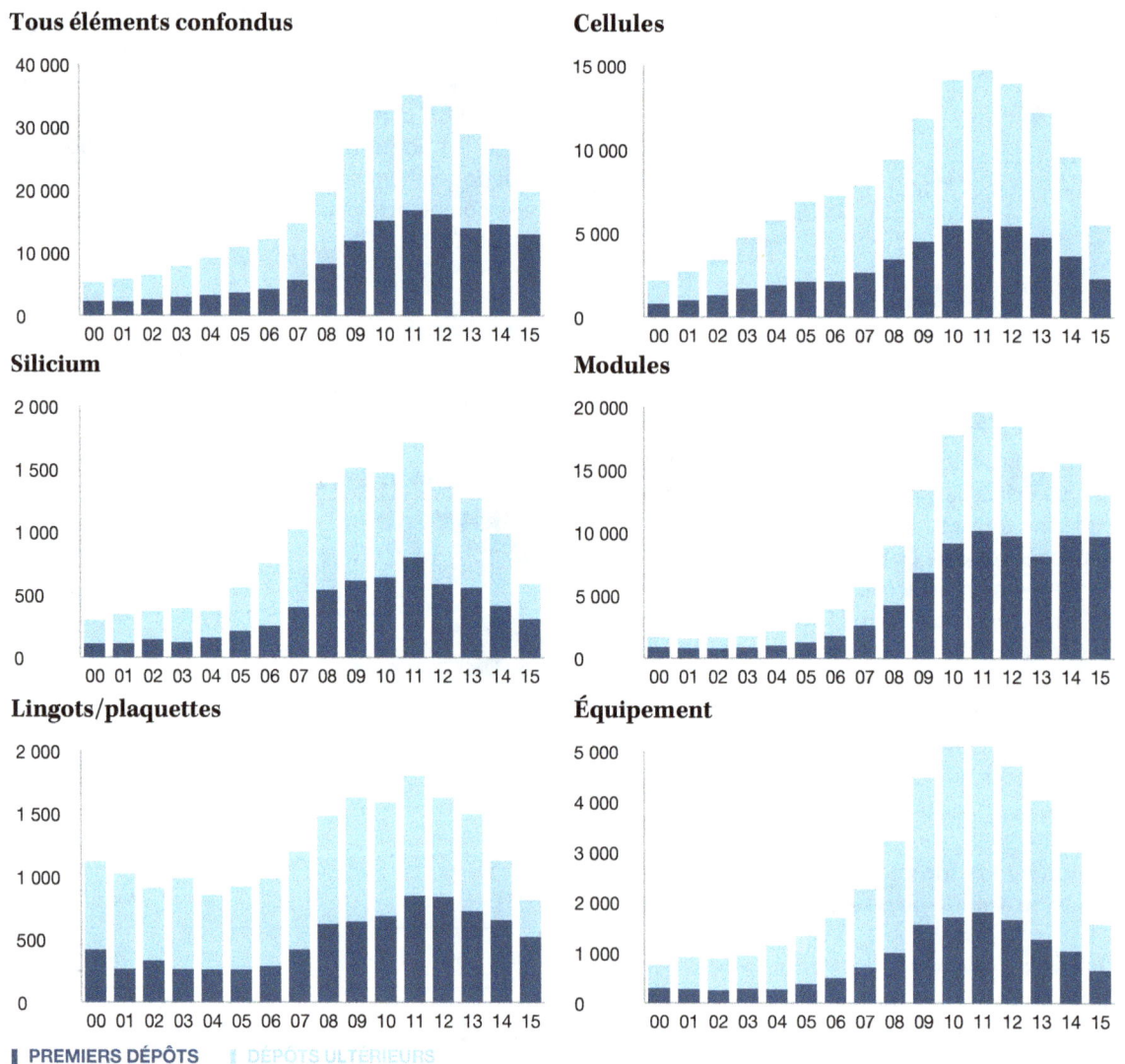

Tous éléments confondus

Cellules

Silicium

Modules

Lingots/plaquettes

Équipement

▮ PREMIERS DÉPÔTS   ▮ DÉPÔTS ULTÉRIEURS

Source : OMPI, données extraites de la base de données PATSTAT; voir les notes techniques.

À titre d'exemple, le fondateur et directeur général de Suntech, la plus grande entreprise du secteur photovoltaïque en Chine depuis 2013, a étudié à l'Université de Nouvelle-Galles-du-Sud en Australie et a ensuite travaillé pour le compte de l'entreprise australienne Pacific Solar. Trois des plus grandes entreprises chinoises du secteur (à savoir Shungfeng Suntech, Yingli et Trina) ont été créées par des ressortissants chinois qui avaient auparavant travaillé en tant que chercheurs en Australie, et près des deux tiers des membres du conseil d'administration des quatre plus grandes entreprises chinoises du secteur en 2016 (Trina, GCL Poly, Jinko Solar et Canadian Solar) avaient soit étudié soit travaillé à l'étranger.

Tableau 3.6

Intensité de recherche-développement et dépôts de brevets par les principales entreprises du secteur photovoltaïque

Entreprise	Pays	Intensité de recherche-développement* (en %)		Nombre moyen de premiers dépôts de demandes de brevet par an		Dépense moyenne de recherche-développement annuelle (en millions de dollars É.-U.)*	Nombre moyen de dépôts de demandes de brevet portant sur la technologie photovoltaïque par million de dollars É.-U. de dépense de recherche-développement*
		2010	2015	2005-2009	2010-2014		
Silicon							
GCL-Poly Energy	CN		1,12	5	3,4	20,5	0,20
Wacker	DE	2,90	3,30	6	18,6	146,5	0,08
REC	NO	2,10	2,50	3,4	11,6	11,65	0,64
OCI Company	KR			1	1,75		
Cells							
First Solar	US	3,70	3,60	5,6	52,2	112,8	0,26
Trina	CN	1	3,50	6	41,8	26,05	0,92
JA Solar	CN	2,50	3,20	3	9,4	16,5	0,38
Canadian Solar	CN	0,45	0,50	1	2,75	12,5	0,15
Jinko Solar	CN	0,38	2,30	0	19,75	15,1	0,65
SunPower	US	4,10	6,30	13,8	38,4	74	0,35
Hanwha Q CELLS	KR-DE		6,80	12,75	14,8	28	0,49
Equipment							
Applied Materials	US	12,00	15,40	45,6	40,8	1 297,5*	
Centrotherm Photovoltaics	DE	6,80	5,30	4,4	11,8	20	0,41
Meyerburger	CH	5	17,20	0	1,3	49,5*	
Inverters							
Sungrow	CN		4,3	2	13		
SMA Solar	DE			9	26,2	78,5	0,22
SolarEdge	Israel		6,10	6,3	5,6	22	0,27

*Note : comprend la recherche-développement ne portant pas sur le photovoltaïque.

Source : Carvalho *et al.* (2017).

Toutes les grandes entreprises ont mis en place des programmes de recrutement visant à attirer des cadres supérieurs de l'étranger.

En revanche, peu d'éléments viennent appuyer l'hypothèse selon laquelle les investissements consentis par des entreprises multinationales auraient joué un rôle décisif dans l'essor du secteur chinois[32]. Le tableau 3.5 répertorie les six plus grands fabricants de cellules ou de modules établis en Chine. Seuls deux d'entre eux ont des liens d'investissement avec des entreprises étrangères. En outre, il s'avère que ces entreprises fondées sur l'IED sont arrivées tard sur le marché et que leur création a suivi l'exemple d'entreprises pionnières purement chinoises.

3.3 – Quel rôle la propriété intellectuelle joue-t-elle dans le secteur photovoltaïque?

La présente section examine plus en détail le rôle que joue la propriété intellectuelle dans la protection des actifs fondés sur les connaissances et la réputation. Dans un premier temps, elle s'intéresse à l'utilisation qui a été faite de la propriété intellectuelle pour protéger les actifs fondés sur les connaissances ainsi qu'au rôle que jouera cette dernière dans les futures stratégies de la Chine en matière d'obtention du pouvoir d'exclusivité sur des technologies, et analyse ensuite l'évolution récente de l'utilisation de la propriété intellectuelle pour protéger les actifs fondés sur la réputation ainsi que les caractéristiques ornementales des produits photovoltaïques.

Comment la chaîne de valeur du photovoltaïque protège-t-elle ses actifs fondés sur les connaissances?

La première décennie du XXIe siècle a été marquée par un recours croissant aux brevets en vue de protéger les actifs fondés sur les connaissances pour toutes les technologies associées à la chaîne de valeur du photovoltaïque (voir la figure 3.11). Les cellules et les modules sont les composants pour lesquels l'augmentation du nombre de demandes de brevet a été la plus forte, culminant en 2011 à quelque 15 000 et 20 000 demandes respectivement.

La tendance à l'intensification de l'activité en matière de brevets dans le secteur photovoltaïque s'est récemment inversée. Entre 2011 et 2015, le nombre de demandes de brevet portant sur des technologies photovoltaïques a reculé de 44%.

De même, la part qu'occupent les dépôts de demandes de brevet portant sur des technologies photovoltaïques dans l'activité mondiale en matière de brevets a reculé de 30% en seulement quatre ans. Cette tendance a concerné tous les segments de la chaîne de valeur, de celui du silicium à celui des modules, mais a été particulièrement forte dans le cas du silicium, des cellules et des équipements (voir la figure 3.11).

Au cours de cette période, l'origine des demandes de brevet a également évolué de façon spectaculaire. Le nombre de dépôts de demandes de brevet portant sur des technologies photovoltaïques a décru dans tous les principaux pays d'origine de l'innovation, à l'exception notable de la Chine (voir la figure 3.8). À première vue, la tendance à la baisse du nombre de brevets délivrés dans le monde dans le secteur photovoltaïque depuis 2011 semble indiquer que les perspectives d'innovation technologique dans le secteur sont peu réjouissantes. Le dépôt de demandes de brevet perdrait-il de son intérêt dans le secteur photovoltaïque?

Il semble en réalité que cette baisse soit due à deux facteurs différents. Premièrement, le nombre de déposants s'est effondré[33]. Entre 2011 et 2014, le nombre de déposants des États-Unis d'Amérique, d'Allemagne, du Japon et de la République de Corée a reculé, le nombre de nouveaux déposants diminuant plus nettement encore. Cela signifie également que, en moyenne, le nombre de demandes de brevet déposées par déposant a augmenté, en particulier dans les principaux pays producteurs de systèmes photovoltaïques. Ces tendances sont encore plus marquées s'agissant des cellules photovoltaïques alternatives, concernant lesquelles le recul du nombre de dépôts de demandes de brevet a été beaucoup plus faible.

L'évolution de l'intensité de la recherche-développement des grandes entreprises du secteur photovoltaïque concorde avec ces chiffres (voir le tableau 3.6). Presque toutes les grandes entreprises du secteur ont intensifié leur recherche-développement entre 2010 et 2015, de manière significative pour certaines, mais leur activité en matière de brevets a augmenté dans une plus grande mesure encore. Si le rapport entre les dépenses de recherche-développement et les brevets n'est pas linéaire, l'augmentation disproportionnée de l'activité en matière de brevets par rapport à l'intensification de la recherche-développement semble indiquer un accroissement de l'intensité de l'activité en matière de brevets au sein des entreprises toujours présentes dans l'ensemble du secteur.

Figure 3.12

Les technologies photovoltaïques protégées par brevet sont concentrées dans un petit nombre de pays

Part de familles de brevets mondiales, chinoises et étasuniennes portant sur des technologies photovoltaïques par pays protégé, entre 1995 et 2015

a) Monde

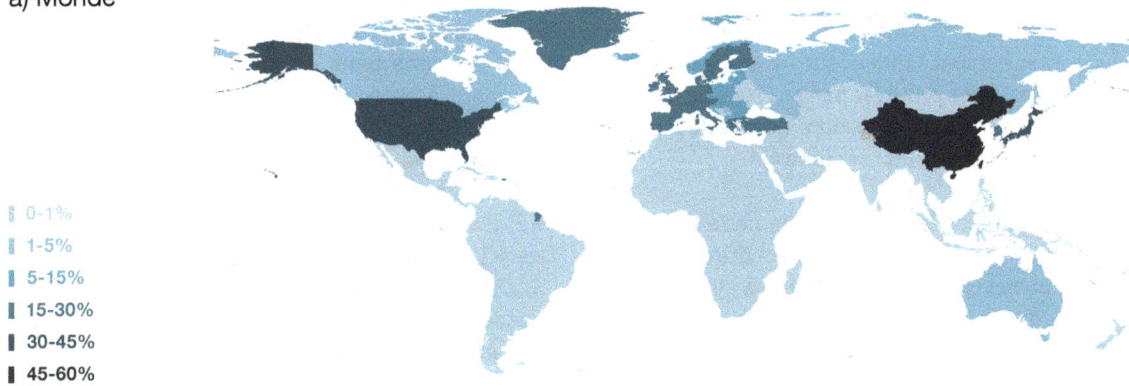

- 0-1%
- 1-5%
- 5-15%
- 15-30%
- 30-45%
- 45-60%

b) Chine

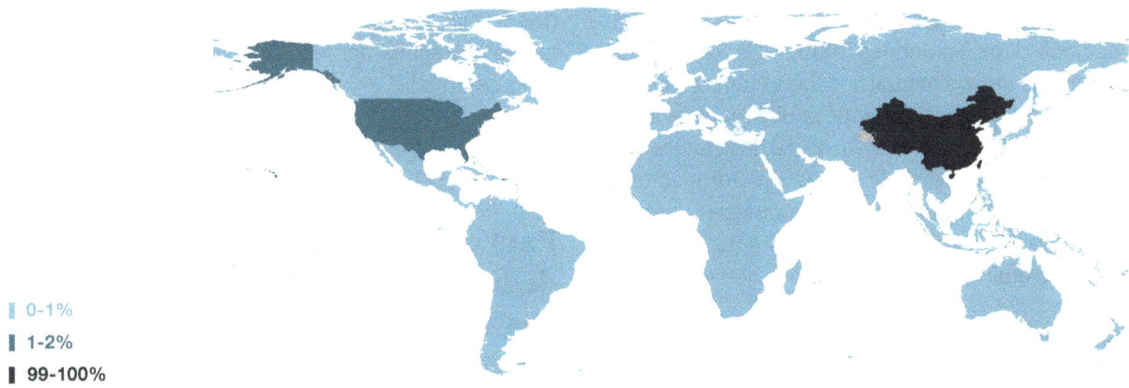

- 0-1%
- 1-2%
- 99-100%

c) États-Unis d'Amérique

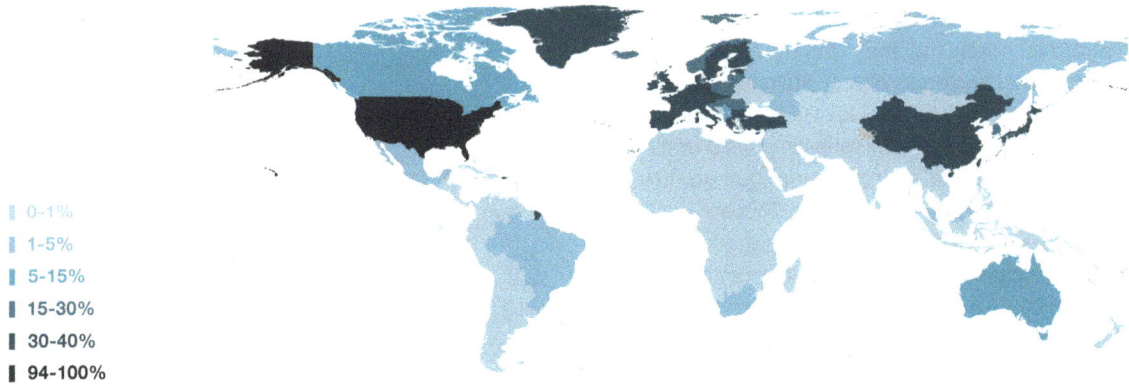

- 0-1%
- 1-5%
- 5-15%
- 15-30%
- 30-40%
- 94-100%

Source : OMPI, données extraites de la base de données PATSTAT; voir les notes techniques.

En d'autres termes, il semble que la situation ait évolué de la manière suivante. De nombreux acteurs ont quitté le marché et il est de plus en plus difficile d'y entrer. Les entreprises qui ont conservé leur place sur le marché ont toutefois fait face en intensifiant leurs activités d'innovation et en déposant davantage de demandes de brevet. Par ailleurs, ces entreprises font face aux bouleversements que le secteur a connus en faisant porter leurs efforts en matière d'innovation principalement sur les technologies de nouvelle génération. Cela semble indiquer que les actifs fondés sur les connaissances protégés par les droits de propriété intellectuelle pourraient prendre de la valeur en ces temps de restructuration sectorielle.

Le deuxième facteur à l'origine de cette baisse est le recul de l'internationalisation des brevets dans le secteur photovoltaïque. Dans les demandes de brevet, on distingue les premières demandes de protection d'une invention par brevet (les "premiers dépôts") des demandes d'extension de la protection dans un autre pays des brevets en vigueur (les "dépôts ultérieurs"). Tant les premiers dépôts que les dépôts ultérieurs se sont accrus rapidement dans le secteur photovoltaïque dans les années 2000, mais, depuis 2011, ils ont tous deux diminué, la baisse étant encore plus rapide dans le cas des dépôts ultérieurs que dans celui des premiers dépôts. Au milieu des années 2000, toute demande relative à une invention dans le secteur photovoltaïque était déposée en moyenne dans trois offices des brevets différents; en 2015, la moyenne était tombée à un office et demi seulement.

Cette diminution tend à démontrer qu'un nombre croissant de déposants dans le secteur photovoltaïque choisissent de ne pas demander une protection internationale. Presque toutes les demandes de brevet portant sur des technologies photovoltaïques provenant des principaux pays d'origine sont déposées tout d'abord au niveau national. Toutefois, l'internationalisation des technologies photovoltaïques varie grandement selon les pays d'origine et les offices récepteurs (voir le tableau 3.7). Parmi tous les pays d'origine, les déposants des États-Unis d'Amérique sont le plus tournés vers l'étranger. Bien qu'ils déposent moins de 40% de leurs demandes dans l'un quelconque des autres principaux offices des brevets, cette proportion est plus faible encore parmi les déposants d'Europe, du Japon et de la République de Corée. Les déposants chinois sont les moins portés à déposer une demande de protection à l'étranger, ce qui renforce la tendance statistique générale au recul de l'internationalisation

étant donné que les déposants chinois sont les seuls qui déposent un nombre croissant de demandes de brevet dans le secteur photovoltaïque.

L'extension de la protection par brevet à l'échelle internationale est très limitée en ce qui concerne les innovations portant sur des technologies photovoltaïques. En effet, une poignée de pays (notamment la Chine, les États-Unis d'Amérique, le Japon, la République de Corée et des pays européens) comptent parmi les rares dans lesquels certains déposants cherchent à obtenir une protection par brevet. La figure 3.12a montre que, pour l'essentiel, les technologies photovoltaïques ne bénéficient pas de protection dans les autres pays, y compris l'Australie, la Fédération de Russie, l'Amérique latine, l'Afrique et le Moyen-Orient. Le nombre considérable de demandes de brevet chinoises portant sur des technologies photovoltaïques déposées récemment, dont la plupart sont protégées uniquement au niveau national, pourrait peser sur ces résultats (voir la figure 3.12b). Toutefois, la répartition globale reste la même, sur le fond, lorsque l'on exclut ces demandes, comme le montre la ventilation des familles de brevets dans le secteur photovoltaïque protégées par les États-Unis d'Amérique (voir la figure 3.12c).

Tableau 3.7

Part en pourcentage de familles de brevets déposées auprès des grands offices des brevets par origine, entre 1995 et 2015

Origine	OMPI	USPTO	OEB	JPO	KIPO	SIPO
États-Unis d'Amérique		96.2	38.3	33.3	22.5	37.8
Europe	48.8	51.8	58.4	32.1	20.7	33.3
Japon	28.6	45.8	21.5	99.2	17.7	26.2
République de Corée	15.2	31.7	10.1	13.9	99.5	17.1
Chine	2.0	1.7	0.7	0.6	0.3	99.7
Autres	12.3	47.4	10.7	11.3	5.4	30.1
Total	20.0	32.8	16.9	31.0	21.3	55.5

Source : Carvalho et al. (2017).

La Chine peut-elle conserver sa position dans la production photovoltaïque sans la protection de la propriété intellectuelle?

L'une des conclusions frappantes de l'analyse des données en matière de brevets est l'absence relative de dépôts de demandes chinoises auprès des grands offices des brevets. Ce phénomène n'est pas inhabituel s'agissant de l'activité chinoise en matière de brevets d'une manière générale, la plupart des demandes d'extension de brevets chinois étant limitées aux technologies informatiques.

Figure 3.13

En général, les déposants chinois ne déposent pas de demande de protection par brevet de technologies photovoltaïques dans d'autres marchés

Part en pourcentage de familles de brevets chinoises déposées auprès des grands offices des brevets par segment de la chaîne de valeur, entre 1995 et 2015

Silicium

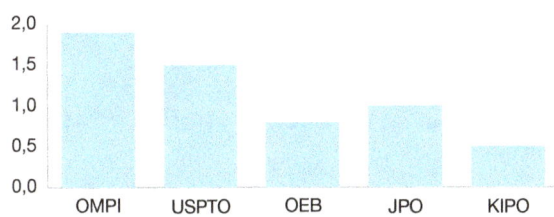

Lingots/plaquettes

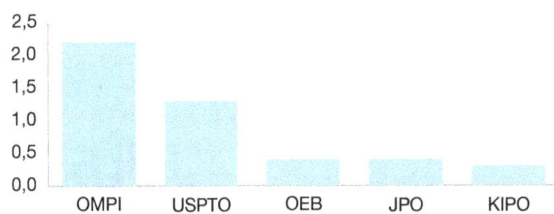

Cellules

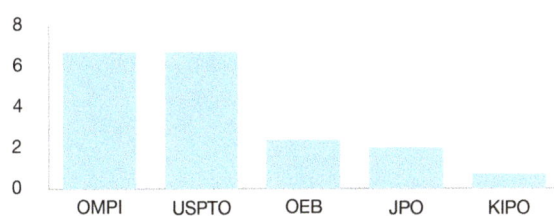

Cellules photovoltaïques en silicium cristallin

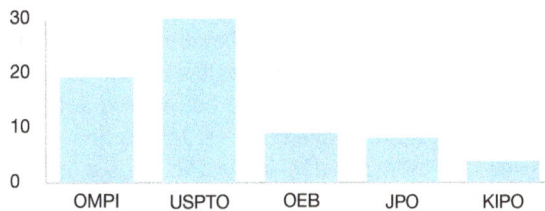

Cellules photovoltaïques alternatives

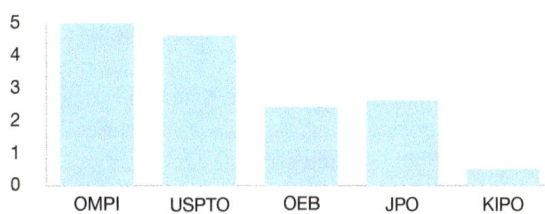

Modules

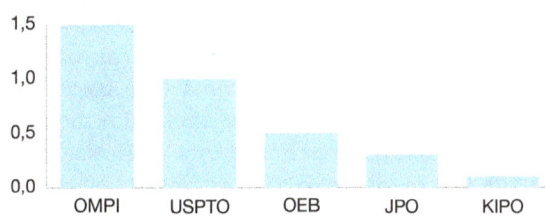

Équipement

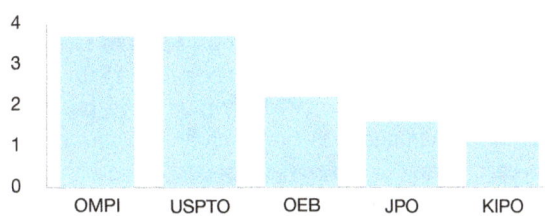

Équipement de production de cellules en silicium cristallin

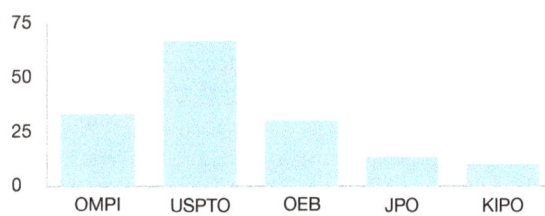

Équipement de production de cellules alternatives

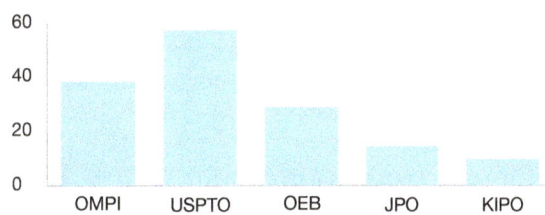

Source : OMPI, données extraites de la base de données PATSTAT; voir les notes techniques.

La part de demandes de brevet chinoises portant sur des technologies photovoltaïques déposées auprès de l'ensemble des principaux offices de propriété intellectuelle étrangers n'a jamais dépassé 2%. La part des demandes chinoises correspondant aux technologies photovoltaïques est légèrement plus élevée que celle des demandes chinoises globales déposées auprès de ces offices, mais elle est tout de même étonnamment faible.

Comme le montre la figure 3.13, l'internationalisation de la protection par brevet en Chine varie quelque peu selon les segments de la chaîne de valeur du photovoltaïque considérés. Il est plus probable que des demandes internationales seront déposées pour des cellules photovoltaïques que pour tout autre segment de la chaîne de valeur. Les dépôts internationaux portant sur les cellules photovoltaïques atteignent environ 7% au maximum tant aux États-Unis d'Amérique qu'en vertu du Traité de coopération en matière de brevets (PCT). Les taux d'internationalisation des brevets chinois dans le secteur photovoltaïque, qui sont de manière générale très bas, contrastent avec la part de marché qu'occupent les entreprises chinoises dans la plupart des segments de la chaîne de valeur, qui se situe entre 80 et 90%.

Il existe toutefois des différences selon le type de technologie photovoltaïque considérée. Le taux d'internationalisation est nettement plus élevé pour les dépôts de demandes de brevet chinoises portant sur les cellules en silicium cristallin et sur l'équipement de production tant de cellules en silicium cristallin que de cellules alternatives (voir la figure 3.13). La Chine détient un nombre assez faible de brevets en ce qui concerne ces trois éléments, mais il est extrêmement probable qu'ils feront l'objet de demandes d'extension à l'étranger, en particulier aux États-Unis d'Amérique.

Il reste à déterminer quels seront les effets à long terme de l'absence de protection internationale pour la plupart des technologies photovoltaïques détenues par des entités chinoises. Suffira-t-il de les protéger en Chine pour préserver la réussite commerciale des producteurs chinois, ou cet état de fait donnera-t-il à d'autres acteurs du marché une occasion de revenir? Seul l'avenir le dira.

La question se posera à plus forte raison si des technologies autres que celle des cellules photovoltaïques en silicium cristallin font en fin de compte leur apparition sur le marché.

Figure 3.14

La protection des marques joue un rôle de plus en plus important dans le marché du photovoltaïque

Demandes d'enregistrement de marques portant sur la technologie photovoltaïque, entre 1990 et 2016

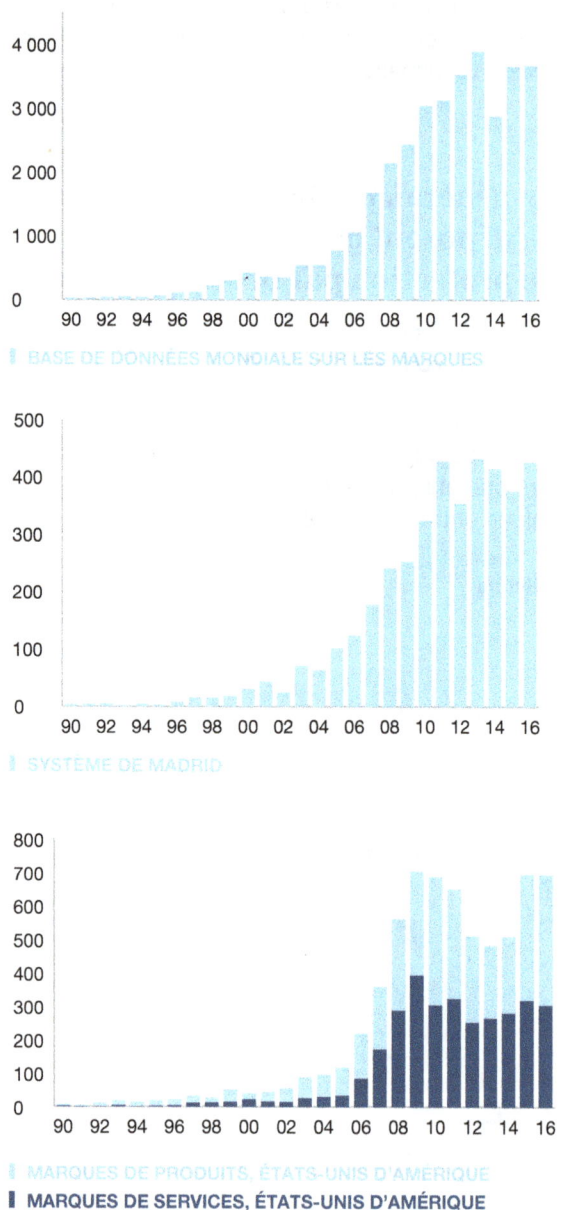

BASE DE DONNÉES MONDIALE SUR LES MARQUES

SYSTÈME DE MADRID

MARQUES DE PRODUITS, ÉTATS-UNIS D'AMÉRIQUE
MARQUES DE SERVICES, ÉTATS-UNIS D'AMÉRIQUE

Source : OMPI, données extraites de la base de données de l'USPTO, de la base de données mondiale sur les marques et du système de Madrid.

À cet égard, un petit nombre d'entreprises et d'instituts de recherche hautement innovants dotés de vastes portefeuilles de brevets et détenant des cellules à haut rendement, tels que Fraunhofer ISE, Sharp, IPFL et Boeing Spectrolab, pourraient être mieux placés pour exploiter des produits photovoltaïques actuellement inutilisés.

Un nouveau monde du photovoltaïque?

De plus en plus d'éléments donnent à penser que les actifs fondés sur la réputation jouent un rôle croissant dans les segments en aval. Cette observation est très pertinente pour au moins deux raisons. Premièrement, il s'agit des segments les plus rentables, au sein desquels la valeur ajoutée doit dans une large mesure être créée localement. Deuxièmement, la répartition géographique de ces segments est plus large que celle des segments en amont et intermédiaires, qui sont toujours situés pour la plupart dans les pays industrialisés d'Europe et aux États-Unis d'Amérique.

L'importance croissante des activités liées à la gestion de marque est un indicateur de la consolidation du secteur photovoltaïque. La demande de technologies photovoltaïques et la capacité de ces dernières ayant augmenté de manière exponentielle ces 10 dernières années, le recours à la protection des marques de produits et services photovoltaïques s'est également accru.

La figure 3.14 illustre cette évolution. Toutes les sources majeures de données relatives aux marques, à savoir l'Office des brevets et des marques des États-Unis d'Amérique (USPTO), la base de données mondiale sur les marques de l'OMPI et le système de Madrid, appuient cette observation, les chiffres pour 2016 étant de quatre à six fois supérieurs à ceux de 2005.

Quelles sont les raisons de cette évolution? Une cause directe est simplement la croissance rapide du marché. Les faibles marges et l'intégration verticale mentionnées précédemment apportent une explication complémentaire. La plupart des projets dans le secteur du solaire photovoltaïque sont financés par des emprunts auprès des banques, ce qui signifie que les taux d'intérêt comptent pour une part significative du coût des projets.

Les taux d'intérêt ne sont pas définis uniquement en fonction du risque de marché, mais aussi en fonction du risque technologique; aussi, il est particulièrement important pour les porteurs de projets dans le secteur du solaire photovoltaïque d'acquérir des technologies auprès de fournisseurs reconnus. La banque doit pouvoir faire confiance tant à la réputation du porteur de projet qu'aux intrants technologiques qui seront utilisés. Les projets dans le secteur photovoltaïque seront considérés comme pouvant bénéficier de concours bancaires si les porteurs de projets démontrent que leurs technologies fonctionnent convenablement sur le marché, qu'elles permettent de produire de l'électricité de manière stable et que le rendement du projet est fiable.

L'une des solutions adoptées par les entreprises intervenant dans les segments en amont et intermédiaires pour conserver leurs marges bénéficiaires a consisté à se tourner vers l'aval et l'élaboration de projet afin de démontrer le bon fonctionnement de leurs technologies sur le marché. Ce faisant, des entreprises intégrées verticalement ont consenti des investissements afin de renforcer la réputation des segments en amont et intermédiaires, ce que l'on appelle les marques de catégories 1 et 2.

La place croissante qu'occupent les utilisateurs finals privés de technologies photovoltaïques pourrait également modifier le rôle que jouent d'autres actifs fondés sur les connaissances et la réputation tout au long de la chaîne de valeur du photovoltaïque. Une augmentation disproportionnée des marques de services dans le secteur photovoltaïque laisse présager ce déplacement vers l'aval et les activités de gestion de marque. L'un des types d'actifs incorporels qui revêtent de plus en plus d'importance concerne l'aspect esthétique des modules photovoltaïques installés chez des particuliers. Suivant cette tendance, d'autres types de droits de propriété intellectuelle, et notamment les dessins et modèles industriels, devraient probablement jouer un rôle de plus en plus important dans le secteur photovoltaïque (voir la figure 3.15).

3.4 – Conclusion

L'évolution de la chaîne de valeur du solaire photovoltaïque du point de vue géographique rappelle celle que de nombreux autres secteurs ont connue, notamment ceux des semi-conducteurs, de l'électronique et des appareils électroménagers.

Les panneaux et systèmes photovoltaïques sont à présent essentiellement des marchandises, plutôt que des produits différenciés, dont la caractéristique la plus significative est la quantité d'électricité pouvant être produite pour chaque dollar investi. En conséquence, la dynamique de ce secteur a reposé dans une large mesure sur des stratégies visant à réduire les coûts de production, plutôt que sur l'innovation de produit. Un élément vient appuyer cette thèse : le marché est toujours dominé par la technologie la plus ancienne, le photovoltaïque cristallin, et ce alors que des technologies photovoltaïques alternatives avaient suscité de grands espoirs au début des années 2000, lorsque la demande de technologies solaires photovoltaïques était forte et que les prix du marché étaient élevés du fait des politiques d'aide en Europe.

Puisque les produits photovoltaïques initialement inventés dans les pays occidentaux il y a quelques dizaines d'années ne sont plus protégés par des brevets, il ne restait plus aux entreprises chinoises qu'à acquérir les connaissances nécessaires pour fabriquer leurs composants de manière rentable tout au long de la chaîne de valeur. Deux vecteurs de transfert de technologie ont été utilisés à cette fin. Premièrement, les entreprises chinoises ont eu accès à l'équipement de production et aux lignes de fabrication clés en main fournis par des entreprises des États-Unis d'Amérique, d'Europe et du Japon. L'équipement de production était protégé par des brevets dans une certaine mesure, mais la concurrence sur les marchés internationaux était suffisante pour maintenir des niveaux de prix raisonnables. Deuxièmement, les entreprises chinoises se sont également appuyées sur la transmission de connaissances par l'intermédiaire des ressources humaines, à savoir de leurs fondateurs et de leurs travailleurs ayant étudié à l'étranger, dans des pays où se jouait l'innovation dans le domaine des technologies solaires photovoltaïques. L'étude du secteur photovoltaïque fournit l'exemple même d'un processus complet de transfert de technologie vers un pays émergent, comme en témoigne le fait que des entreprises chinoises occupent désormais une position dominante sur le marché de l'équipement de production photovoltaïque également.

Comprendre de quelle manière les vecteurs du transfert de connaissances influent sur la répartition géographique de la chaîne de valeur aura des incidences sur l'innovation à l'avenir. Le marché du solaire photovoltaïque est à présent saturé, avec une technologie historique dont les prix en perte de vitesse se traduisent par de faibles marges bénéficiaires pour les entreprises. Ces dernières peuvent consacrer leurs travaux de recherche-développement soit à des innovations de procédé de haut niveau permettant de réduire les coûts de production de la technologie dominante, soit à des innovations de produit afin de mettre au point de nouvelles technologies solaires photovoltaïques dont les coûts de production sont inférieurs à ceux de la technologie historique.

Les profonds bouleversements qui ont secoué le secteur mondial du photovoltaïque au cours de la dernière décennie sont allés de pair avec un regain d'intérêt à l'égard de la protection de la propriété intellectuelle, comme en atteste le fait que les entreprises qui sont parvenues à faire face à l'effondrement des prix du photovoltaïque dans le monde semblent récemment avoir accru leur propension à utiliser le système des brevets.

Comme nous l'avons vu dans ce chapitre, la protection des actifs incorporels par la propriété intellectuelle n'a pas été un facteur déterminant de l'essor des entreprises chinoises, mais elle pourrait bien néanmoins devenir un élément clé de la réussite commerciale au cours des prochaines décennies.

Figure 3.15

Les dessins et modèles de panneaux solaires deviennent plus créatifs

Quelques dessins et modèles industriels de panneaux solaires déposés selon le système de La Haye concernant l'enregistrement international des dessins et modèles industriels

Source : système de La Haye, OMPI.

Notes

1. Le présent chapitre s'appuie sur l'ouvrage de Carvalho *et al.* (2017).

2. Brevet n° 2402662 déposé aux États-Unis d'Amérique le 27 mai 1941.

3. Voir Fraas (2014) et Perlin (1999).

4. Voir Carvalho (2015b), de la Tour, Glachant et Ménière (2011), Fu et Zhang (2011) et Wu et Mathews (2012).

5. Schmela *et al.* (2016).

6. BNEF (2014).

7. BNEF (2017).

8. Voir BNEF (2014) et ENF (2012, 2013a, 2013b).

9. Wesoff (2015).

10. Ghosh (2016).

11. Goodrich *et al.* (2011).

12. Schmela *et al.* (2016).

13. Johnson (2013).

14. Schmela *et al.* (2016).

15. Voir AIE (2016).

16. AIE (2016) et SEMI PV (2017).

17. Voir Carvalho (2015a).

18. Voir BNEF (2013).

19. Voir l'analyse générale de ce point figurant dans la section 1.4 du premier chapitre.

20. Voir AIE (2016), SEMI PV (2017) et Schmela *et al.* (2016).

21. Ekins-Daukes (2013) et NREL (2017).

22. SEMI PV (2017).

23. AIE (2016).

24. AIE (2016) et SEMI PV (2017).

25. SEMI PV (2017).

26. NREL (2017).

27. de la Tour *et al.* (2011).

28. AIE (2016) et SEMI PV (2017).

29. de la Tour *et al.* (2011), Fu et Zhang (2011) et Wu et Mathews (2012).

30. de la Tour *et al.* (2011) et Wu et Mathews (2012).

31. Luo *et al.* (2017).

32. de la Tour *et al.* (2011).

33. Voir Carvalho *et al.* (2017).

Références

BNEF (2013). *PV Market Outlook Q1 2013*. Bloomberg New Energy Finance (BNEF), Londres.

BNEF (2014). *Q1 2014 Solar Market Outlook*. BNEF, Londres.

BNEF (2017). *Solar Price Indexes*. BNEF, Londres.

Carvalho, M. D. (2015a). How does the presence – or absence – of domestic industries affect the commercialisation of technologies? Dans *The Internationalisation of Green Technologies and the Realisation of Green Growth*, chapitre 5. London School of Economics and Political Science, Londres.

Carvalho, M. D. (2015b). *The Internationalisation of Green Technologies and the Realisation of Green Growth*. London School of Economics and Political Science, Londres.

Carvalho, M. D., Dechezleprêtre, A., et Glachant, M. (2017). Understanding the Dynamics of Global Value Chains for Solar Photovoltaic Technologies. *Document de recherche économique de l'OMPI n° 40*. OMPI, Genève.

De la Tour, A., Glachant, M., et Ménière, Y. (2011). Innovation and international technology transfer : the case of the Chinese photovoltaic industry. *Energy Policy*, 39(2), 761-770. doi.org/10.1016/j.enpol.2010.10.050.

Ekins-Daukes, N. J. (2013). Silicon PV. Dans *SEF MSc Lecture*. Imperial College London, Londres.

ENF (2012). *Taiwan Cell and Panel Manufacturers Survey*. ENF Ltd, Londres.

ENF (2013a). *Chinese Cell and Panel Manufacturers Survey*. ENF Ltd, Londres.

ENF (2013b). *Global Ingot and Wafer Manufacturers Survey*. ENF Ltd, Londres.

Fraas, L. M. (2014). History of solar cell development. Dans Fraas, L. M. (éd.), *Low-Cost Solar Electric Power*. Springer, Suisse. doi.org/10.1007/978-3-319-07530-3.

Fu, X. et Zhang, J. (2011). Technology transfer, indigenous innovation and leapfrogging in green technology : the solar-PV industry in China and India. *Journal of Chinese Economic and Business Studies*, 9(4), 329-347. doi.org/10.1080/14765284.2011.618590.

Ghosh, A. (2016). Clean energy trade conflicts : the political economy of a future energy system. Dans T. Van de Graaf, B. K. Sovacool, A. Ghosh, F. Kern et M. T. Klare (éds), *The Palgrave Handbook of the International Political Economy of Energy,* 397-416. Palgrave, Basingstoke. doi.org/10.1057/978-1-137-55631-8.

Goodrich, A., James, T., et Woodhouse, M. (2011). *Solar PV Manufacturing Cost Analysis : U.S. Competitiveness in a Global Industry*. NREL, Stanford. www.nrel. gov/docs/fy12osti/53938.pdf.

AIE (2016). *Trends in Photovoltaic Applications 2016 : Survey Report of Selected IEA Countries between 1992 and 2015*. Agence internationale de l'énergie, Paris.

Johnson, O. (2013). Exploring the Effectiveness of Local Content Requirements in Promoting Solar PV Manufacturing in India. *German Development Institute Discussion Paper No. 11/2013*. Institut allemand de développement, Bonn. www.die-gdi. de/uploads/media/DP_11.2013.pdf.

Luo, S., Lovely, M. E. et Popp, D. C. (2017). Intellectual returnees as drivers of indigenous innovation : evidence from the Chinese photovoltaic industry. *World Economy*, 00, 1-31. doi.org/10.1111/twec.12536.

NREL (2017). *NREL Best Research-Cell Efficiencies 2017*. NREL, Oak Ridge.

Perlin, J. (1999). *From Space to Earth : The Story of Solar Electricity.* Aatec Publications, Ann Arbor.

Schmela, M., Masson, G. et Mai, N. N. T. (2016). *Global Market Outlook for Solar Power*, 2016-2020. Solar Power Europe, Bruxelles.

SEMI PV (2017). *International Technology Roadmap for Photovoltaic (ITRPV) : 2016 Results*. VDMA Photovoltaic Equipment, Milpitas.

Wesoff, E. (2015). The mercifully short list of fallen solar companies : 2015 edition. *GTM Solar.* Greentech Media. www.greentechmedia.com/articles/read/The-Mercifully-Short-List-of-Fallen-Solar-Companies-2015-Edition.

Wu, C.-Y. et Mathews, J. A. (2012). Knowledge flows in the solar photovoltaic industry : insights from patenting by Taiwan, Korea, and China. *Research Policy*, 41(3), 524-540. doi.org/10.1016/j.respol.2011.10.007.

Zhang, F. et Gallagher, K. S. (2016). Innovation and technology transfer through global value chains : evidence from China's PV industry. *Energy Policy*, 94, 191-203. doi.org/10.1016/j.enpol.2016.04.014.

Le succès dans le secteur des smartphones repose sur les actifs incorporels

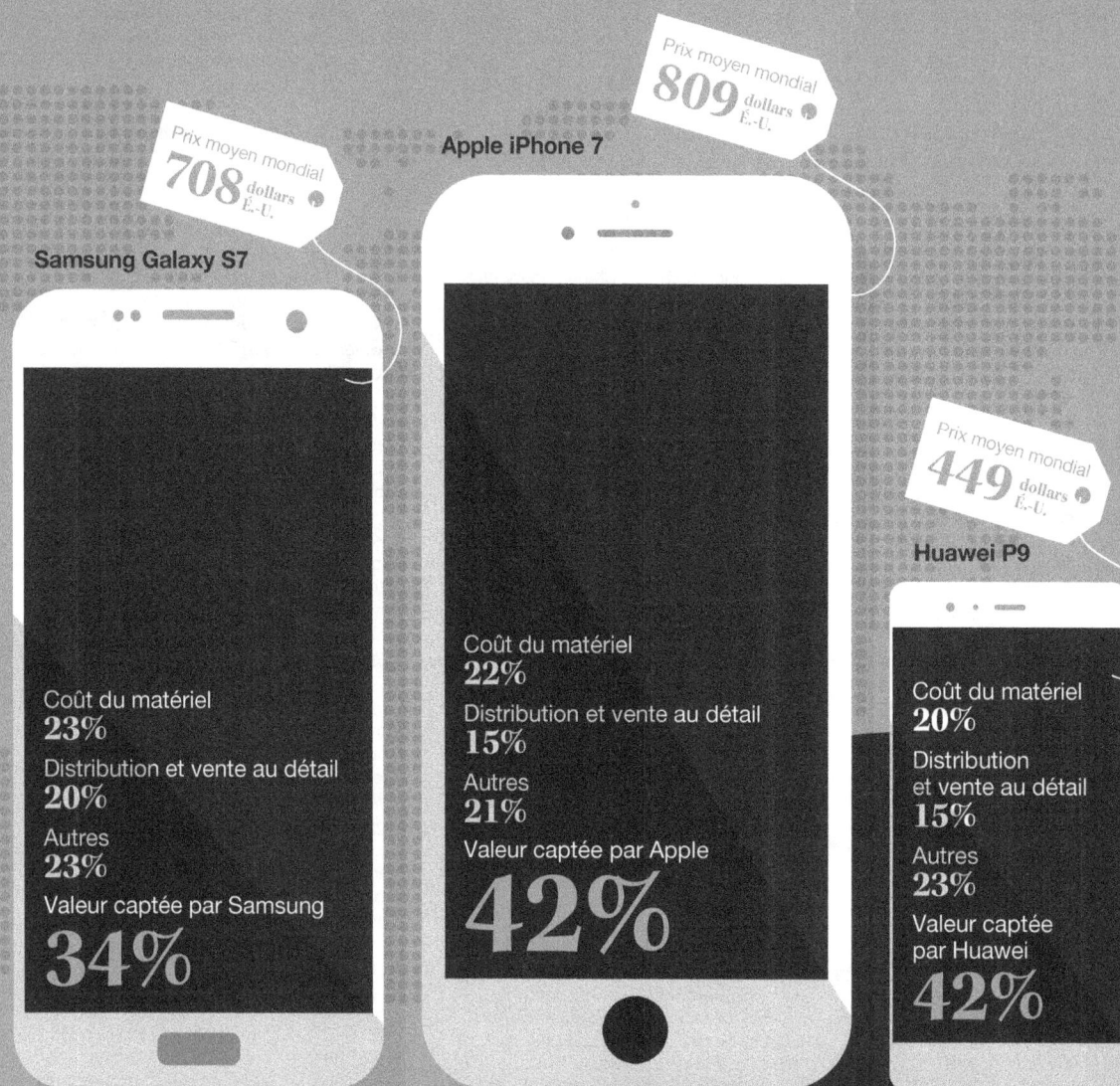

Prix moyen mondial 708 dollars É.-U.

Prix moyen mondial 809 dollars É.-U.

Prix moyen mondial 449 dollars É.-U.

Apple iPhone 7

Samsung Galaxy S7

Huawei P9

Coût du matériel
23%

Distribution et vente au détail
20%

Autres
23%

Valeur captée par Samsung
34%

Coût du matériel
22%

Distribution et vente au détail
15%

Autres
21%

Valeur captée par Apple
42%

Coût du matériel
20%

Distribution et vente au détail
15%

Autres
23%

Valeur captée par Huawei
42%

Les principales entreprises du secteur s'appuient sur **la technologie, les dessins et modèles et l'image de marque** pour s'assurer une part considérable de la valeur sur le marché.

Jusqu'à 35% de l'ensemble des demandes de brevet déposées dans le monde depuis 1990 pourrait se rapporter aux smartphones.

Les dessins ou modèles d'interfaces utilisateurs sont aussi très protégés.

Source : Rapport 2017 sur la propriété intellectuelle dans le monde

Chapitre 4
Les smartphones : qu'y a-t-il dans la boîte?

Les smartphones sont des téléphones cellulaires dotés d'un système d'exploitation qui permet aux consommateurs d'exploiter des applications mobiles de plus en plus riches. Ils sont fabriqués par des chaînes de valeur mondiales composées de quelques fabricants de téléphones portables qui font appel à un large éventail de fournisseurs de technologies de communication, de composants et de logiciels.

Le présent chapitre examine de près la chaîne de valeur mondiale des smartphones. Il quantifie le captage de la valeur pour trois smartphones haut de gamme récents fabriqués par les géants du marché, Apple, Huawei et Samsung, mettant l'accent sur la création et la valorisation des actifs incorporels[1]. La section 4.1 présente en détail les caractéristiques de la chaîne de valeur mondiale sous-jacente; la section 4.2 détermine qui capte la valeur des ventes de smartphones; la section 4.3 évalue le rôle des actifs incorporels et de la propriété intellectuelle dans le captage de la valeur; et la section 4.4 examine le processus d'apprentissage technologique.

4.1 – La chaîne de valeur mondiale des smartphones

Malgré la prédominance de quelques entreprises en termes de parts de marché, la responsabilité de la conception et de la fabrication de smartphones relève en dernier ressort d'un vaste réseau d'entreprises opérant dans les secteurs de l'électronique et des logiciels.

4.1.1 – Le caractère évolutif du marché des smartphones

Au cours des 20 dernières années, les communications cellulaires se sont détournées des téléphones de base utilisés pour les communications vocales au profit des téléphones intelligents utilisés également pour les applications de contenu à forte intensité de données. Le secteur des smartphones est passé de 124 millions d'unités vendues en 2007 à 1,47 milliard d'unités vendues en 2016 pour une valeur de marché totale de 418 milliards de dollars É.-U.[2]. À l'échelle mondiale, on dénombre aujourd'hui 3,8 milliards d'utilisateurs et ce chiffre devrait atteindre 5,8 milliards d'ici 2020, la croissance étant principalement stimulée par l'utilisation accrue dans les pays en développement[3].

La croissance du marché des smartphones a été stable et vigoureuse mais les principaux fournisseurs de téléphones portables ont évolué au fil du temps.

Nokia et BlackBerry ont tout d'abord dominé les ventes mondiales de smartphones, mais ces sociétés ont été détrônées par Apple et Samsung à partir de 2011. Le marché continue d'enregistrer des entrées et des sorties (tableau 4.1). Huawei, qui est entré sur le marché seulement en 2010, occupe la troisième place depuis 2015.

Tableau 4.1

Parts du marché mondial des smartphones en pourcentage des unités vendues

Entreprise	2007	2010	2013	2016
Samsung Electronics	1,8	7,5	31,1	21,1
Apple	3,0	15,6	15,1	14,6
Huawei	–	0,6	4,8	9,5
LG	–	–	4,7	3,7
Xiaomi	–	–	1,8	3,6
Lenovo	0,0	0,2	4,5	3,5
Motorola	6,1	4,6	1,2	*
HTC	2,4	7,2	2,2	1,0
Nokia	49,2	32,8	3,0	*
BlackBerry	9,9	16,0	1,9	,05

Note : *La division mobile de Nokia a été rachetée par Microsoft, et Motorola a été racheté par Lenovo

Source : IDC Worldwide Mobile Phone Tracker, 2017.

Apple (57%) et Samsung (25%) dominent le marché des téléphones haut de gamme – ceux dont le prix est supérieur à 400 dollars É.-U.[4]. Le prix de vente moyen d'un smartphone est passé de 425 dollars É.-U. entre 2007 et 2011 à 283 dollars É.-U. en 2016, et les téléphones dotés du système d'exploitation mobile Android sont maintenant nettement moins chers que les appareils Apple dotés du système d'exploitation iOS (voir le tableau 4.2).

Tableau 4.2

Prix de vente moyen des smartphones par système d'exploitation mobile, en dollars É.-U.

Système d'exploitation	2007	2010	2013	2014	2015	2016
iOS (Apple)	594	703	669	680	716	690
Android (Google)	–	441	272	237	217	214

Source : IDC Worldwide Mobile Phone Tracker, 2017.

Figure 4.1

La chaîne de valeur mondiale des smartphones a la forme d'une araignée

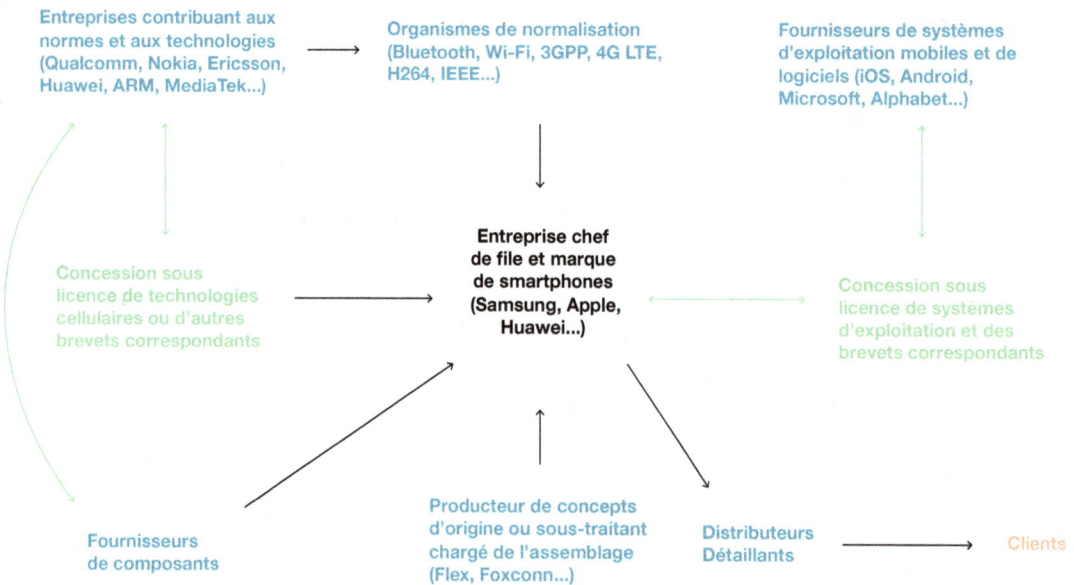

Note : Les lignes noires représentent le flux des pièces ou des composants tout au long de la chaîne de valeur, les lignes vertes la concession sous licence de technologiques et d'éléments de propriété intellectuelle.

La proportion des smartphones haut de gamme vendus par rapport à l'ensemble du marché des smartphones est également en baisse, en raison, d'une part, de la concurrence dans le segment haut de gamme et, d'autre part, de la montée en puissance des marques chinoises moins chères dans le segment moyen et bas de gamme[5]. Les fabricants chinois de smartphones Xiaomi, Oppo et Vivo sont encore relativement peu connus du consommateur moyen, hormis en Chine, mais ils se sont hissés parmi les 10 premiers du point de vue des ventes mondiales de smartphones[6].

4.1.2 – Innovation dans la chaîne de valeur mondiale des smartphones et forme de cette chaîne de valeur

La chaîne de valeur mondiale des smartphones comprend les étapes habituelles (recherche-développement (R-D), conception, production, assemblage, commercialisation, distribution et vente). Elle n'est pas organisée de façon linéaire, mais – pour utiliser les concepts présentés dans le chapitre 1 – elle se présente sous la forme d'une "araignée" dont le corps est constitué par les fabricants (voir la figure 4.1).

Description cachée : La figure montre une chaîne de valeur mondiale des smartphones stylisée en forme d'araignée. Au centre se trouvent des géants du secteur comme Apple, autour desquels gravitent des fournisseurs de composants, des entreprises contribuant aux normes et aux technologies appuyés par des organismes de normalisation, des fournisseurs de systèmes d'exploitation mobiles et de logiciels et des sous-traitants chargés de l'assemblage des smartphones. Le produit final est distribué à travers les distributeurs et les détaillants aux utilisateurs finals à droite de la chaîne.

La chaîne de valeur des smartphones est dominée par un nombre relativement faible d'entreprises protégées par des marques solides, qui consentent des investissements massifs dans la recherche-développement, la technologie, la conception et les spécifications des produits. À l'inverse, Apple, Huawei et Samsung s'approvisionnent en composants et technologies auprès de tiers, qui sont parfois tout aussi innovants et actifs dans la création d'actifs incorporels.

Tableau 4.3

Dépenses de R-D des entreprises de technologie pour smartphones et classement de ces entreprises parmi les principales entreprises investissant dans la R-D au niveau mondial

Rang parmi les principales entreprises qui investissent dans la R-D	Nom	Économie ou pays	Secteur industriel	"R-D 2015-2016 En millions d'euros"	Taux de croissance annuelle composé de la R-D sur trois ans, 2014-2016 (%)	Intensité de la R-D en pourcentage des recettes 2015-2016
2	SAMSUNG ELECTRONICS	République de Corée	Équipement électronique et électrique	12 527,9	10,7	8,0
3	INTEL	États-Unis d'Amérique	Matériel technologique et équipement	11 139,9	5,1	6,1
4	ALPHABET	États-Unis d'Amérique	Logiciels et services informatiques	11 053,6	22,4	22,2
5	MICROSOFT	États-Unis d'Amérique	Logiciels et services informatiques	11 011,3	-0,5	4,8
8	HUAWEI	Chine	Matériel technologique et équipement	8 357,9	26,3	15,0
11	APPLE	États-Unis d'Amérique	Matériel technologique et équipement	7 409,8	33,6	3,5
17	CISCO SYSTEMS	États-Unis d'Amérique	Matériel technologique et équipement	5 701,3	4,2	12,6
25	QUALCOMM	États-Unis d'Amérique	Matériel technologique et équipement	5 042,7	11,9	21,7
35	ERICSSON	Suède	Matériel technologique et équipement	3 805,6	2,7	14,2
54	NOKIA	Finlande	Matériel technologique et équipement	2 502,0	-15,6	18,4
57	ALCATEL-LUCENT	France	Matériel technologique et équipement	2 409,0	-0,4	16,9
65	ZTE	Chine	Matériel technologique et équipement	1 954,1	12,4	13,8
70	TAIWAN SEMICONDUCTOR	Province chinoise de Taiwan	Matériel technologique et équipement	1 826,7	17,5	7,8
85	SK HYNIX	République de Corée	Matériel technologique et équipement	1 543,0	21,2	10,5
90	HON HAI PRECISION INDU.S.TRY	Province chinoise de Taiwan	Équipement électronique et électrique	1 462,9	4,8	1,2
95	MICRON TECHNOLOGY	États-Unis d'Amérique	Matériel technologique et équipement	1 414,5	18,8	9,5
98	MEDIATEK	Province chinoise de Taiwan	Matériel technologique et équipement	1 380,3	30,3	23,2
106	LENOVO	Chine	Matériel technologique et équipement	1 284,7	31,3	3,1
112	NVIDIA	États-Unis d'Amérique	Matériel technologique et équipement	1 222,6	5,4	26,6
120	STMICROELECTRONICS	Pays-Bas	Matériel technologique et équipement	1 149,1	-18,7	18,1
141	MARVELL TECHNOLOGY	États-Unis d'Amérique	Matériel technologique et équipement	968,4	-0,1	38,7
142	BROADCOM	Singapour	Équipement électronique et électrique	963,5	46,3	15,4
162	INFINEON TECHNOLOGIES	Allemagne	Matériel technologique et équipement	817,0	16,9	14,1
457	TCL COMMUNICATION TECHNOLOGY	Chine	Matériel technologique et équipement	231,4	25,7	6,8

Source : OMPI, données extraites de l'Industrial R&D Investment Scoreboard de l'Union européenne, Centre commun de recherche de la Commission européenne.

Premièrement, ces grandes entreprises ont besoin de composants et d'un accès aux technologies normatives. Apple s'approvisionne principalement auprès de fournisseurs extérieurs, tandis que Huawei et Samsung s'approvisionnent essentiellement auprès de leurs propres entreprises. Certains intrants sont marchandisés, p. ex. les résistances et le câblage, tandis que d'autres composants à forte valeur comme les boîtiers de téléphone et les jeux de circuits sont hautement spécialisés. Tous ces composants ont également leurs chaînes d'approvisionnement mondiales. Par exemple, une puce peut être conçue par une entreprise américaine spécialisée pour un fournisseur de smartphones; elle est ensuite fabriquée en Chine et emballée en Malaisie pour atteindre le consommateur final.

Deuxièmement, les fabricants de smartphones ont besoin d'un accès à la technologie employée dans les normes d'interopérabilité et d'interconnexion, comme la quatrième génération des normes pour la téléphonie mobile (4G) et la technologie d'évolution à long terme (LTE) ou la norme 802.11. Wi-Fi. De grandes entreprises telles que Nokia, Ericsson, Qualcomm, InterDigital, Huawei, Samsung, NTT DoCoMo et ZTE mettent à disposition des technologies brevetées pour l'élaboration de ces normes qui sont définies par des organismes de normalisation. En général, ces technologies sont concédées sous licence séparément et leur accès implique le versement de redevances.

Troisièmement, les fabricants de smartphones ont besoin de logiciels, non seulement d'un système d'exploitation mobile, mais aussi d'autres applications logicielles mobiles dédiées, souvent fournies par des tiers. Samsung, Huawei et d'autres utilisent Android, mis au point par Google, tandis qu'Apple a son propre système d'exploitation, iOS.

Quatrièmement, l'assemblage du produit final est souvent effectué par des grands producteurs de concepts d'origine ou sous-traitants tels que Flextronics, Foxconn et Wistron. Ces assembleurs se font concurrence pour écouler de grands volumes de produits, mais souvent à faible marge. Néanmoins, Samsung procède la plupart du temps à l'assemblage en interne dans ses installations, tandis qu'Huawei emploie des ressources internes mais aussi externes pour cette tâche.

Enfin, pour distribuer et vendre au détail ses téléphones, Apple est verticalement intégré à ses boutiques en ligne et boutiques physiques, tandis que Samsung a davantage recours aux distributeurs habituels.

Huawei exploite un nombre croissant de points de vente exclusifs, et pas seulement en Asie. D'autres marques chinoises n'ont toujours pas de circuit de distribution à l'échelle internationale[8].

Comme le montre le tableau 4.3, la chaîne de valeur mondiale est composée d'entreprises figurant parmi celles qui ont la plus forte composante de R-D au monde. Ces entreprises se classent également régulièrement en tête du classement des entreprises innovantes, dont l'une des nouvelles marques chinoises de smartphones, Xiaomi[9]. L'innovation a lieu tout au long de la chaîne de valeur des smartphones; elle englobe l'innovation en matière de produits (c'est-à-dire l'introduction de nouvelles caractéristiques de produits) et la différenciation des produits (c'est-à-dire dans quelle mesure les produits existants diffèrent en fonction d'un ensemble de caractéristiques)[10]. Ces innovations ont lieu à tous les niveaux de la chaîne de valeur mondiale, à savoir : i) la technologie cellulaire; ii) les divers composants des smartphones, en particulier dans le domaine des semi-conducteurs ainsi que les batteries et les écrans; iii) la conception et la fonctionnalité des smartphones, y compris les interfaces utilisateurs graphiques; et iv) dans le domaine des logiciels et des applications. Même les entreprises effectuant habituellement des opérations d'assemblage simple, comme Foxconn, consacrent des sommes considérables à la R-D et possèdent de vastes portefeuilles de brevets (voir le tableau 4.3).

Cette chaîne de valeur mondiale de smartphones très innovante, composée de fournisseurs de technologies exclusives, est loin d'être stable. Comme on l'a vu avec BlackBerry et Nokia, l'évolution de la technologie et des goûts des consommateurs peut conduire d'anciennes grandes marques à perdre brutalement des parts de marché. Et comme le montre la presse quotidienne, des changements se produisent aussi fréquemment dans la chaîne d'approvisionnement. Les grandes entreprises décident souvent de renoncer progressivement aux fournisseurs de composants traditionnels; par exemple, Apple s'est récemment détourné de Qualcomm au profit d'Intel[11]. Ils s'efforcent aussi souvent de développer des composants à forte valeur et de créer un système de propriété intellectuelle en interne, comme le montre les efforts déployés par Huawei et Xiaomi pour développer leurs puces et ceux d'Apple pour développer des processeurs graphiques, tournant le dos à son ancien fournisseur, Imagination Technologies Group[12].

Tableau 4.4

Coût des intrants intermédiaires en pourcentage du coût total du matériel

Fonction	iPhone 7 d'Apple	Galaxy S7 de Samsung	P9 d'Huawei
Affichage/écran tactile	15,9	20,5	16,8
Processeurs d'applications/de bande de base	10,2	18,1	14,3
Stockage	4,5	5,2	4,2
Mémoire	6,1	10,1	7,3
Boîtier	8,2	8,6	7,8
Sous total pour les composants essentiels	72,7	71,3	63,6
Centaines d'autres composants	13,0	18,2	21,8
Assemblage	2,2	1,6	2,4
Coût total usine	88	88,9	88
Logiciels	iOS	Android	Android
Licences de propriété intellectuelle pour les portefeuilles de brevets essentiels liés à une norme	12,0	11,1	12,0
Coût des produits vendus	100	100	100

Source : Dedrick et Kraemer (2017), données extraites du rapport de démontage établi par IHS Markit.

Note : Les licences de propriété intellectuelle pour les brevets essentiels liés à une norme représentent ici un pourcentage du coût usine, alors que, dans la figure 4.3, elles représentent un pourcentage du prix de détail; les valeurs sont donc ici plus élevées.

Tableau 4.5

Lieu des activités dans la chaîne de valeur mondiale du secteur des smartphones

Activité	Normalisation	R-D, Conception, approvision-nements	Développement et ingénierie	Fabrication des composants essentiels	Assemblage final
Apple	Organismes internationaux de normalisation	États-Unis d'Amérique	États-Unis d'Amérique/ province chinoise de Taiwan	États-Unis d'Amérique/ Japon/République de Corée/province chinoise de Taiwan/Chine	Chine, Inde (à partir de 2017)
Samsung	Organismes internationaux de normalisation	République de Corée	République de Corée	République de Corée/ Japon/États-Unis d'Amérique/Chine	République de Corée, Viet Nam, Chine, Inde, Brésil, Indonésie
Huawei	Organismes internationaux de normalisation	Chine	Chine	Chine/République de Corée	Chine, Inde

Même l'assemblage des smartphones est en constante évolution. De ce fait, les grandes entreprises ont du mal à répondre à la forte demande, ce qui les conduit à tester de nouveaux fabricants ou lieux d'assemblage comme l'Inde dans le cas d'Apple et le Viet Nam dans le cas de Samsung.

4.2 – Captage de la valeur tout au long de la chaîne de valeur des smartphones

Qui capte la plus grande part de la valeur générée par l'innovation tout au long de la chaîne de valeur des smartphones?

La présente section aborde cette question au niveau de téléphones et d'entreprises spécifiques : l'iPhone 7 d'Apple, le P9 d'Huawei et le Galaxy S7 de Samsung. Pour ces téléphones, sortis en 2016, des estimations sont faites en soustrayant du prix de vente en gros de chaque téléphone les coûts des intrants intermédiaires achetés et les coûts de main-d'œuvre directs tout au long des différentes étapes de la chaîne de valeur mondiale (voir l'encadré 4.1). Le solde résiduel, appelé ici "captage de la valeur" ou bénéfices bruts, revient à Apple, Huawei ou Samsung, qui sont les grandes entreprises dans la chaîne de valeur mondiale des smartphones, en rémunération de leurs actifs incorporels.

Le captage de la valeur au niveau du produit et de l'entreprise se rapproche le plus possible des concepts de calcul résiduel de la chaîne de valeur mondiale et du "rendement du capital immatériel" présentés dans le chapitre 1. Les travaux de fond dans Chen *et al.* (2017) examinés dans le présent chapitre peuvent être considérés comme le macro-équivalent des calculs de Dedrick et Kraemer (2017) présentés ici.

Selon cette approche, les principaux fabricants de smartphones et les fournisseurs de composants haut de gamme captent une grande part de la valeur générée par la vente de ces trois téléphones haut de gamme.

4.2.1 – Un coup d'œil à l'intérieur d'un smartphone

Les smartphones sont composés de quelque chose comme 1500 à 2000 pièces physiques. L'intrant le plus coûteux, pouvant aller jusqu'à 20% du coût total, est le module d'écran tactile (voir le tableau 4.4).

Par ordre décroissant, les autres articles les plus chers sont les processeurs, la mémoire et le stockage, le boîtier, l'appareil photo, la batterie, les circuits imprimés, les capteurs et l'assemblage.

Le lieu des activités essentielles est indiqué dans le tableau 4.5. Les activités relatives à la R-D et la conception se déroulent généralement à proximité du siège de l'entreprise. Le développement est réalisé conjointement par l'entreprise principale et des ingénieurs travaillant chez des sous-traitants. Les fournisseurs de composants électroniques, qu'ils soient haut ou bas de gamme, sont principalement situés aux États-Unis d'Amérique, au Japon, en République de Corée, dans la province chinoise de Taiwan et en Chine.

Figure 4.2

Comment arriver à l'estimation du captage de la valeur

Prix de vente au détail du smartphone

- Le coût du matériel
par ordre décroissant :
Écran tactile, processeur d'applications, boîtier, appareil photo et processeur de bande de base, etc.

- Assemblage et autres coûts de main-d'œuvre

- Coûts de distribution

= Captage de la valeur ou bénéfices bruts

Encadré 4.1

Le modèle du captage de la valeur pour les smartphones – analyse et limitations

Le captage de la valeur à chaque étape de la chaîne de valeur mondiale est calculé en soustrayant du prix de vente du téléphone le coût des intrants intermédiaires achetés et les coûts de main-d'œuvre directs tout au long des différentes étapes de la chaîne de valeur mondiale ainsi que les coûts de distribution (voir la figure 4.3 et le tableau 4.6). Ce montant englobe le coût direct du matériel utilisé pour créer le produit ainsi que les coûts directs de la main-d'œuvre employée pour le produire, y compris l'assemblage et les essais, définis comme étant le "coût des produits vendus"[13]. Les rapports de démontage établis par IHS Markit permettent d'estimer ces coûts et d'arriver ainsi au captage de la valeur résiduelle[14]. Cinq limitations méritent d'être soulignées.

Le captage de la valeur couvre les frais de commercialisation, les frais généraux et administratifs, les coûts de R-D et les autres coûts indirects, le reste correspondant au rendement pour l'entreprise ou en dernier ressort pour les actionnaires, c'est-à-dire au rendement des actifs corporels et incorporels de l'entreprise principale. Le tableau 4.6 compare le concept de captage de la valeur à la valeur ajoutée.

Cinq mises en garde s'imposent.

Premièrement, les listes des fournisseurs et des composants figurant dans le rapport sur le démontage sont incomplètes, et les prix dits "prix officiels" peuvent être surestimés quand les entreprises ont la possibilité de négocier un rabais de quantité ou produisent ces composants en interne. Par exemple, l'écran du Samsung S7, le composant le plus cher, est fourni par Samsung Display de Samsung Electronics. Dans ses rapports de démontage, IHS Markit applique une valeur marchande de 55 dollars É.-U., alors que le coût réel peut être inférieur[15].

Deuxièmement, indépendamment du pays en question, il n'est pas facile d'avoir accès à des informations au niveau de l'entreprise sur la valeur ajoutée pure car les sociétés cotées en bourse ne révèlent généralement pas le montant de leur masse salariale "directe". En fait, la masse salariale pour l'assemblage par des tiers est cachée dans le "coût des produits vendus" ou "coût des ventes". La différence entre les "ventes nettes" et le "coût des produits vendus" constitue donc une mesure indirecte du captage de la valeur.

Troisièmement, il est supposé que le siège de l'entreprise capte la valeur liée à la R-D et aux autres actifs incorporels qui lui revient notamment sous la forme de salaires des employés affectés à la R-D.

Aujourd'hui, ces multinationales réalisent sans doute une partie de ces activités à l'étranger. L'"enracinement" de la valeur ou des bénéfices au siège de l'entreprise supposé dans ces études comptables – et donc l'hypothèse selon laquelle toute la valeur captée par Apple, par exemple, est générée et conservée aux États-Unis d'Amérique où se trouve son principal lieu d'implantation, – peut donc être exagéré. En effet, il ressort du Rapport annuel d'Apple 2017 que l'entreprise réalise aux États-Unis d'Amérique moins de la moitié de ses résultats d'exploitation mondiaux et moins des deux tiers de ses actifs à long terme. En outre, étant donné que les actions d'Apple sont détenues par des investisseurs mondiaux, ses bénéfices sont largement distribués sous forme de dividendes ou de plus-values dans le monde entier. Il faut donc disposer de plus amples informations pour mieux mesurer les principaux paramètres des entités affiliées au sein d'une chaîne de valeur mondiale d'une multinationale, et d'un plus grand nombre de données pour tester ou analyser spécifiquement l'emplacement géographique de l'activité économique, y compris les bénéfices tirés de la propriété intellectuelle, selon les pays.

Quatrièmement, les comptes rendus de démontage portent essentiellement sur les composants physiques et non sur les actifs incorporels, notamment les paiements au titre des droits de propriété intellectuelle. Pour avoir une idée du rendement total des actifs incorporels, il est nécessaire d'obtenir des estimations de la valeur liée à la propriété intellectuelle. C'est un défi de taille, car les transactions relatives à la propriété intellectuelle sont souvent non divulguées et parfois indirectes[16]. À titre d'indication indirecte, dans le cadre de cet exercice, les redevances perçues pour la concession sous licence de brevets essentiels liés à une norme sont estimées à 5% du coût du téléphone en moyenne (section 4.3.1). Il est encore plus difficile de trouver la trace d'une autre valeur ou de paiements au titre des droits de propriété intellectuelle, notamment ceux qui ont trait à des logiciels mis au point en interne ou à l'extérieur. Par exemple, on ne connaît pas le coût réel d'utilisation de logiciels tiers. Cela pourrait gonfler le captage de la valeur par l'entreprise principale, sans pour autant réduire l'estimation du rendement global des actifs incorporels. En outre, certaines transactions fondées sur la propriété intellectuelle, telles que la concession de licences croisées, ne laissent pas de trace monétaire mais elles ont néanmoins une très grande valeur[17].

Enfin, cette méthodologie fait abstraction des recettes interconnectées importantes des opérateurs de télécommunications et de la part croissante de revenus tirés par l'entreprise principale des accessoires, du contenu et des services[18].

Plus particulièrement, le rôle des fournisseurs implantés aux États-Unis d'Amérique varie entre 29% et 45% du captage de la valeur pour les téléphones portables aux États-Unis d'Amérique et en République de Corée, mais il n'est que de 9% pour le téléphone P9 de Huawei. Les fournisseurs implantés en République de Corée représentent 31% du captage de la valeur pour Samsung, alors que les fournisseurs établis en Chine représentent 34% de tous les fournisseurs de Huawei.

Figure 4.3

La différence entre le captage de la valeur et la valeur ajoutée

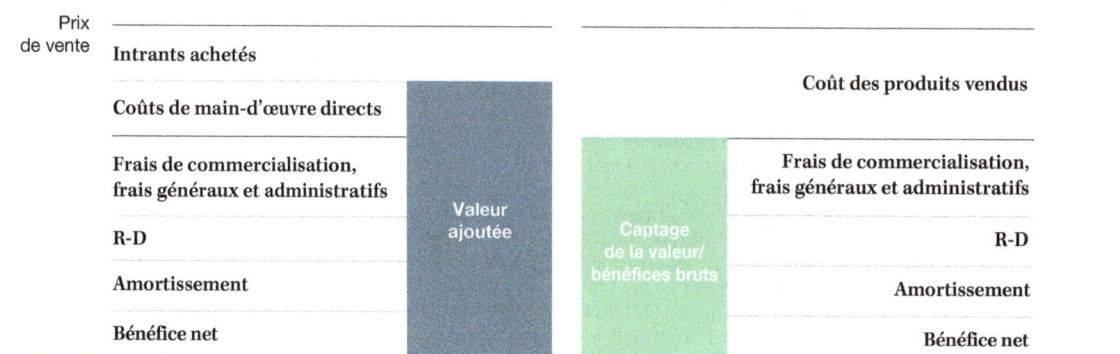

Source : Linden *et al.* (2009) et Dedrick et Kraemer (2017) pour de plus amples détails.

Les principales entreprises se trouvent aux États-Unis d'Amérique (Apple, Google, Qualcomm, Intel et un certain nombre d'autres fabricants de composants), en République de Corée (Samsung, LG, et SK Hynix), à Singapour (Broadcom) et dans la Province chinoise de Taiwan (Taiwan Semiconductor Manufacturing Company, TSMC et quelques autres fabricants de puces et de composants de moindre importance), au Japon (Japan Display, Sony, Murata) et en Chine (Foxconn, Huawei et sa filiale HI Silicon, ainsi que Xiaomi, Oppo, Vivo et Lenovo).

L'assemblage est laissé à des fournisseurs clés en main principalement en Chine, au Japon et en Asie de l'Est. Il y a peu d'activités dans les autres régions du monde, à l'exception d'une activité en gestation au Brésil et en Inde.

4.2.2 – Captage de la valeur pour les modèles de smartphones haut de gamme

Seuls quelques rares pays, principalement les États-Unis d'Amérique et quelques pays asiatiques, captent la plus grande part de la valeur de la production de smartphones. Outre le coût du matériel, une partie importante va au commerce de détail, à la propriété intellectuelle et directement à l'entreprise principale sous forme de captage de la valeur. En effet, l'"avantage de l'entreprise dominante", qui, dans des études antérieures, concernait uniquement Apple, s'étend également à d'autres fabricants de smartphones haut de gamme.

La ventilation des prix de vente au détail des smartphones montre que la valeur captée par l'entreprise dominante est beaucoup plus importante que la valeur combinée captée par tous les fournisseurs ou leurs bénéfices bruts : 283 dollars É.-U. pour Apple, par rapport à 71 dollars É.-U. pour les fournisseurs; 228 dollars É.-U. pour Samsung, par rapport à 76 dollars É.-U. pour les fournisseurs; et 188 dollars É.-U. Huawei, par rapport à 47 dollars É.-U. pour les fournisseurs (voir l'encadré 4.1).

En appliquant la méthodologie ci-dessus, la figure 4.2 montre la valeur captée en dollars des États-Unis d'Amérique, exprimée en pourcentage du prix de vente au détail du smartphone. Les résultats soulignent la position avantageuse des grandes entreprises en général, et d'Apple en particulier. Au niveau macroéconomique, le secteur de l'électronique a également enregistré une augmentation de la part des revenus produits par les actifs incorporels en pourcentage de la valeur totale pour la période 2000-2014 (voir le chapitre 1). Cette augmentation confirme également que, dans les chaînes de valeur mondiales dominées par les producteurs, le rendement dépend en fait des activités avant le stade final de la production.

À titre d'indicateur indirect du captage de la valeur, Apple conserve 42% du prix de vente au détail de chaque iPhone vendu (soit 270 dollars É.-U.), Huawei 42% (203 dollars É.-U.) et Samsung 33% (221,76 dollars É.-U.).

Figure 4.4

Les principales entreprises du secteur des smartphones captent une part importante de la valeur dans la chaîne

Valeur captée à chaque étape de la chaîne sous la forme d'un pourcentage du prix de vente au détail du smartphone

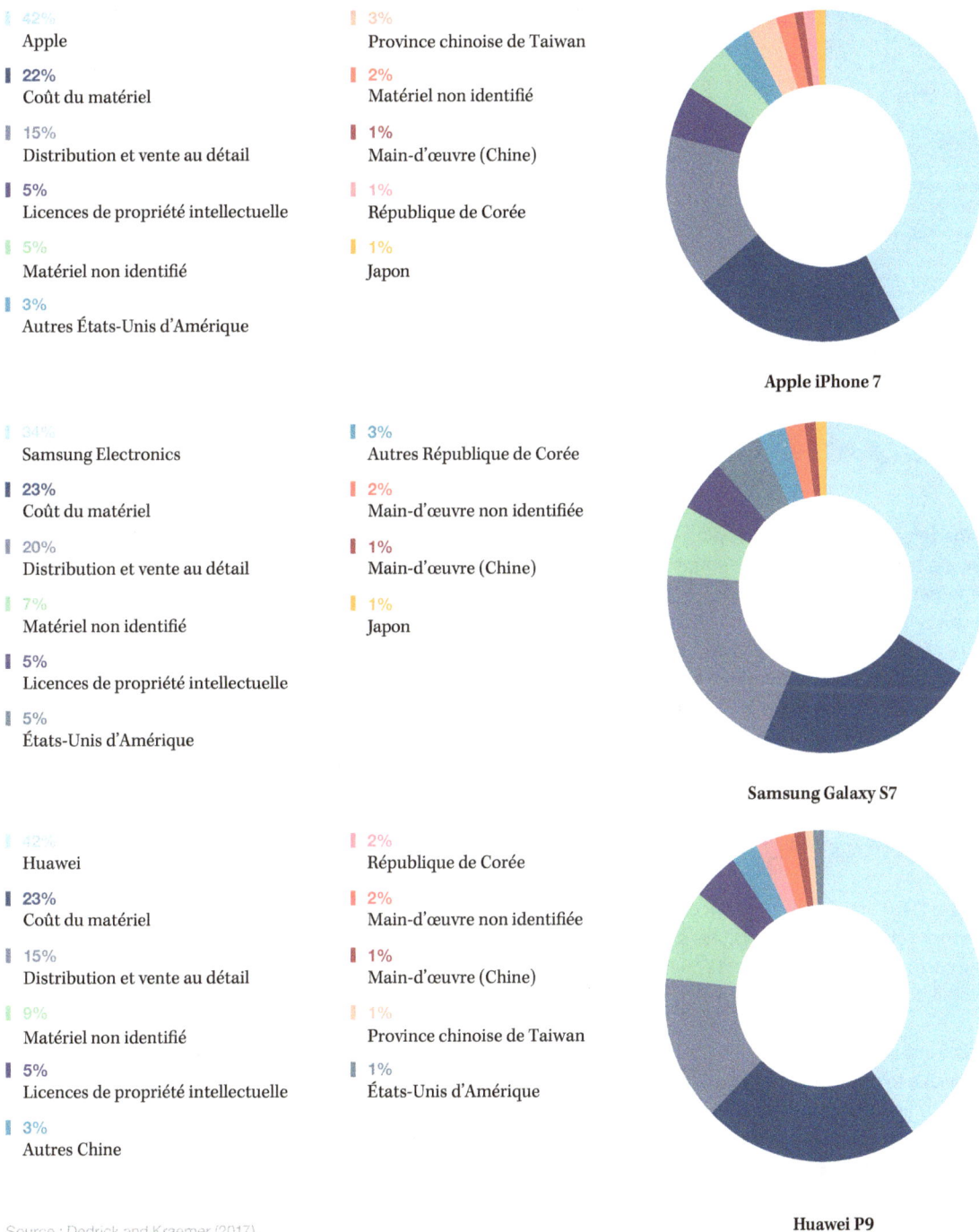

42%
Apple

22%
Coût du matériel

15%
Distribution et vente au détail

5%
Licences de propriété intellectuelle

5%
Matériel non identifié

3%
Autres États-Unis d'Amérique

3%
Province chinoise de Taiwan

2%
Matériel non identifié

1%
Main-d'œuvre (Chine)

1%
République de Corée

1%
Japon

Apple iPhone 7

34%
Samsung Electronics

23%
Coût du matériel

20%
Distribution et vente au détail

7%
Matériel non identifié

5%
Licences de propriété intellectuelle

5%
États-Unis d'Amérique

3%
Autres République de Corée

2%
Main-d'œuvre non identifiée

1%
Main-d'œuvre (Chine)

1%
Japon

Samsung Galaxy S7

42%
Huawei

23%
Coût du matériel

15%
Distribution et vente au détail

9%
Matériel non identifié

5%
Licences de propriété intellectuelle

3%
Autres Chine

2%
République de Corée

2%
Main-d'œuvre non identifiée

1%
Main-d'œuvre (Chine)

1%
Province chinoise de Taiwan

1%
États-Unis d'Amérique

Huawei P9

Source : Dedrick and Kraemer (2017).

Note : Dans certains graphiques, le total ne s'établit pas exactement à 100% car certains chiffres ont été arrondis.

Tableau 4.6

Comparaison du captage de la valeur pour les modèles de smartphones haut de gamme en 2016

Modèle de smartphone	Prix de vente moyen dans le monde (dollars É.-U.)	Captage de la valeur/ marge(%)	Captage de la valeur/ bénéfice brut (dollars É.-U.) par téléphone)	Expéditions dans le monde (unités expédiées en 2016)	Total des bénéfices bruts 2016 (milliards de dollars É.-U.)
Apple iPhone 6	748	42	314	199 614 814	62,4
Apple iPhone 7	809	42	339	15 871 584	5,4
Apple total					67,8
Samsung Galaxy 6	732	34	248	52 892 898	13,1
Samsung Galaxy S7	708	34	240	35 701 806	8,6
Samsung total					21,7
Huawei P8	298	42	125	15 418 859	1,9
Huawei P9	449	42	188	9 986 811	1,9
Huawei total					3,8

Source : Dedrick et Kraemer (2017). Les données relatives aux expéditions proviennent d'IDC (2017).

Le prix de vente de Huawei est plus bas en raison du faible coût des composants, en partie produits en interne par sa filiale Hi-Silicon, ce qui reflète sa stratégie de prix car il est en concurrence avec beaucoup d'autres fabricants de téléphones Android. Samsung capte moins de valeur en raison de sa plus grande dépendance à l'égard des détaillants et des transporteurs pour vendre ses produits. Les chiffres relatifs à la valeur captée comprennent les salaires et traitements pour la R-D, la conception, la gestion, la commercialisation et tout ce que ces grandes entreprises font pour obtenir un avantage concurrentiel.

La figure 4.4 montre aussi la valeur captée par d'autres entreprises dans certains pays. Par exemple, d'autres entreprises américaines captent 3% du prix de vente au détail d'un iPhone.

Comme indiqué dans l'encadré 4.1, il importe de ne pas oublier que le captage de la valeur totale peut ne pas revenir au lieu du siège; l'avantage peut être partagé par les filiales dans d'autres pays[19]. Apple est une multinationale qui a des entités dans le monde entier (p. ex. l'Irlande). Pour pouvoir effectuer des ventilations plus détaillées propres à chaque pays, il serait nécessaire de disposer de plus amples informations pour mieux mesurer les paramètres clés des entités affiliées au sein d'une chaîne de valeur mondiale d'une multinationale, et d'un plus grand nombre de données pour analyser le lieu géographique d'une activité économique, y compris les bénéfices tirés de la propriété intellectuelle, dans l'ensemble des pays.

Enfin, la figure 4.2 montre que les paiements au titre des droits de propriété intellectuelle à des tiers oscillent entre 34 dollars É.-U. pour Samsung, 32 dollars É.-U. pour Apple et 24 dollars É.-U. pour Huawei. Dans l'analyse qui suit, ces coûts sont soustraits pour obtenir en fin de compte la valeur captée par l'entreprise principale mais, dans notre analyse plus large, ces sommes constituent une part importante du rendement des actifs incorporels tout au long de la chaîne de valeur, obtenu ici par les détenteurs de la technologie. Des sociétés comme Qualcomm et d'autres qui ne dégagent pas de recettes de la vente des smartphones dépensent des montants considérables aux fins de la R-D liée aux technologies de l'information et de la communication, ce qui permet d'assurer la fonctionnalité des smartphones. Ces paiements contribuent à financer ces coûts élevés et permettent de se spécialiser sur le marché.

4.2.3 – À qui revient la plus grande part de la valeur des ventes de smartphones?

Pour les trois téléphones, le lieu de production et d'assemblage du téléphone n'est pas nécessairement le lieu où la plus grande part de la valeur est captée[20].

Les parts du captage de la valeur par les trois sociétés sont comparables au niveau du produit (le téléphone) mais, au niveau de l'entreprise, Apple représente une part importante de l'ensemble des bénéfices du secteur. En ne vendant que des téléphones haut de gamme, Apple peut capter un pourcentage énorme atteignant 90% des bénéfices réalisés par tous les fabricants de smartphones, selon les estimations de tiers, même s'il représente seulement 12% de tous les smartphones vendus[21].

Apple capte la plus grande part des bénéfices du secteur grâce à ses prix élevés, au captage de valeur important et au volume des ventes d'iPhone dans le monde (voir le tableau 4.7). En dollars É.-U., Apple capte davantage de valeur que Samsung ou Huawei, car Apple vend beaucoup plus de téléphones haut de gamme (plus de 215 millions d'unités, par rapport à 88 millions pour Samsung et à 25 millions pour Huawei (voir le tableau 4.7)). Quand on compare les ventes de téléphones haut de gamme des trois entreprises pour 2016, Apple arrive en tête avec 83% des bénéfices cumulés réalisés par l'iPhone 6 d'Apple, devant le P8 de Huawei et le Galaxy 6 de Samsung (voir le tableau 4.7). Ces bénéfices exceptionnels réalisés par Apple s'expliquent par les investissements réalisés dans la R-D, la conception et d'autres actifs incorporels. Ils lui permettent aussi de répartir ses coûts de commercialisation et ses frais généraux sur un volume des ventes plus élevé.

La valeur captée par Samsung et Huawei est importante pour leurs téléphones les plus chers, mais leurs marges globales sont réduites en raison du grand nombre de produits bon marché vendus.

De plus, ce calcul fait abstraction des recettes tirées de contenu et des services pour smartphones sur la base de l'appareil portatif après sa vente. La stratégie d'Apple qui consiste à tout intégrer, depuis la fourniture du téléphone jusqu'à la livraison de contenu et de services et aux normes connexes, joue un rôle important dans le captage de la valeur à l'extérieur, grâce au verrouillage des plateformes, aux externalités de réseau et à la capacité à grouper les produits efficacement[22].

Et, même si elles sont laissées de côté ici, ces recettes sont en augmentation en valeur absolue et en tant que part des recettes d'Apple[23]. D'autres grandes entreprises constatent cependant que cette valeur ajoutée et ces bénéfices supplémentaires reviennent à d'autres fournisseurs car elles ne bénéficient pas des recettes supplémentaires tirées de la vente de produits numériques, de contenu et de services en ligne.

Cela étant, Apple n'est pas la seule entreprise à capter des bénéfices élevés et une part importante de la valeur. Les fournisseurs de composants réalisent, eux aussi, des recettes et des marges considérables, en particulier quand les composants ont un lien avec des techniques protégées. Contrairement aux effets dus au volume, l'écart des marges des fournisseurs de smartphones peut être important. Qualcomm, par exemple, se distingue par le captage d'une part plus importante de la valeur, en raison de la performance de ses jeux de circuits de bande de base[24]. Le captage de la valeur par Qualcomm et les marges de cette entreprise sont nettement supérieurs à ceux de MediaTek, ce qui indique que Qualcomm vend à des fabricants de téléphones haut de gamme, alors que MediaTek vend à des fabricants de téléphones bon marché. Sur des marchés comme ceux des écrans et de la mémoire, également, les marges de l'acteur principal, Samsung, sont de 60%, tandis que celles du fabricant de mémoire, Micron Technologies, sont de 20%[25].

Cet écart important se retrouve au niveau des sous-traitants. Pour la plupart d'entre eux, les marges sont faibles, bien qu'ils tirent principalement profit du fort volume d'activité et que ce soit pour eux une occasion importante de tirer profit de l'apprentissage technologique (point examiné plus avant dans la section 4.4).

4.3 – Le rôle des actifs incorporels dans le captage de la valeur

Quelle est la corrélation entre les actifs incorporels, et la propriété intellectuelle en particulier, et le captage de la valeur examiné plus haut?

La capacité de vendre un smartphone en réalisant un bénéfice dépend en grande partie de sa performance, de ses caractéristiques, de sa marque, de sa conception et de ses applications. Dans le présent chapitre, le captage de la valeur est mesuré par rapport au rendement généré par les actifs incorporels de l'entreprise.

Afin de protéger leurs actifs incorporels et d'en récolter des dividendes, les acteurs du secteur des smartphones qui bénéficient d'un captage important de la valeur – comme indiqué à la section 4.2 – recourent largement à tout l'éventail des droits de propriété intellectuelle[26].

En revanche, la propriété intellectuelle est-elle la principale cause du captage de la valeur?

Une étude de premier plan sur l'iPhone d'Apple a calculé la valeur des technologies brevetables dans l'iPhone – dans le cadre de la valeur boursière totale d'Apple[27]. Il existe également des estimations de l'image de marque, de la conception du smartphone et de leur valeur qui est un facteur de la valeur boursière d'une entreprise (comme on le verra plus loin dans les sections 4.3.2 et 4.3.3).

Or ces études se fondent sur un certain nombre d'hypothèses bien précises. Bien qu'il existe une forte corrélation entre le captage de la valeur et l'utilisation de la propriété intellectuelle, il est difficile de savoir s'il existe une relation de causalité directe entre ces deux facteurs, tout comme la valeur spécifique captée par certains actifs de propriété intellectuelle. En général, la propriété intellectuelle n'est une source d'avantage concurrentiel que lorsqu'elle est associée à des actifs complémentaires comme les compétences organisationnelles, le capital humain ainsi que les compétences en matière de gestion et les stratégies d'entreprises efficaces[28]. S'il est possible de la faire respecter sans coûts excessifs, la propriété intellectuelle possède une valeur à la fois directe (c'est-à-dire qu'elle a une incidence sur les recettes) et indirecte (c'est-à-dire qu'elle produit une valeur défensive ou stratégique). Compte tenu de ces complexités, il est peu probable que même les fabricants de smartphones disposent de tous les éléments d'information concernant la valeur spécifique des leurs différents actifs de propriété intellectuelle.

Les sections suivantes mettent en lumière le rôle des actifs incorporels et de la propriété intellectuelle dans le captage de la valeur. Des mécanismes d'appropriation moins formels, comme le secret d'affaires, jouent un rôle important. Néanmoins, ils ne sont pas inclus dans l'analyse car ils sont encore plus difficiles à mesurer.

4.3.1 – Les inventions dans le domaine des smartphones sont à l'origine d'un nombre considérable de dépôts de demandes de brevet

La plupart des experts du secteur et des universitaires s'accordent à reconnaître qu'un grand nombre de brevets sont indissociables des smartphones modernes.

Selon une source largement utilisée, 27% des brevets délivrés aux États-Unis d'Amérique concernent les téléphones mobiles; ce pourcentage était de 20% en 2012 et de 10% en 2002[29]. Les calculs ci-après montrent qu'il pourrait s'agir d'une sous-estimation si les brevets relatifs aux smartphones sont définis au sens large (voir la figure 4.4).

Selon une autre source fréquemment citée datant de 2012, un brevet sur six en vigueur, soit environ 16% de toutes les demandes de brevet en vigueur déposées auprès de l'Office des brevets et des marques des États-Unis d'Amérique (USPTO), concerne les smartphones; selon d'autres estimations, le nombre de brevets en vigueur concernant les smartphones d'aujourd'hui est passé de 70 000 en 2000 à 250 000, ce qui est essentiellement dû au nombre accru de caractéristiques et de fonctionnalités[30]. Les méthodes permettant d'arriver à ces chiffres sont la plupart du temps non divulguées et invérifiables.

Il est terriblement complexe de dresser l'inventaire du nombre exact de brevets concernant les smartphones (voir l'encadré 4.2 sur les approches adoptées dans le présent chapitre). Il n'existe pas de correspondance entre un domaine technologique simple relevant de la classification nationale ou internationale des brevets et le smartphone, et plusieurs points compliquent encore l'inventaire de brevets concernant les smartphones.

Premièrement, un smartphone est composé de nombreux composants technologiques différents, dont certains peuvent exister ailleurs que dans les smartphones. En fait, les composants recensés dans la section 4.2 vont des semi-conducteurs à d'autres types d'ordinateurs ou de technologies de la communication, en passant par la mémoire.

Ces composants font partie intégrante des smartphones, mais ils sont aussi essentiels pour la plupart des autres produits des technologies de l'information et de la communication (TIC) et de aussi de plus en plus pour d'autres produits connectés, par exemple les voitures, les réfrigérateurs et la technologie médicale. Il serait malvenu de les utiliser uniquement pour les smartphones.

Deuxièmement, de nombreuses inventions au cœur des fonctionnalités des smartphones ne relèvent pas des catégories ayant le rapport le plus direct avec les smartphones; c'est le cas des "terminaux de communication portable" et des "appareils téléphoniques", par exemple. Certaines se trouvent dans des secteurs traditionnels qui n'ont rien à voir avec le secteur des TIC, comme les brevets dans le domaine du verre permettant d'améliorer la résistance des boîtiers de smartphones. D'autres se trouvent dans des domaines de haute technologie (affichage des éléments de navigation, capteurs, empreinte digitale, etc.). Si on ouvre la voie aux logiciels et à d'autres applications mobiles dans le domaine du commerce en ligne, des réseaux sociaux, du paiement, de la remise en forme ou de la santé, le nombre de brevets potentiellement pertinents est encore plus élevé. Par conséquent, il est difficile de répertorier tous les brevets pertinents au moyen de méthodes de recherche traditionnelles qui reposent sur la classification des brevets ou des mots clés comme "smartphone"; en tout état de cause, les inventions connexes peuvent ne pas correspondre exclusivement aux smartphones.

Dans l'exercice de cartographie des brevets réalisé aux fins du présent rapport, on a effectué un calcul à la fois pour un groupe de smartphones "étroit" et pour un groupe "large" (voir l'encadré 4.2). Invariablement, les approches retenues dans le cadre de cet exercice seront trop restreintes dans la catégorie étroite ou trop générales dans la catégorie large. L'écart entre les deux estimations donne cependant une bonne idée du nombre vertigineux des brevets pouvant concerner les smartphones.

Cela étant, en tout état de cause, le nombre des brevets concernant les smartphones n'a cessé d'augmenter ces dernières années, notamment en pourcentage du nombre total des brevets.

Dans les données agrégées, les demandes de brevet déposées en 2016 selon le système du Traité de coopération en matière de brevets (PCT) auprès de l'OMPI dans le domaine de la communication numérique ont représenté la majorité des demandes, devant la technologie informatique (17 155)[31]. Effectivement, la communication numérique a pris le pas sur la technologie informatique – qui occupait la première place en 2014 et 2015 – et est devenue le domaine technologique numéro un en 2016. Son taux de croissance figure parmi les plus rapides en termes de nouvelles demandes déposées selon le PCT. En 2014, dernière année pour laquelle des données relatives aux demandes de brevet sont disponibles au niveau national, le domaine de la communication numérique a enregistré aussi la croissance la plus rapide depuis 2005[32].

L'inventaire de brevets établi aux fins du présent chapitre montre qu'entre 1990 et 2013, le nombre de premiers dépôts de demandes de brevet concernant les smartphones dans le monde est passé d'environ 100 au début des années 1990 à environ 2700 brevets dans la catégorie étroite en 2013, et d'environ 230 000 (soit quelque 350 000 brevets au total) au début des années 1990 à plus de 650 000 (soit quelque 1,2 million brevets au total) dans la catégorie large. Dans cette dernière catégorie – et gardant à l'esprit que bon nombre de ces brevets ne concernent pas exclusivement les smartphones –, ce chiffre représente environ 30 à 35% des demandes de brevet déposées dans le monde entre 1990 et 2013.

S'agissant des deux définitions, les États-Unis d'Amérique, la Chine, le Japon et la République de Corée sont les principaux pays d'origine des demandes de brevet concernant les smartphones déposées dans le monde, devant l'Allemagne, le Canada et la Finlande dans la catégorie étroite et l'Allemagne, la France, la Fédération de Russie et le Canada dans la catégorie large. Dans les deux définitions, on distingue deux tendances : i) la part du Japon et de l'Allemagne (et, dans la catégorie étroite, l'Allemagne et la Finlande) a diminué entre 1990-1999 et 2005-2014; et ii) la part de la Chine et de la République de Corée a enregistré une hausse significative, principalement au détriment du Japon mais non des États-Unis d'Amérique, dont la part est en augmentation dans la catégorie large. Ces tendances correspondent à la constatation selon laquelle les capacités en matière de propriété intellectuelle liée aux smartphones ont été considérablement renforcées dans ces deux pays (voir la figure 4.5).

Encadré 4.2

Établir l'inventaire de brevets concernant les smartphones

Afin de rendre le recensement des brevets concernant les smartphones moins complexe, deux approches ont été retenues aux fins de l'analyse de l'inventaire de brevets examinée dans le présent chapitre. L'une consiste en un choix étroit de classifications de brevets pertinentes pour les smartphones, l'autre en une combinaison plus large de listes plus détaillées de classifications de brevets pertinentes avec les noms des entreprises et des mots clés.

L'approche étroite.

Une liste de codes de la Classification coopérative des brevets (CPC) a été utilisée, principalement les codes H04M 1/72519 ("Portable communication terminals with improved user interface to control a main telephone operation mode or to indicate the communication status") H04M 1/247 ("Configurable and interactive telephone terminals with subscriber controlled features modifications"), auxquels ont été ajoutés un certain nombre de sous-codes connexes[33]. Comme les chiffres du présent chapitre le montrent, ces choix étroits aboutissent nécessairement à une sous-estimation manifeste des brevets concernant les smartphones.

L'approche large.

Elle consiste à appliquer une longue liste de codes de la Classification coopérative des brevets (CPC) générés en recensant les catégories de la CPC les plus pertinentes dans les sections suivantes : Section F : Mécanique, y compris les technologies d'éclairage ou de refroidissement; Section G : physique, y compris la mesure et la navigation, l'optique, l'appareil photo, les technologies de contrôle, la technologie informatique (traitement des données et des images, les catégories relatives à la communication, la cryptographie, la parole numérique, le stockage de l'information, etc.); et Section H : électricité, y compris dans les télécommunications et les processus de communication numérique, les semi-conducteurs et les circuits imprimés et, par exemple les batteries[34].

Quelques-unes des classes de la CPC sont étroitement liées aux smartphones et aux communications mobiles en général. D'autres ont été générées en effectuant des recherches par mot clé au sein des classes de la CPC et dans les bases de données sur les brevets – essentiellement Espacenet et la base de données de l'Office allemand des brevets – avec l'aide d'examinateurs de brevets[35]. Une liste d'entreprises intervenant dans la chaîne de valeur mondiale des smartphones a été établie pour vérifier plus avant les données. L'objectif était de repérer les codes de la CPC qui pourraient couvrir les technologies relatives aux smartphones, ne se limitant pas à un sous-ensemble étroit mais couvrant les multiples domaines technologiques mis en évidence plus loin dans la figure 4.9, par exemple. Cette stratégie de recherche a débouché sur des brevets dans des domaines tels que les véhicules, les appareils photo et quelques-uns des domaines mentionnés ci-dessus, mais le problème de cette approche est qu'elle débouche sur un grand nombre de brevets, et certaines classes de la CPC, telles que les semi-conducteurs ou les appareils photo, sont essentielles pour les smartphones mais ne les concernent pas exclusivement.

Figure 4.5

Le nombre de dépôts de demandes de brevet concernant les smartphones est important et ne cesse d'augmenter

Premiers dépôts et nombre total de dépôts de demandes de brevet concernant les smartphones dans le monde (définition étroite et définition large), 1990-2013

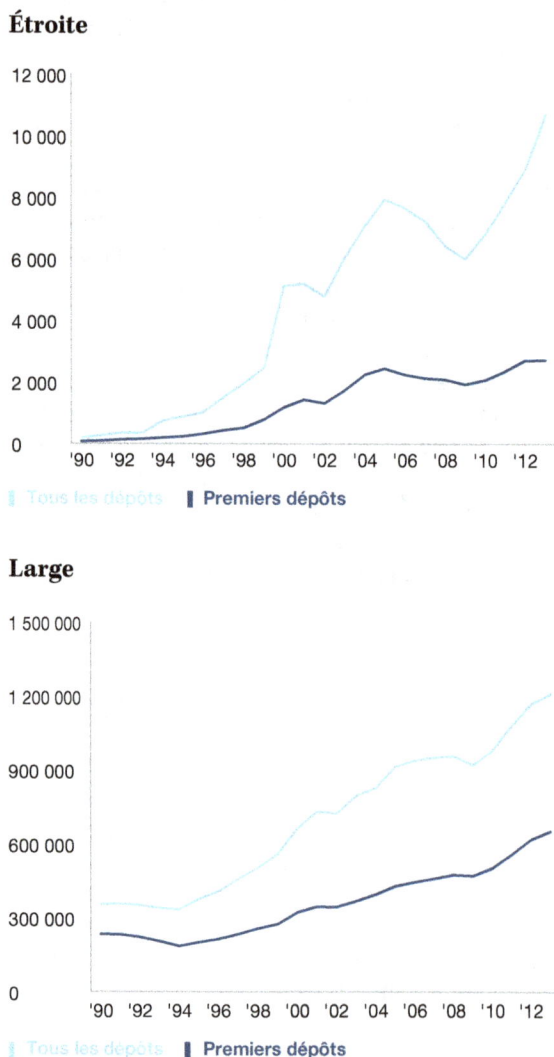

Étroite

Tous les dépôts ▮ Premiers dépôts

Large

Tous les dépôts ▮ Premiers dépôts

Notes : Pour l'approche étroite et l'approche large de l'inventaire de brevets concernant les smartphones, voir l'encadré 4.2. Le terme "Premiers dépôts" désigne des inventions uniques protégées par un brevet unique. La même invention peut ensuite être brevetée dans d'autres États dans le cadre de brevets secondaires, ce qui permet d'être titulaire de brevets multiples pour la même invention sous-jacente ("tous les dépôts").

Source : OMPI, données extraites de la base de données PATSTAT.

Figure 4.6

Les principaux pays d'origine des dépôts de demandes de brevet de smartphone ont changé au cours des 10 dernières années

Premiers dépôts dans le monde par origine de brevets concernant les smartphones (définition étroite et définition large), 1990-1999 par rapport à 2005-2014

Étroite

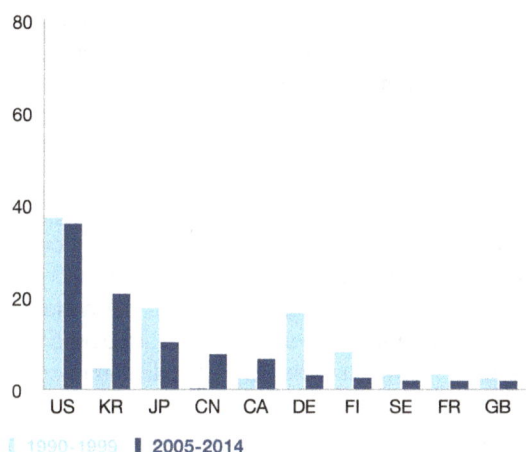

Large

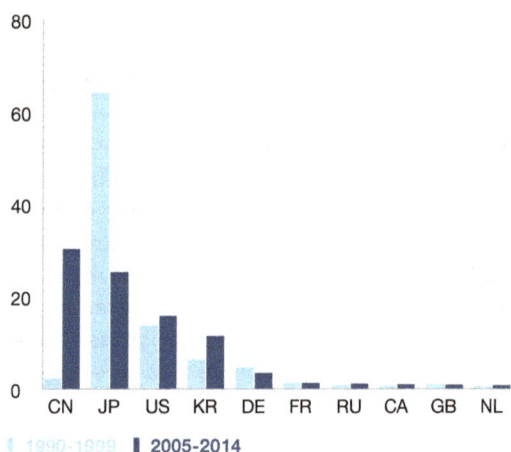

Premiers dépôts auprès de l'USPTO par origine de brevets concernant les smartphones (définition étroite et définition large), 1990-1999 par rapport à 2005-2014

Étroite

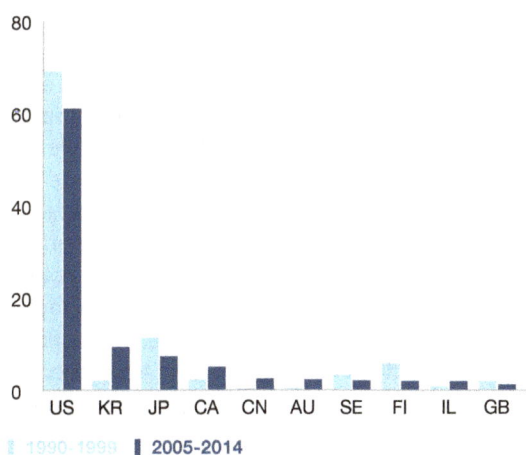

Large

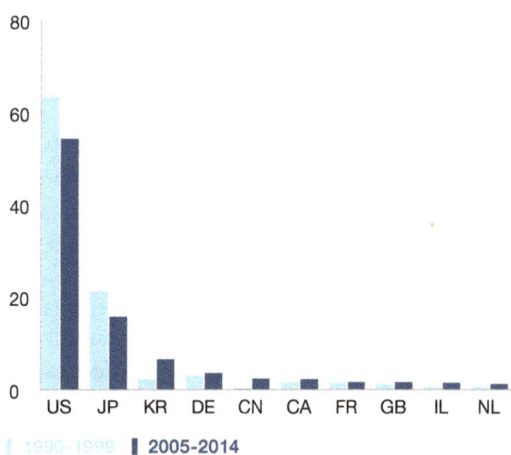

Note : L'utilisation de données relatives à l'origine provenant de l'USPTO dans le graphique du bas introduit "un biais national" au détriment des déposants de demandes de brevet non américains qui déposent généralement moins de demandes à l'étranger ou auprès de l'USPTO que dans leur propre pays.

Source : OMPI, données extraites de la base de données PATSTAT et de la base de données de l'USPTO.

Les États-Unis d'Amérique, le Japon et la République de Corée sont les principaux pays d'origine des demandes de brevet déposées auprès de l'USPTO.

Où sont déposées les demandes de brevet concernant les smartphones dans le monde, notamment par des entreprises telles qu'Apple, Huawei et Samsung? Les géants du secteur des smartphones sont fortement concentrés dans un petit nombre de pays comme les États-Unis d'Amérique, la République de Corée et la Chine, mais les inventeurs dans le domaine des smartphones demandent la protection dans de multiples destinations; voir la figure 4.6 indiquant la destination des familles de brevets déposées concernant les smartphones[36]. Les États-Unis d'Amérique sont la destination la plus recherchée, devant l'Europe, le Japon et la Chine, la République de Corée et, dans une mesure importante mais moindre, le Canada et l'Australie. D'autres pays à travers le monde reçoivent aussi des demandes de brevet concernant les smartphones, y compris de nombreuses économies d'Amérique latine, de la Fédération de Russie et d'Asie centrale, d'autres parties de l'Asie, dont l'Indonésie, mais aussi l'Afrique du Sud, l'Australie et d'autres parties de l'Afrique.

La forte croissance des demandes de brevet concernant les smartphones témoigne avant tout du désir des inventeurs de s'approprier les rendements des investissements considérables qu'ils ont réalisés dans l'innovation[37].

En outre, l'utilisation de la propriété intellectuelle dépasse la seule appropriation de gains découlant de l'innovation. Dans le secteur des smartphones, la propriété intellectuelle joue aussi un rôle de catalyseur en matière de collaboration[38]. Un smartphone ne verrait pas le jour sans l'existence de nombreux partenariats verticaux et horizontaux, et ceux-ci sont souvent facilités par la propriété intellectuelle. Dans le cas de certaines technologies, des centaines ou parfois des milliers de titulaires de brevets, que ce soit des entreprises ou des universités, sont à l'origine d'inventions technologiques. Dans le cas du Bluetooth 3.0, qui permet une connectivité à courte portée entre le smartphone et d'autres appareils, plus de 30 000 titulaires de brevets, dont 200 universités, ont apporté une contribution[39].

L'utilisation de la propriété intellectuelle permet aussi la spécialisation. La plupart des brevets concernant les smartphones sont détenus par de grandes entreprises, notamment à des fins défensives, mais les fournisseurs de composants, plus petits ou spécialisés, ont largement recours au système de propriété intellectuelle, ce qui leur permet d'avoir accès au marché[40]. Par exemple, Corning, qui fabrique le verre Gorilla pour les iPhones d'Apple et est un des grands fabricants de verre, dépose un nombre considérable de demandes de brevet.

En outre, les technologies de premier plan adaptées aux smartphones sont publiées par l'intermédiaire du système de brevets, des années, voire des décennies, avant la commercialisation effective des connaissances, ce qui permet le transfert efficace des connaissances et l'apprentissage technologique[41].

Parallèlement, le secteur des smartphones a enregistré une accumulation de brevets et les litiges liés à cette accumulation ont eu un grand retentissement au cours des dernières années. Aux États-Unis d'Amérique, par exemple l'affaire Apple-Samsung qui a donné lieu entre 1997 et 2016 au versement initial de dommages-intérêts, dont le montant figure au cinquième rang des versements les plus importants, a été abondamment commentée dans les médias[42]. Dans ce contexte, on peut se poser la question suivante : l'utilisation stratégique croissante de la propriété intellectuelle et l'augmentation du nombre de litiges nuisent-elles au secteur des smartphones?

À vrai dire, on ne connaît pas le montant exact des frais de justice pour les entreprises ni des coûts à l'échelle du système.

D'une part, ces litiges et leur résolution éventuelle sont un moyen pour les entreprises d'essayer de s'approprier les rendements de leurs actifs incorporels. Ils sont un reflet et un sous-produit de la concurrence sur un marché à la pointe de l'innovation où les enjeux sont élevés[43]. Ils montrent aussi que la propriété intellectuelle est très largement utilisée, et le secteur des smartphones ne fait pas exception à la règle. En se fondant sur des données relatives aux actions en justice intentées aux États-Unis d'Amérique, on constate que d'autres secteurs comme les produits de consommation, les biotechnologies et les pharmaceutiques, le matériel informatique et les logiciels intentent considérablement plus d'actions en justice[44].

D'autre part, les procédures judiciaires peuvent avoir un coût considérable pour les entreprises, sans nécessairement créer de sécurité juridique.

Figure 4.7

Les États-Unis d'Amérique sont la destination la plus importante pour les dépôts de demandes de brevet concernant les smartphones

Total des familles de brevets concernant les smartphones à orientation étrangère déposées, 1995-2014 (définition étroite)

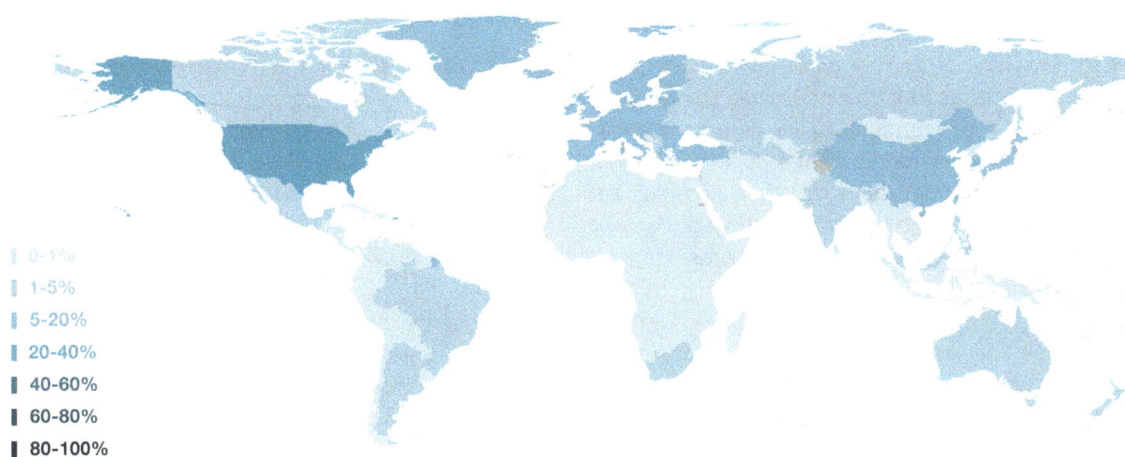

- 0-1%
- 1-5%
- 5-20%
- 20-40%
- 40-60%
- 60-80%
- 80-100%

Total des familles de brevets à orientation étrangère déposées, 1995-2014 (définition large)

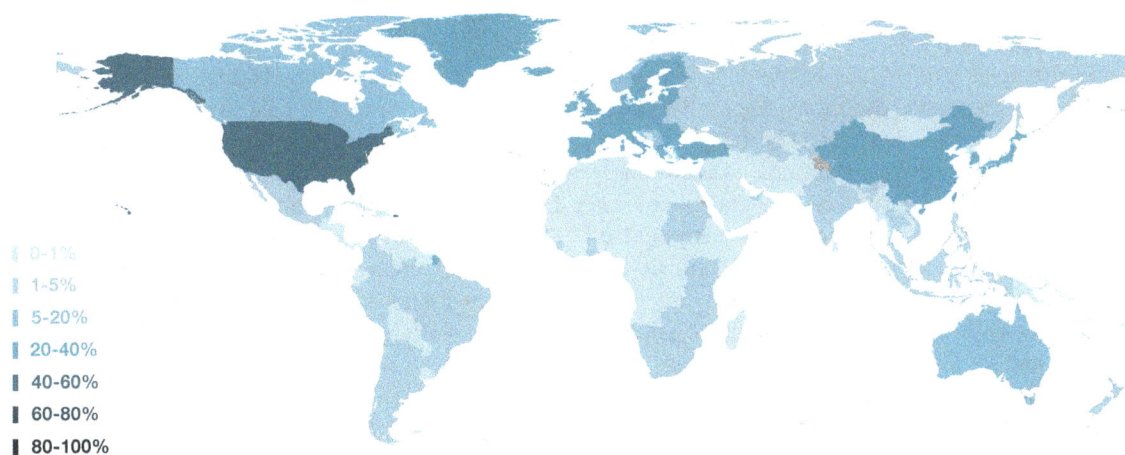

- 0-1%
- 1-5%
- 5-20%
- 20-40%
- 40-60%
- 60-80%
- 80-100%

Note : Pour les approches étroite et large de l'inventaire de brevets concernant les smartphones, voir l'encadré 4.2.

Source : OMPI, données extraites de la base de données PATSTAT.

L'affaire Apple-Samsung en est un bon exemple. En effet, elle dure depuis longtemps dans plusieurs États et ses résultats sont hétérogènes et fluctuants. À cet égard, une source de préoccupation connexe est le nombre d'actions en justice et les pertes sèches éventuelles occasionnées par les frais de justice.

Une question importante se pose du point de vue économique : le grand nombre de brevets concernant les smartphones incite-t-il vraiment à investir dans la découverte et l'innovation? Ou ces brevets facilitent-ils les entraves à la concurrence en permettant aux entreprises bénéficiaires de bloquer des technologies clés, ce qui réduit la concurrence au lieu de récompenser l'innovation permanente? En d'autres termes, les effets dus aux volumes importants de brevets concernant les smartphones sur l'innovation ultérieure ou l'arrivée de nouvelles entreprises sur le marché présentent un intérêt considérable.

De nouveau, le verdict définitif sur cette affaire n'a toujours pas été rendu, mais l'histoire récente montre que les géants du secteur des smartphones, tout comme le nombre élevé de fournisseurs de composants et de services qui change constamment, continuent d'innover, tant sur le plan du matériel que sur celui des applications. De plus, l'évolution rapide des parts de marché des principales entreprises du secteur au cours de ces dernières années semblerait aussi indiquer qu'il existe une solide concurrence entre ces entreprises et les entreprises plus petites.

De plus, les entreprises ont de plus en plus recours à des stratégies fondées sur les marchés pour venir à bout de la dispersion des droits de propriété intellectuelle et régler les litiges. Les sociétés mettent en place des stratégies de collaboration relatives à la propriété intellectuelle s'appuyant sur la concession de licences croisées de technologie, les communautés de brevets, les organismes de centralisation des brevets et d'autres formes de collaboration. Les litiges en matière de propriété intellectuelle ont souvent abouti à des solutions amiables – un exemple récent étant l'accord sur la concession de licences signé par Nokia et Apple au premier semestre 2017, mettant fin à toutes les procédures judiciaires liées à la propriété intellectuelle entre les deux sociétés et donnant une impulsion à d'autres formes de collaboration.

Brevets essentiels à l'application d'une norme

Il est plus simple de recenser les brevets essentiels à l'application d'une norme que de dresser l'inventaire de tous les brevets concernant les smartphones.

La base de données IPlytics a été utilisée; elle combine les secteurs CIB/CPC avec des tables de concordance en mettant l'accent sur les brevets essentiels à l'application d'une norme dans le domaine des TIC.

Les brevets concernant les smartphones délivrés sont, pour une part relativement importante, des brevets essentiels à l'application d'une norme dans le domaine des technologies de la communication (voir la figure 4.1)[45]. Ces normes fondées sur la propriété intellectuelle accroissent le marché des licences et encouragent l'investissement dans la R-D[46].

Avec le temps, et compte tenu du développement de technologies cellulaires plus rapides et plus complexes, les brevets essentiels à l'application d'une norme associés à ces technologies gagnent du terrain.

Comme le montre la figure 4.7, la norme cellulaire LTE de quatrième génération est associée à un nombre près de quatre fois plus élevé de brevets essentiels à l'application d'une norme que la norme de réseau de téléphonie mobile (GSM) antérieure, moins complexe, et le nombre de ces brevets est près de deux fois plus élevé que pour le système de téléphonie mobile de troisième génération (UMTS).

La figure 4.8 montre la répartition pour la norme GSM (en haut) et la norme LTE plus récente, de quatrième génération (en bas). Au fil du temps, la part des entreprises de télécommunications en Europe et aux États-Unis d'Amérique dans les brevets essentiels à l'application d'une norme a diminué, tandis que de nouveaux entrants aux États-Unis d'Amérique (principalement des sociétés de l'Internet comme Google) et de nouvelles marques de smartphones en République de Corée (Samsung) et en Chine (ZTE, Huawei) ont vu leur part augmenter – en partie pour utiliser des licences croisées, réduire les paiements et éviter les procédures judiciaires. Ces chiffres ne se contentent pas de souligner le fait que les acteurs asiatiques jouent maintenant un rôle très actif dans l'élaboration de normes, ils montrent aussi que des sociétés comme Apple contribuent moins à leur élaboration.

Certains de ces brevets essentiels à l'application d'une norme ont été mis au point en interne, alors que d'autres ont été acquis dans le cadre de portefeuilles de brevets. Par exemple, Apple, Microsoft et d'autres ont acheté le portefeuille de brevets de Nortel, Google a acheté le portefeuille de Motorola et Lenovo a acheté un portefeuille de brevets essentiels à l'application d'une norme à Unwired Planet détenu précédemment par Ericsson. Lenovo a ultérieurement acheté des parts du portefeuille de Motorola à Google[47]. De plus, des sociétés qui acquièrent des brevets pour les opposer à des tiers, telles qu'Intellectual Ventures et Rockstar, ont accru leur participation au capital[48].

Figure 4.8

Les brevets concernant les smartphones essentiels à l'application d'une norme sont en augmentation dans les technologies mobiles de quatrième génération

Brevets essentiels à l'application d'une norme pour les technologies mobiles de deuxième, troisième et quatrième générations en nombre de familles de brevets uniques

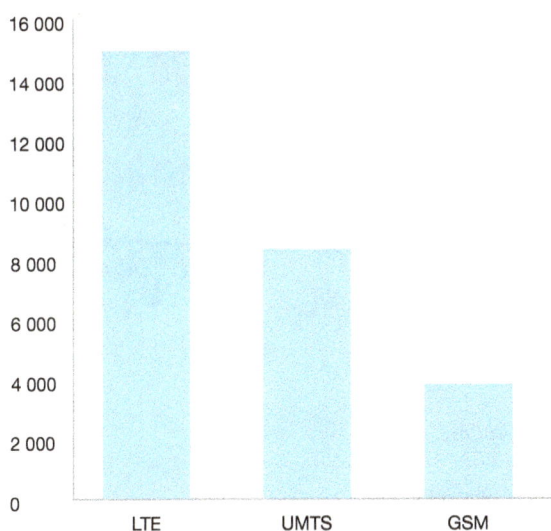

Note : Une famille de brevets est un ensemble de demandes de brevet apparentées déposées dans un ou plusieurs pays ou juridictions en vue de protéger la même invention. Voir le glossaire de l'OMPI (2016).

Source : OMPI, données extraites de la base de données IPlytics (www.iplytics.com) téléchargée en juin 2017.

Bien que la part des brevets nécessaires à l'application d'une norme ayant fait l'objet d'une procédure judiciaire par rapport au nombre total des brevets déclarés ait augmenté jusqu'en 2015, l'appropriation plus large des portefeuilles de brevets semble avoir encouragé la concession de licences croisées et les communautés de brevets, ce qui pourrait réduire le nombre de procédures judiciaires à l'avenir. Une diminution des procédures judiciaires relatives à cette question a été observée depuis 2012[49].

Dans cette perspective, les entreprises s'emploient à prendre une participation dans la technologie mobile de cinquième génération, Huawei, Samsung et certaines entreprises japonaises venant en tête, suivies d'entreprises européennes et américaines comme Nokia, Qualcomm, Ericsson et Orange. D'autres sociétés de l'Internet revendiquent aussi leur part; Google, par exemple, a effectué des acquisitions dans ce domaine[50].

Aux fins de la présente étude, il est nécessaire de disposer d'estimations raisonnables de la valeur des droits de licence liés aux brevets essentiels à l'application d'une norme afin d'obtenir une meilleure approximation du rendement global des actifs incorporels.

Malheureusement, la plupart des fournisseurs ne communiquent pas de données relatives à la concession de licences, et pour ceux qui le font, il est difficile de repérer les revenus effectivement produits par les brevets concernant les smartphones essentiels à l'application d'une norme. Heureusement, il existe un certain nombre de rapports dans le domaine, dont certains – venant souvent du camp des preneurs de licence – laissent entendre que l'"accumulation des redevances" est excessive, tandis que d'autres – venant souvent du camp des donneurs de licence – affirment qu'elle est raisonnable[51]. Sur la base de ces études, on part du principe que le coût des licences se situe entre 3 à 5% du prix de vente au détail d'un téléphone (voir l'encadré 4.1 et le tableau 4.8)[52].

Au niveau des entreprises, les revenus connexes sont considérables. Les rapports annuels montrent que Nokia, par exemple, a perçu environ 1 milliard de dollars É.-U. de revenus générés par les redevances de licences en 2016 (et le montant prévu en 2017 est de 800 millions d'euros), alors qu'Ericsson a perçu en 2016 environ 1,2 milliard de dollars É.-U.[53]. En 2016, Qualcomm tirait deux-tiers de ses revenus de la vente de puces (15,4 milliards de dollars É.-U.) et un tiers de la concession de licences de technologie (7,6 milliards de dollars É.-U.).

Figure 4.9

La République de Corée, la Chine et des sociétés de l'Internet revendiquent une part croissante des brevets nécessaires à l'application d'une norme

Part des entreprises déposant des demandes de brevet nécessaires à l'application d'une norme dans le monde pour la norme GSM, sur la base du nombre de familles de brevets

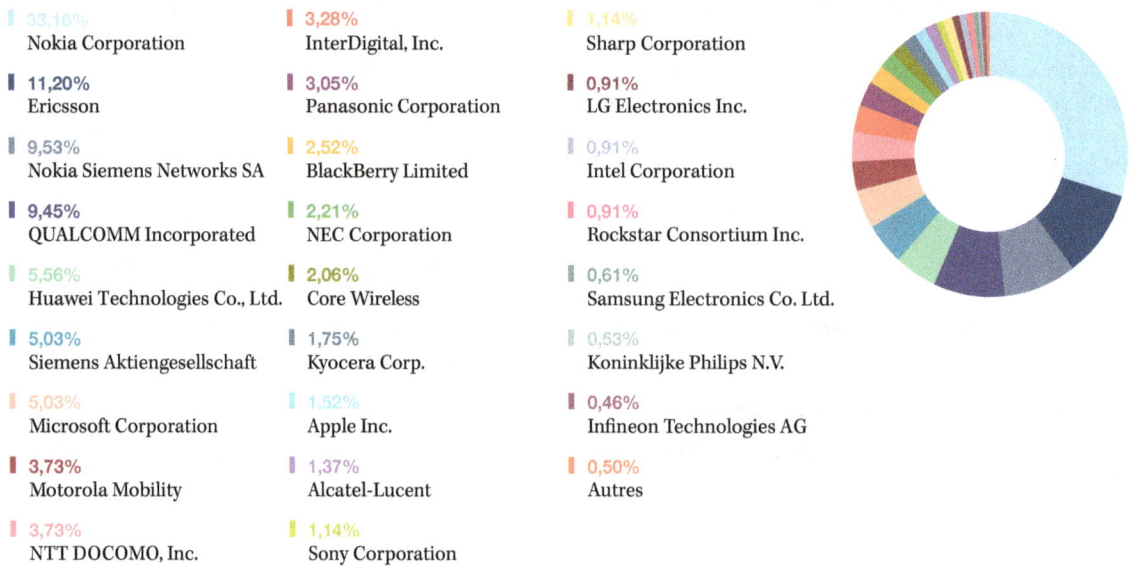

33,16% Nokia Corporation	**3,28%** InterDigital, Inc.	**1,14%** Sharp Corporation
11,20% Ericsson	**3,05%** Panasonic Corporation	**0,91%** LG Electronics Inc.
9,53% Nokia Siemens Networks SA	**2,52%** BlackBerry Limited	**0,91%** Intel Corporation
9,45% QUALCOMM Incorporated	**2,21%** NEC Corporation	**0,91%** Rockstar Consortium Inc.
5,56% Huawei Technologies Co., Ltd.	**2,06%** Core Wireless	**0,61%** Samsung Electronics Co. Ltd.
5,03% Siemens Aktiengesellschaft	**1,75%** Kyocera Corp.	**0,53%** Koninklijke Philips N.V.
5,03% Microsoft Corporation	**1,52%** Apple Inc.	**0,46%** Infineon Technologies AG
3,73% Motorola Mobility	**1,37%** Alcatel-Lucent	**0,50%** Autres
3,73% NTT DOCOMO, Inc.	**1,14%** Sony Corporation	

Part des entreprises concédant sous licence des brevets essentiels à l'application d'une norme dans le monde pour la norme LTE la plus récente, sur la base du nombre de familles de brevets

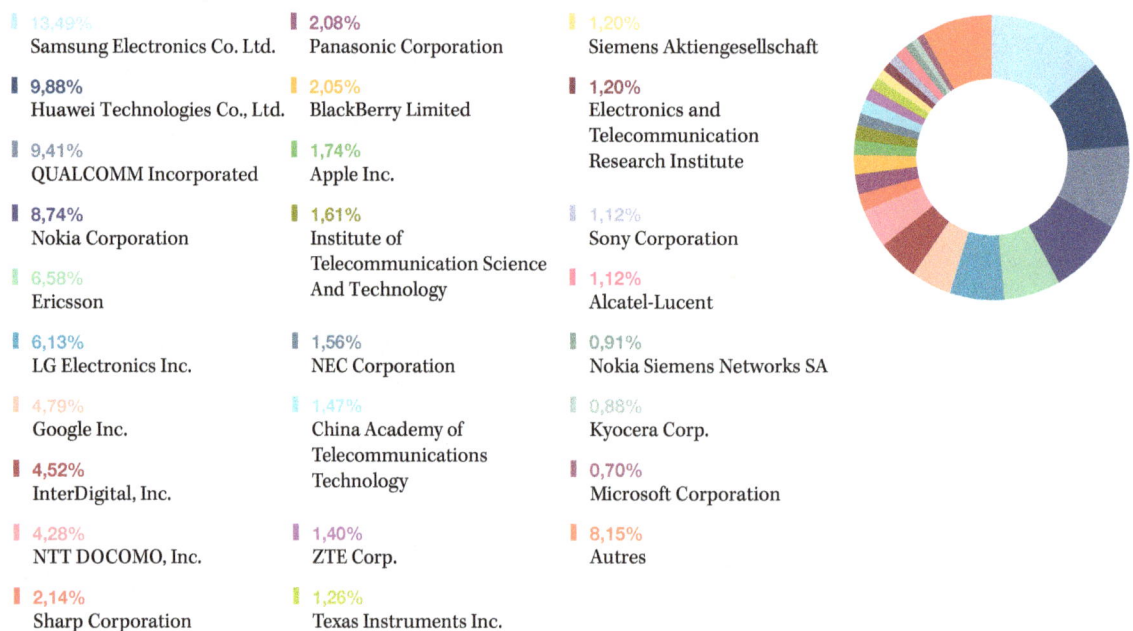

13,49% Samsung Electronics Co. Ltd.	**2,08%** Panasonic Corporation	**1,20%** Siemens Aktiengesellschaft
9,88% Huawei Technologies Co., Ltd.	**2,05%** BlackBerry Limited	**1,20%** Electronics and Telecommunication Research Institute
9,41% QUALCOMM Incorporated	**1,74%** Apple Inc.	
8,74% Nokia Corporation	**1,61%** Institute of Telecommunication Science And Technology	**1,12%** Sony Corporation
6,58% Ericsson		**1,12%** Alcatel-Lucent
6,13% LG Electronics Inc.	**1,56%** NEC Corporation	**0,91%** Nokia Siemens Networks SA
4,79% Google Inc.	**1,47%** China Academy of Telecommunications Technology	**0,88%** Kyocera Corp.
4,52% InterDigital, Inc.		**0,70%** Microsoft Corporation
4,28% NTT DOCOMO, Inc.	**1,40%** ZTE Corp.	**8,15%** Autres
2,14% Sharp Corporation	**1,26%** Texas Instruments Inc.	

Source : OMPI, données extraites de la base de données IPlytics.

Note : Les déclarations de brevets essentiels à l'application d'une norme sont supérieures au nombre de brevets qui sont véritablement essentiels à l'application d'une norme. Voir Audenrode et al. (2017), pour plus de détails.

Tableau 4.7

Revenus générés par les redevances de licences de brevets nécessaires à l'application d'une norme dans le domaine de la téléphonie mobile et rendement des redevances sur le marché mondial des téléphones portables, 2014

	Recettes (milliard de dollars É.-U.)	Rendement*
Principaux titulaires de brevets nécessaires à l'application d'une norme, dotés de programmes de concession de licences : Alcatel-Lucent, Ericsson, Nokia, InterDigital, Qualcomm	10,6	2,6
Communautés de brevets : SIPRO (WCDMA), Via Licensing & Sisvel (LTE)	< 4	<1
Autres : y compris Apple, Huawei, RIM, Samsung, LG	< 6	<1,5
Maximum cumulé : droits de licence et rendement pour les brevets nécessaires à l'application d'une norme	~ 20	~5

* Note : Les rendements correspondent au montant total des revenus générés par les redevances de licence, y compris les sommes forfaitaires et les redevances en cours de versement, en pourcentage du montant total des revenus générés par la vente des téléphones portables dans le monde qui s'élèvent à 410 milliards de dollars É.-U.

Source : Dedrick et Kraemer, données extraites de Mallinson (2014) et Galetovic *et al.* (2016).

Les pourcentages utilisés ici – et aussi pour calculer le captage de la valeur dans la section 4.2 – sont des estimations prudentes. De plus, ils excluent les revenus produits par de la propriété intellectuelle provenant des technologies couvertes par des brevets facilitant l'application d'une norme.

Brevets facilitant l'application d'une norme

Les brevets facilitant l'application d'une norme impliquent des technologies qui permettent aux fabricants de différencier certains produits. Les grandes entreprises du secteur, tout comme les fournisseurs de composants, brevettent ces technologies et les concèdent sous licence. Les premières, par exemple, pourraient acquérir une licence pour utiliser un microprocesseur auprès de sociétés comme ARM[54].

Pour des sociétés comme Microsoft et Research in Motion, la concession de licences de brevet à des tiers est au centre de leurs activités, tandis que des sociétés comme Apple ne concèdent pas de licences de brevet.

La figure 4.10 illustre les domaines technologiques dans lesquels les brevets facilitant l'application d'une norme sont en majorité, outre les brevets nécessaires à l'application d'une norme examinés plus haut[55]. S'agissant des domaines technologiques, les plus importants sont l'affichage des images et l'écran (et plus récemment les écrans à diode électroluminescente organique), la batterie, l'antenne et d'autres domaines plus spécifiques aux logiciels comme la cartographie, la gestion du calendrier, la reconnaissance vocale et d'autres caractéristiques dans le domaine de l'intelligence artificielle[56].

Les principaux titulaires de brevets concernant les smartphones dans le monde sont Samsung Electronics, LG Electronics, NEC Corporation – société japonaise de services et produits informatiques – et Qualcomm dans la catégorie large, et LG Electronics, Samsung Electronics, Research in Motion et Nokia dans la catégorie étroite. Au fil des années, NEC et Motorola sont devenus des acteurs de moindre importance, tandis que d'autres comme Apple, Microsoft et Google se sont jetés dans la bataille (voir la figure 4.10). Comme on pouvait le prévoir – voir aussi le tableau 4.8 –, la part des demandes de brevet déposées par Apple est plus importante dans la catégorie étroite que si l'on considère les grands domaines technologiques connexes dans lesquels d'autres sociétés excellent.

En ce qui concerne le nombre de brevets délivrés par l'USPTO sur la période 2000-2015, Samsung Electronics et Apple arrivent en tête lorsque l'on applique la définition stricte, et IBM et Samsung lorsque l'on applique la définition large (tableau 4.8). Grâce à la forte progression du nombre de dépôts de demandes de brevet, Huawei se classe maintenant parmi les 40 premiers déposants auprès de l'USPTO. Toutefois, Honghai Precision dépose auprès de l'USPTO un plus grand nombre de demandes de brevet dans la catégorie large que Huawei. Cette tendance a été signalée précédemment dans le présent chapitre. Le tableau 4.8 présente également un certain nombre de sociétés non productrices comme ELWHA, société holding d'Intellectual Ventures, ainsi que des universités comme l'Université de Californie.

Les brevets et autres droits relatifs aux logiciels et aux applications sont des actifs incorporels importants permettant éventuellement de déterminer une part importante du captage de la valeur future. En utilisant son propre système d'exploitation mobile, Apple contrôle davantage le marché en aval pour les applications et le contenu, comme sur l'App Store, en demandant généralement 30% sur les achats effectués dans l'application aux développeurs d'applications, ce pourcentage chutant à 15% ultérieurement à certaines conditions[57]. D'après les informations tirées de procédures judiciaires liées à la propriété intellectuelle et de renseignements non confirmés dans la presse, des sociétés comme Google ont payé à Apple 1 milliard de dollars É.-U. en 2013 et peut-être trois fois ce montant en 2017 pour être le moteur de recherche par défaut dans l'application mobile Safari, le navigateur Web préinstallé sur les iPhones et d'autres périphériques iOS[58].

Android est monétisé de façon différente et ne facture pas de frais directs d'utilisation. Si les fabricants de téléphones veulent que leurs téléphones fonctionnent sous Android, ils doivent installer l'écosystème Google (Search, Play Store, Maps). Google gagne de l'argent avec Android de deux façons : il prend une part sur les ventes d'applications et de média sur Google Play Store et affiche des éléments promotionnels à l'intention des utilisateurs d'Android. Google empêche les fabricants de téléphones de tirer un quelconque revenu généré par Play Store, ce qui réduit leurs capacités à tirer des revenus des marchés de contenu et de services en aval.

Des sociétés comme Samsung utilisant le système Android ont aussi décidé de verser des redevances de brevet substantielles à Microsoft pour mettre fin aux revendications d'Apple, selon lesquelles le système Android de Google portait atteinte à ses brevets. Samsung a versé en 2013 une redevance d'un montant de plus de 1 milliard de dollars É.-U., d'après des documents de procédure et des articles de presse[59].

4.3.2 – La conception du smartphone est essentielle pour les consommateurs

Il ressort des publications, des enquêtes auprès des consommateurs et des décisions de justice que la conception du smartphone – qu'il s'agisse du matériel ou des logiciels – est l'un des facteurs essentiels favorisant les décisions d'achat des consommateurs, l'acceptation de la technologie et ultérieurement la fidélité à la marque[60].

Cela est particulièrement le cas quand tous les téléphones possèdent les mêmes caractéristiques techniques.

On peut comprendre alors que les trois principales entreprises de téléphones portables en question investissent des sommes considérables dans des conceptions nouvelles et dans des partenariats connexes et recrutent un grand nombre de concepteurs.

Les dessins et modèles industriels appartiennent la plupart du temps aux grandes entreprises et non pas aux fournisseurs de composants et à des entités plus petites[61]. Une étude économétrique laisse entendre que, dans le cas d'Apple, le dépôt des dessins et modèles industriels – appelés brevets de dessin ou modèle aux États-Unis d'Amérique – est en réalité plus important pour l'évolution de la capitalisation boursière de l'entreprise que les brevets[62]. Dans l'affaire bien connue Apple-Samsung, l'atteinte aux dessins et modèles industriels et le fait de copier l'apparence des smartphones d'Apple – y compris les éléments des interfaces utilisateurs graphiques, en particulier les icônes – ont fait l'objet d'une procédure judiciaire aux États-Unis d'Amérique et devant d'autres tribunaux[63]. Depuis la décision de justice rendue en 2012 par un jury dans l'affaire Apple-Samsung aux États-Unis d'Amérique, le nombre de dépôts de dessins et modèles industriels auprès de l'USPTO est en hausse. Cette hausse pourrait être due en partie aux dommages et intérêts élevés accordés initialement à Apple (voir aussi la figure 4.12)[64]. Au moment de la rédaction du présent rapport, cette affaire n'était pas complètement close aux États-Unis d'Amérique : La Cour suprême a inversé la décision qu'elle avait rendue en première instance en décembre 2016. En outre, la procédure judiciaire relative à cette affaire est toujours en cours ou a abouti à des résultats différents dans d'autres juridictions. Tout ceci illustre l'incertitude juridique intrinsèque associée à la défense des dessins et modèles industriels. Cela étant, les procédures judiciaires et l'activité de dépôt de dessins et modèles industriels qui s'en est suivie reflètent une plus grande tendance à l'utilisation des dessins et modèles industriels comme moyen d'appropriation des gains découlant de l'innovation conjointement avec d'autres formes de propriété intellectuelle.

Un coup d'œil aux principaux déposants de dessins et modèles industriels illustre ce point : Samsung, Sony, Microsoft, LG, Hon Hai Precision (Foxconn) et Apple figurent parmi les principaux titulaires de brevets de dessin ou modèle délivrés par l'USPTO en 2015[65].

Figure 4.10

Les smartphones s'appuient sur un nombre croissant de domaines technologiques

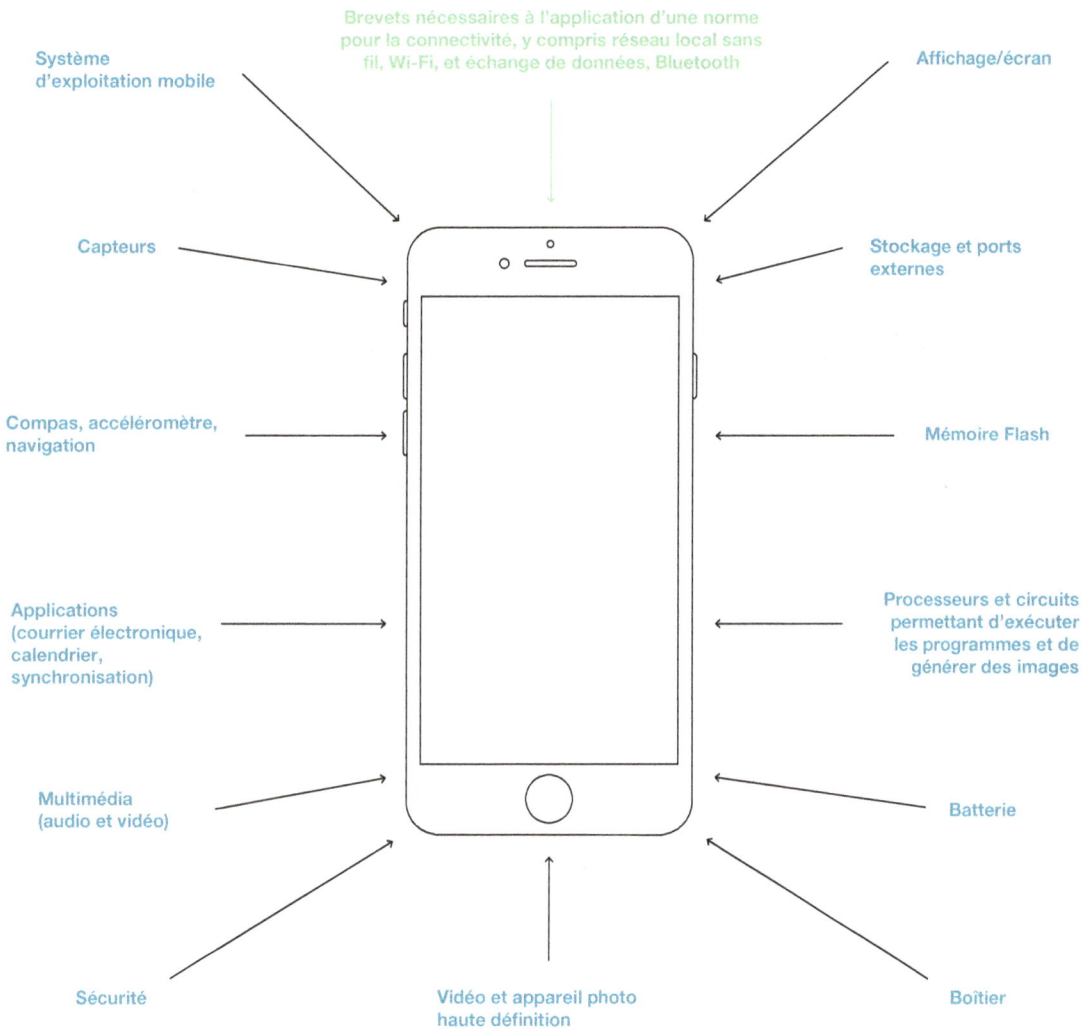

Brevets nécessaires à l'application d'une norme pour la connectivité, y compris réseau local sans fil, Wi-Fi, et échange de données, Bluetooth

Système d'exploitation mobile

Affichage/écran

Capteurs

Stockage et ports externes

Compas, accéléromètre, navigation

Mémoire Flash

Applications (courrier électronique, calendrier, synchronisation)

Processeurs et circuits permettant d'exécuter les programmes et de générer des images

Multimédia (audio et vidéo)

Batterie

Sécurité

Vidéo et appareil photo haute définition

Boîtier

Différents facteurs viennent compliquer l'identification des dessins et modèles industriels se rapportant aux smartphones utilisés dans la section 4.2 ou aux smartphones en général[66]. Déjà, il n'y a pas de classe spécifique pour les smartphones dans la classification internationale pour les dessins et modèles industriels instituée au titre de l'Arrangement de Locarno, ou dans la classification des brevets des États-Unis d'Amérique (USPC). Les dessins et modèles industriels de smartphone ne concernent pas seulement l'appareil lui-même; ils concernent aussi les interfaces utilisateurs graphiques, les icônes, les écrans d'affichage, etc.

De plus, certaines interfaces utilisateurs graphiques et icônes sont utilisées dans les différents groupes de produits. Par exemple, il est probable qu'un dessin ou modèle industriel pour une icône d'Apple ou une interface utilisateur graphique soit utilisé dans tous les produits de la famille d'Apple (iPhone, iPad, iPod, etc.); il ne s'agit donc pas d'un dessin ou modèle utilisé exclusivement pour un smartphone. Certaines interfaces utilisateurs graphiques de Samsung peuvent être utilisées pour des lave-linge, des réfrigérateurs, des appareils photo ou des caméras vidéo.

Figure 4.11

Samsung Electronics, LG Electronics, NEC et Qualcomm sont les numéros un mondiaux dans le domaine des brevets concernant les smartphones (définition large)

Premiers dépôts de demandes de brevet portant sur des smartphones dans le monde (définitions large et étroite), 1990-1999 par rapport à 2005-2014

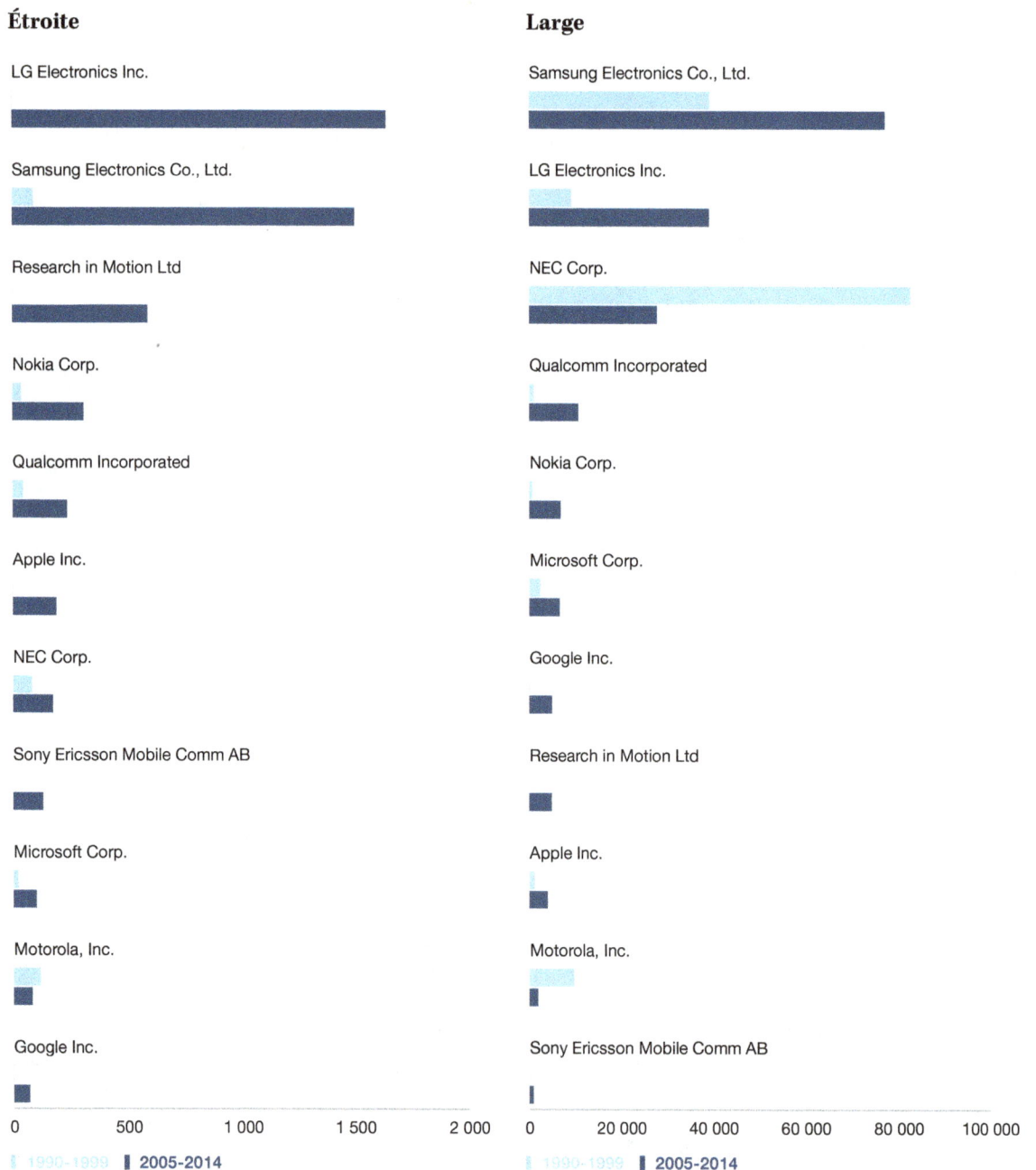

Étroite

LG Electronics Inc.

Samsung Electronics Co., Ltd.

Research in Motion Ltd

Nokia Corp.

Qualcomm Incorporated

Apple Inc.

NEC Corp.

Sony Ericsson Mobile Comm AB

Microsoft Corp.

Motorola, Inc.

Google Inc.

0   500   1 000   1 500   2 000

1990-1999   ▮ 2005-2014

Large

Samsung Electronics Co., Ltd.

LG Electronics Inc.

NEC Corp.

Qualcomm Incorporated

Nokia Corp.

Microsoft Corp.

Google Inc.

Research in Motion Ltd

Apple Inc.

Motorola, Inc.

Sony Ericsson Mobile Comm AB

0   20 000   40 000   60 000   80 000   100 000

1990-1999   ▮ 2005-2014

Note : Pour les approches étroite et large de l'inventaire de brevets concernant les smartphones, voir l'encadré 4.2.

Source : OMPI, données extraites de la base de données PATSTAT.

Tableau 4.8

Samsung Electronics et Apple viennent en tête pour le nombre de demandes de brevet concernant les smartphones (définition étroite) et IBM et Samsung occupent la première place pour le nombre de demandes de brevet concernant les smartphones (définition large)

Premiers dépôts de demandes de brevet concernant les smartphones (définitions étroite et large) auprès de l'USPTO, 2000-2015

Étroit

Nom de l'entreprise	Nombre de demandes de brevet déposées auprès de l'USPTO	Pourcentage de demandes de brevet concernant les smartphones déposées auprès de l'USPTO
SAMSUNG ELECTRONICS	1 239	3,2
APPLE	810	2,1
QUALCOMM	522	1,4
LG ELECTRONICS	502	1,3
MOTOROLA	663	1,3
INTEL	832	1,2
DIGIMARC	450	1,2
NOKIA	443	1,1
MICROSOFT	556	1,1
SILVERBROOK RESEARCH, Australia	393	1,0
SONY ERICSSON MOBILE	303	0,8
NEC	293	0,8
GOOGLE	262	0,7
RESEARCH IN MOTION	256	0,7
SONY	230	0,6
IBM	201	0,5
PANASONIC	163	0,4
BLACKBERRY	158	0,4
BROADCOM	140	0,4
FITBIT	140	0,4
FUJITSU	137	0,4
PALM	134	0,3
HEADWATER PARTNERS, U.S.	134	0,3
AT&T IP	133	0,3
KYOCERA	131	0,3
FLEXTRONICS	113	0,3
ENERGOUS	107	0,3
CITRIX SYSTEMS	103	0,3
NOKIA MOBILE PHONES	100	0,3
FLIR SYSTEMS	90	0,2
ERICSSON	85	0,2
HONDA MOTOR	84	0,2
AT&T MOBILITY	83	0,2
TENCENT TECHNOLOGY	82	0,2
NANT HOLDINGS IP	72	0,2
HEWLETT PACKARD	68	0,2
HUAWEI	65	0,2
SHARP	63	0,2
ELWHA LLC (holding company Intellectual Ventures)	63	0,2
NTT DOCOMO	62	0,2

Large

Nom de l'entreprise	Nombre de demandes de brevet déposées auprès de l'USPTO	Pourcentage de demandes de brevet concernant les smartphones déposées auprès de l'USPTO
IBM	57 414	1,8
SAMSUNG ELECTRONICS	41 421	1,3
QUALCOMM	29 572	0,9
INTEL	26 150	0,8
MICROSOFT	22 844	0,7
CANON	18 983	0,6
FUJITSU	18 038	0,6
SONY	18 036	0,6
PANASONIC	17 515	0,5
HEWLETT PACKARD	16 881	0,5
HONDA MOTOR	14 859	0,5
HITACHI	11 985	0,4
GOOGLE	11 243	0,3
PHILIPS ELECTRONICS	10 818	0,3
SEIKO EPSON	10 645	0,3
APPLE	10 598	0,3
MOTOROLA	10 489	0,3
LG ELECTRONICS	10 369	0,3
TEXAS INSTRUMENTS	10 213	0,3
TAIWAN SEMICONDUCTOR MFG	9 399	0,3
NEC	9 093	0,3
INFINEON TECHNOLOGIES	8 221	0,3
CISCO TECH	8 033	0,2
GENERAL ELECTRIC	7 764	0,2
HONGHAI PRECISION	7 613	0,2
3M	7 391	0,2
HONEYWELL	7 284	0,2
SAMSUNG DISPLAY	7 212	0,2
MITSUBISHI ELECTRIC	6 956	0,2
TOSHIBA	6 693	0,2
NOKIA	6 567	0,2
SHARP	6 526	0,2
ERICSSON	6 469	0,2
BROADCOM	6 254	0,2
ADVANCED MICRO DEVICES	6 027	0,2
SIEMENS	5 892	0,2
HUAWEI	5 845	0,2
SEMICONDUCTOR ENERGY LAB	5 810	0,2
UNIVERSITY OF CALIFORNIA	5 477	0,2
SUN MICROSYSTEMS	5 341	0,2

Note : Pour l'approche étroite et l'approche large de l'inventaire de brevets concernant les smartphones, voir l'encadré 4.2.
Source : OMPI, données extraites de la base de données de l'USPTO.

Les figures 4.11 et 4.12 présentent les dessins et modèles industriels protégés par Apple, Samsung Electronics et Huawei en utilisant les données de l'USPTO et de l'Office de l'Union européenne pour la propriété intellectuelle (EUIPO). Dans le cas de l'USPTO, la classe D14 USPC ("Recording, Communication, or Information Retrieval Equipment") a servi de point de départ pour ensuite encore filtrer en utilisant les titres de brevets. La même démarche a été utilisée pour l'EUIPO, à la différence que l'ensemble de données initiales englobait toutes les demandes pour les classes 14-03 (Appareils de télécommunications et de télécommande sans fil, amplificateurs-radio) et 14-04 (Interfaces et icônes) de la classification internationale de Locarno pour les dessins et modèles industriels.

Les portefeuilles de dessins et modèles d'Apple et de Samsung enregistrés auprès de l'USPTO et de l'EUIPO sont vastes et ne cessent d'augmenter, atteignant un pic en 2012 ou 2013 (voir la figure 4.12). Comme cela a été relevé ci-dessus, le succès initial obtenu par Apple contre Samsung devant les tribunaux des États-Unis d'Amérique, s'agissant de faire valoir ses droits sur un dessin d'interface utilisateur graphique, peut avoir contribué à cette augmentation du nombre de dépôts dans ce domaine. Le nombre d'enregistrements effectués par Samsung Electronics est très nettement supérieur à ceux effectués par Apple, mais cette situation témoigne vraisemblablement de problèmes de mesure qui pourraient se poser car Samsung est un conglomérat du secteur électronique plus diversifié qu'Apple. Huawei a commencé à enregistrer des dessins et modèles industriels ces dernières années, mais Apple et Samsung possèdent toujours des portefeuilles de dessins et modèles beaucoup plus vastes.

Les portefeuilles de dessins et modèles protégés par les trois entreprises sont également distincts. Une part importante des dessins et modèles de Huawei protégés auprès de l'USPTO (41,9%, ou 18) pour la période 2007-2015 concernaient les téléphones eux-mêmes. À l'inverse, la plupart des dessins et modèles d'Apple pendant la même période concernaient principalement les interfaces utilisateurs graphiques (75,2%). Les dessins et modèles de Samsung Electronics concernaient aussi principalement les interfaces utilisateurs graphiques (43,7% du total) mais venaient ensuite en chiffres absolus les dessins et modèles concernant les téléphones eux-mêmes (30,9%).

Figure 4.12

Le nombre de dessins et modèles industriels enregistrés par les fabricants de smartphones a augmenté en 2012 et 2013

Nombre de dessins et modèles industriels enregistrés auprès de l'USPTO, 2009-2014

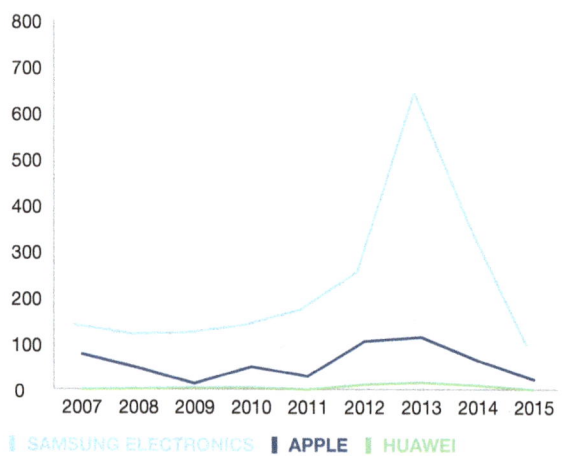

SAMSUNG ELECTRONICS | APPLE | HUAWEI

Nombre de dessins et modèles industriels enregistrés auprès de l'EUIPO, 2009-2014

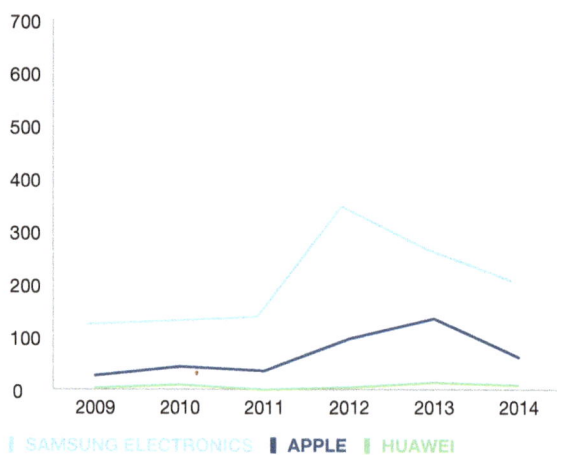

SAMSUNG ELECTRONICS | APPLE | HUAWEI

Notes : Les données correspondent aux dessins et modèles industriels qui sont enregistrés et publiés. Les données de l'EUIPO montrent le nombre total de dessins et modèles publiés et enregistrés dans les demandes déposées. Seules les données pour Samsung Electronics sont présentées. Toutefois, il est courant que les dessins puissent être enregistrés par l'intermédiaire de filiales. Par exemple, Samsung Display Co. Ltd., filiale de Samsung, a enregistré 22 dessins et modèles industriels auprès de l'EUIPO pour la période 2013-2015.

Source : OMPI, données extraites des bases de données de l'USPTO et de l'EUIPO

Les dessins et modèles d'Apple enregistrés auprès de l'EUIPO concernaient en grande partie les interfaces utilisateurs graphiques (70,1% du total), tandis que ceux de Huawei concernaient les téléphones. Un pic a été atteint en 2012-2013, à la suite du litige entre Apple et Samsung. Les dessins et modèles industriels enregistrés au cours de ces deux années représentent à eux seuls 42,4% de tous les dessins et modèles industriels enregistrés par Apple auprès de l'USPTO pour la période 2007-2015 et 22,2% des dessins et modèles industriels enregistrés auprès de l'EUIPO. Pour Samsung, ils représentent 44,1% du nombre total des dessins et modèles industriels enregistrés pour la même période auprès de l'USPTO et 44,3% auprès de l'EUIPO.

Au fil des années, les portefeuilles de dessins et modèles des trois entreprises ont aussi changé. Apple était un précurseur du secteur. La société a déposé au total 370 dessins et modèles auprès de l'EUIPO en 2007 et 2008 – 35,7% du nombre total de dessins et modèles déposés pour la période 2007-2015 – coïncidant avec la sortie du premier iPhone. Aucun de ces enregistrements ne concernait le dessin du smartphone lui-même; ils concernaient plutôt les interfaces utilisateurs graphiques (69,2%) et les icônes (30,8%). Cela n'est pas surprenant étant donné que la plupart de dessins et modèles d'Apple ne sont pas propres à l'iPhone, mais qu'ils sont utilisés dans l'ensemble des produits Apple. Depuis lors, Apple enregistre des dessins et modèles industriels (ou brevets de dessin et de modèle aux États-Unis d'Amérique) auprès de l'USPTO et de l'EUIPO moins fréquemment. Il est difficile de connaître les raisons exactes de cette tendance, mais celle-ci pourrait s'expliquer par le fait que l'écosystème et l'identité du dessin ou modèle d'Apple ont maintenant été créés et qu'ils ont atteint une relative maturité.

À l'inverse, le portefeuille de Samsung a été plus volatile. Le nombre de dessins et modèles d'interfaces utilisateurs graphiques et d'icônes enregistrés par Samsung a augmenté au fil du temps, alors que le nombre de dessins et modèles de téléphones eux-mêmes a diminué. Samsung pourrait suivre la stratégie d'Apple et s'adapter au marché, en particulier après 2012 et le litige concernant l'interface utilisateur graphique.

Enfin, Huawei est un nouvel acteur du secteur et le nombre de dessins et modèles enregistrés en chiffres absolus est inférieur en chiffres absolus au nombre de dessins et modèles enregistrés par Apple et Samsung.

Tous les dessins et modèles enregistrés par Huawei auprès de l'EUIPO concernent le smartphone lui-même bien que la société ait enregistré des brevets de dessin et de modèle d'interfaces utilisateurs graphiques auprès de l'USPTO.

La protection des dessins et modèles de smartphones et d'interfaces utilisateurs graphiques et d'icônes connexes semble gagner en importance. Dans de nombreux pays, ces types de dessins et modèles figurent parmi ceux dont la croissance est la plus rapide et sont ceux pour lesquels une protection est le plus souvent demandée par les concepteurs locaux et étrangers[67]. Souvent, les interfaces utilisateurs graphiques ont une incidence non seulement sur l'apparence mais aussi sur la fonctionnalité – qui ne sont pas couverts par les droits sur les dessins et modèles industriels – et sur la facilité d'utilisation. Les différents droits de propriété intellectuelle offrent une protection différente et ont des critères d'admissibilité différents, et il peut y avoir des différences importantes entre la protection et les critères d'admissibilité d'un pays à l'autre. Le brevet, le dessin ou modèle et la protection par le droit d'auteur sont les options envisageables les plus probables en matière de protection juridique[68]. Aux États-Unis d'Amérique, une marque de forme spéciale, l'habillage commercial des produits qui couvre l'apparence d'un produit, son emballage, sa forme ou tout autre aspect, peut être aussi susceptible, par exemple, de protéger le dessin ou modèle distinctif des emballages de l'iPhone d'Apple.

La figure 4.13 présente les dépôts (ou enregistrements) de demandes d'enregistrement par Apple et Samsung pour les interfaces utilisateurs graphiques. Le nombre de demandes d'enregistrement de dessins et modèles industriels d'interfaces utilisateurs graphiques déposées par Apple et Samsung Electronics a considérablement augmenté depuis 2012, tant auprès de l'USPTO que de l'EUIPO. Entre 2009 et 2014, Apple a déposé 222 demandes d'enregistrement de dessins et modèles d'interfaces utilisateurs graphiques auprès de l'EUIPO, alors que Samsung en a déposé 379. En 2007, l'année où le premier iPhone est sorti, la moitié (38) des demandes d'enregistrement de dessins et modèles industriels déposées par Apple auprès de l'USPTO concernait les interfaces utilisateurs graphiques et l'autre moitié les dessins et modèles d'icônes. En 2008, les dessins et modèles industriels d'interfaces utilisateurs graphiques représentaient 89%(41) des demandes d'enregistrement déposées par Apple auprès de l'USPTO.

Quelque 66% (189) des demandes d'enregistrement déposées par Apple auprès de l'EUIPO en 2008 concernaient les interfaces utilisateurs graphiques, et 34% (98) les dessins et modèles d'icônes. Le nombre de dessins et modèles d'icônes a aussi augmenté, en particulier pour Samsung, qui a plus que triplé le nombre de ses demandes d'enregistrement de dessins et modèles d'icônes auprès de l'USPTO entre 2012 et 2013. Il convient de faire remarquer que Huawei a déposé seulement 17 dessins et modèles d'écrans de visualisation entre 2012 et 2015 auprès de l'USPTO et que la société n'a, jusqu'à présent, déposé aucune demande de dessins et modèles d'interfaces utilisateurs graphiques auprès de l'EUIPO.

Il est difficile de comparer en chiffres absolus le nombre de demandes d'enregistrement de dessins et modèles industriels déposées par ces entreprises. Premièrement, la méthode employée pour identifier les dessins et modèles industriels de smartphones est inexacte. Deuxièmement, Samsung Electronics est un conglomérat déposant des demandes pour une large gamme de smartphones et d'autres produits électroniques, alors qu'Apple a sorti 15 modèles d'iPhone depuis 2007[69]. Enfin, les dessins et modèles d'interfaces utilisateurs graphiques et d'icônes d'Apple sont utilisés dans tous les produits Apple et, dans de nombreux cas, dans tous les modèles d'iPhone, ce qui peut se traduire par un nombre encore moins élevé de demandes d'enregistrement de dessins et modèles déposées en chiffres absolus.

Enfin, dans certains cas, il peut y avoir un chevauchement entre la protection des marques et des dessins et modèles dans les cas où des sociétés commercialisent sous un nom de marque un dessin et modèle, revendiquant leur caractère distinctif. Il est possible d'obtenir un dessin ou modèle industriel et une marque couvrant le même objet[70] : le premier accorde une période de protection limitée pour un dessin ou modèle, tandis que le deuxième peut en fait assurer une protection à perpétuité pour le même dessin en tant que marque.

4.3.3 – La valeur élevée des marques qui se cache derrière les principaux smartphones

Le *Rapport 2013 sur la propriété intellectuelle dans le monde* a souligné l'importance des marques en tant qu'actifs incorporels et facteur déterminant de la capacité à vendre à un prix plus élevé, y compris dans le secteur des smartphones[71]. Il s'est avéré aussi que les marques jouaient un rôle important en expliquant la raison pour laquelle les principales entreprises captent la majorité des bénéfices.

Apple, Samsung et plus récemment Huawei dépensent des montants considérables en publicité (voir la figure 4.13). Reprenant à leur compte l'interdépendance entre la création et promotion d'une marque et l'innovation, les trois sociétés ont mis la commercialisation sur le même plan que la R-D pour la mise au point de produits innovants. Les dépenses d'Apple ont augmenté pour atteindre 1,8 milliard de dollars É.-U. en 2015 (les chiffres de 2016 ne sont pas disponibles), alors que Samsung a dépensé 3,8 milliards de dollars É.-U. en 2016 – rivalisant avec des sociétés ayant les plus gros budgets publicitaires dans le monde comme Coca-Cola, après avoir pris la décision d'augmenter considérablement à partir de 2012 ses dépenses annuelles de publicité, principalement pour promouvoir sa marque Galaxy[72]. Les données officielles relatives à la publicité d'Huawei ne sont pas disponibles, mais les campagnes de commercialisation de plus en plus mondialisées autour de la société et de ses smartphones de la série P témoignent de sa volonté de sortir du segment à faible marge en créant une marque haut de gamme[73].

Il est difficile de déterminer la valeur conférée par ces marques pour les smartphones en général, ou pour des modèles de smartphones en particulier. Cette valeur repose essentiellement sur la réputation et l'image de l'entreprise principale comme Apple, Samsung ou Huawei, et précisément cette valeur est particulièrement élevée. Apple et Samsung sont en tête du classement des marques et Apple occupe la première place dans deux classements sur trois (voir le tableau 4.9 du présent rapport ainsi que le tableau 1.1 et l'encadré 1.6 de l'OMPI (2013), pour une critique technique de la valeur conférée par ces marques). La valeur conférée par la marque Huawei est moins élevée, mais elle est en train de rattraper son retard. Les fabricants de smartphones implantés depuis moins longtemps sont encore loin derrière.

Figure 4.13

Les interfaces utilisateurs graphiques et les icônes représentent la part la plus importante des dessins et modèles industriels de smartphones

Nombre de dessins et modèles industriels enregistrés auprès de l'USPTO par entreprise et par type

Apple

Samsung Electronics

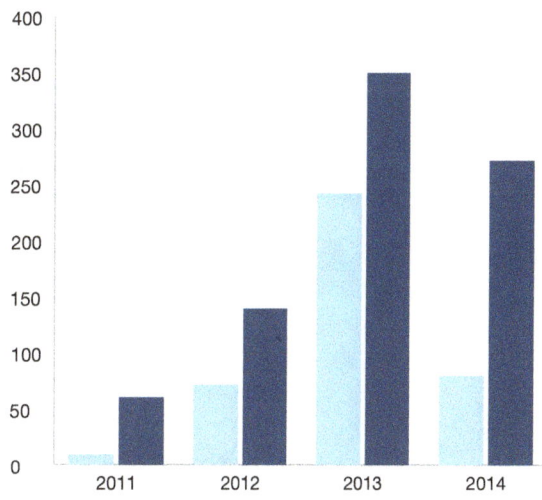

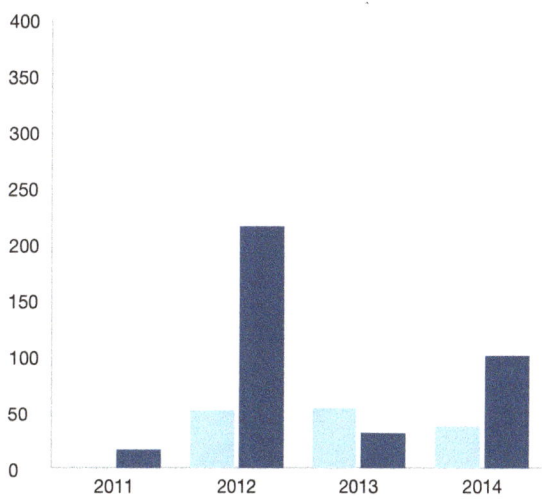

Nombre de dessins et modèles industriels enregistrés auprès de l'EUIPO par entreprise et par type

Apple

Samsung Electronics

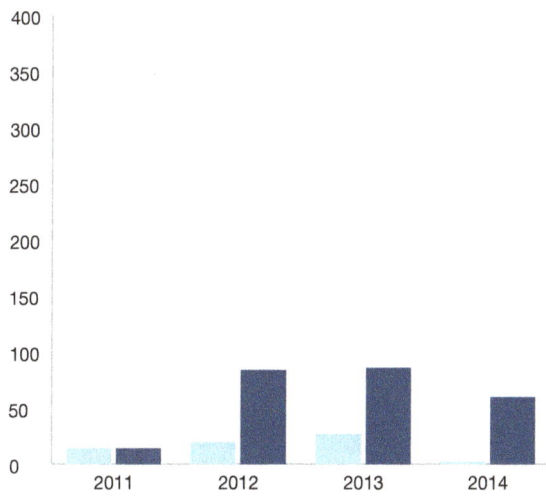

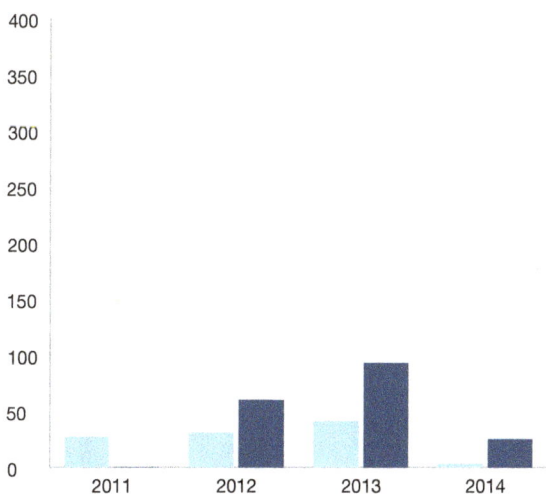

ICÔNES   INTERFACE UTILISATEUR GRAPHIQUE

Source : OMPI, données extraites des bases de données de l'USPTO et de l'EUIPO; voir les notes techniques.

Figure 4.13 (suite)

Part des dessins et modèles industriels ("brevets de dessin et modèle") enregistrés auprès de l'USPTO par certaines entreprises pour différents éléments de smartphone, 2007-2015

Part des dessins et modèles industriels ("brevets de dessin et modèle") enregistrés auprès de l'EUIPO par certaines entreprises pour différents éléments de smartphone, 2007-2015

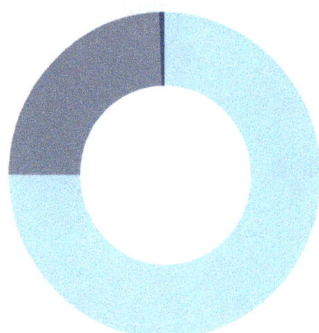

75,2% Interfaces utilisateurs graphiques

24,4% Icônes

0,4% Écrans de visualisation et autres

Apple

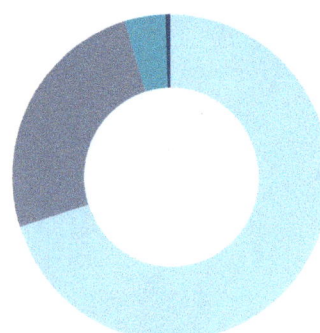

70,1% Interfaces utilisateurs graphiques

25,5% Icônes

4,0% Smartphones

0,5% Écrans de visualisation et autres

Apple

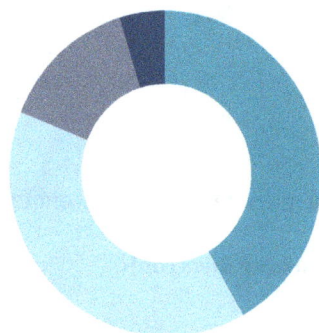

41,9% Smartphones

39,5% Interfaces utilisateurs graphiques

14,0% Icônes

4,7% Écrans de visualisation et autres

Huawei

100% Smartphones

Huawei

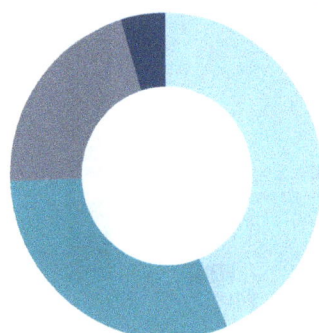

43,7% Interfaces utilisateurs graphiques

30,9% Smartphones

20,9% Icons

4,5% Écrans de visualisation et autres

Samsung Electronics

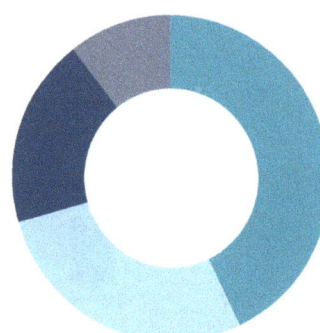

42,9% Smartphones

27,8% Interfaces utilisateurs graphiques

19,0% Écrans de visualisation et autres

10,3% Icônes

Samsung Electronics

Source : OMPI, données extraites des bases de données de l'USPTO et de l'EUIPO.

Les trois entreprises suivent des stratégies d'image de marque similaires. Selon des estimations établies aux fins du présent rapport, Apple a commencé à enregistrer des marques concernant son iPhone auprès de l'USPTO en 2006, y compris une marque pour le nom "iPhone"[74]. Conservant l'avantage que lui procurait son avance, Apple a ensuite enregistré au total 15 marques en 2007, l'année où l'iPhone est sorti. Samsung et Huawei n'ont commencé à enregistrer des marques de smartphones qu'en 2009 et 2011. Samsung a déposé apparemment un nombre relativement élevé de marques sans nécessairement les utiliser sur le marché par la suite.

Huawei a enregistré un petit nombre de marques – juste 10 en tout pendant toute la période – mais Samsung a commencé immédiatement à enregistrer un grand nombre de marques, en tout 300, pendant cette période. La hausse du nombre de marques enregistrées par Samsung en 2012 a coïncidé avec l'augmentation cette année-là de la publicité, dont il a été fait mention plus haut.

Peu de marques semblent se rapporter spécifiquement à un modèle de smartphone particulier, ce qui renforce la conclusion que la valeur conférée par la marque provient essentiellement de la marque générique de l'entreprise. Par exemple, Apple n'a pas protégé le terme "iPhone 7" par un nom commercial. Samsung a déposé une marque pour "S7" ou "S7Edge" auprès de l'USPTO mais l'a abandonnée, bien qu'elle soit protégée auprès de l'EUIPO. Huawei est la seule entreprise à poursuivre une stratégie en matière de marque qui protège la marque affichée sur l'appareil, le nom de la série du produit et le nom du produit spécifique auprès de l'USPTO. Les trois géants du marché se sont cependant efforcés de protéger la série du produit comme "iPhone", "Galaxy" et "Huawei P".

En outre, les marques sont enregistrées sur des innovations sous-jacentes dans les domaines du matériel et des logiciels qui deviennent des caractéristiques distinctives du produit. "Retina display" (Apple) et "Infinity display" (Samsung) en sont un exemple – dans le répertoire d'Apple – "assistive touch", "AirPort Time Capsule" et "A10 fusion chips."

La figure 4.16 montre les marques de smartphones d'Apple, d'Huawei et de Samsung Electronics selon la classification de Nice – la classification internationale de produits et de services aux fins de l'enregistrement des marques de commerce et de service – au fil du temps[75]. La classe pertinente pour les smartphones est la classe 9 et les trois sociétés ont soumis leur plus grand nombre de demandes d'enregistrement dans cette classe; Apple en a déposé 68 pour la période 2007-2016, Samsung près de 300 et Huawei environ 10.

Figure 4.14

Samsung et d'autres fabricants de smartphones figurent parmi les plus grands annonceurs mondiaux

Dépenses publicitaires mondiales (milliards de dollars É.-U.)

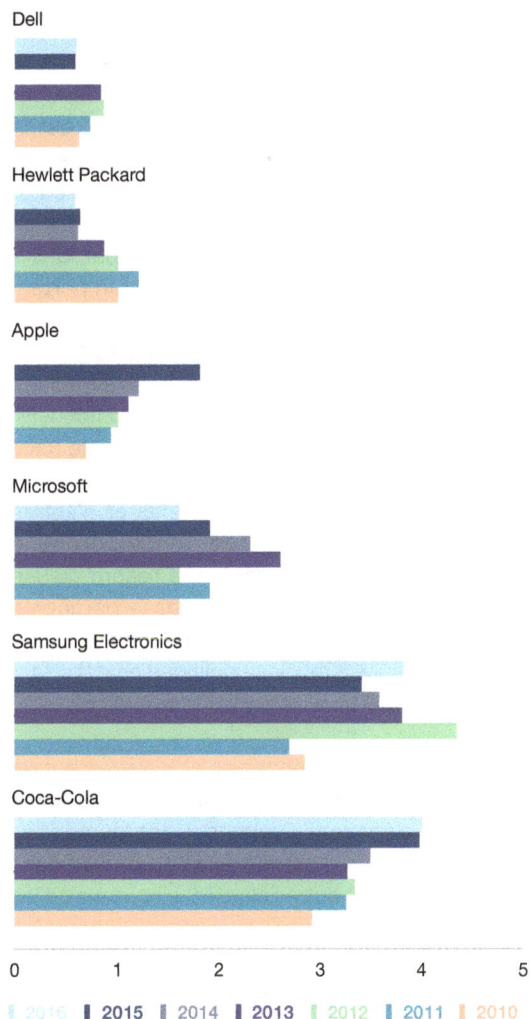

Source : OMPI, données extraites des rapports annuels des entreprises.

Notes : Les données pour Dell ne sont pas disponibles pour 2014. Les données pour Apple ne sont pas disponibles pour 2016. Les données pour Microsoft correspondent aux exercices budgétaires.

Tableau 4.9

Valeur des marques des principaux fabricants de smartphones, 2016

Entreprise	Interbrand Rang et valeur	En pourcentage de la capitalisation boursière	BrandZ Rang et valeur	En pourcentage de la capitalisation boursière	Forbes Rang et valeur	En pourcentage de la capitalisation boursière
Apple	Rang 1 178 milliards de dollars É.-U.	23	Rang 2 22 milliards de dollars É.-U.	30	Rang 1154 milliards de dollars É.-U.	20
Samsung	Rang 7 52 milliards de dollars É.-U.	20	Rang 48 19 milliards de dollars É.-U.	7,2	Rang 11 6 milliards de dollars É.-U.	13
Huawei	Rang 726 milliards de dollars É.-U.	0,4	Rang 5019 milliards de dollars É.-U.	1,3	–	s.o.

Source : Dedrick et Kraemer (2017), données extraites de l'OMPI (2013) et données extraites d'Interbrand (2016),
de Millward Brown (2016) et de Forbes (2016).

L'aspect le plus intéressant de cette figure est la répartition entre les classes, précisément parce que les sociétés ne déposent pas leurs demandes d'enregistrement seulement dans la classe 9 mais elles les répartissent aussi entre les classes, en particulier celles concernant les services. Cela est important pour deux raisons : i) cela les aide à créer leur image de marque et à utiliser leur marque pour une gamme de catégories de produits et services en ne se limitant pas aux seuls produits électroniques "traditionnels" et ii) le fait d'occuper le plus d'espace possible dans l'ensemble des classes signifie qu'ils sont mieux placés pour éviter que les concurrents et d'autres entreprises (et des squatters) ne s'approprient une image de marque, tout en gardant à l'esprit qu'une marque doit être utilisée pour la classe pertinente afin d'être protégée. La figure montre aussi que Huawei commence à revoir sa politique en déposant des marques dans un plus grand nombre de classes.

Huawei dépose des demandes d'enregistrement de marques exclusivement dans la classe 9 mais Apple et Samsung déposent également des demandes d'enregistrement de marques de smartphones dans un certain nombre d'autres classes, y compris celles concernant les services. Par exemple, la première demande d'enregistrement de la marque iPhone en 2006 a été aussi déposée dans la classe 28 qui comprend les jeux et jouets, en tant qu'"unité portative pour jouer à des jeux électroniques".

La classe de services la plus courante est la classe 38, qui couvre les services de télécommunication, mais un certain nombre de demandes d'enregistrement de marques est déposé dans la classe 42 qui couvre, entre autres, la conception et le développement de logiciels.

Figure 4.15

Apple a été le premier à enregistrer des marques de smartphones

Nombre de marques de smartphones enregistrées chaque année auprès de l'USPTO par Apple, Huawei et Samsung, 2007-2015

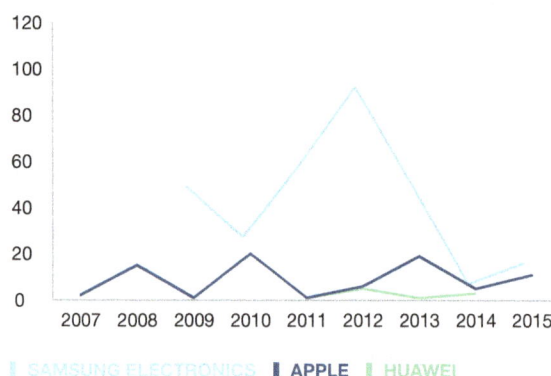

SAMSUNG ELECTRONICS ▌ APPLE ▌ HUAWEI

Source : OMPI, données extraites de la base de données de l'USPTO.

Figure 4.16

Les demandes d'enregistrement de marques de smartphones sont de plus en plus déposées dans les classes concernant les services

Les demandes d'enregistrement de marques de smartphones déposées chaque année auprès de l'USPTO par Apple, Huawei et Samsung, selon la classification de Nice, 2006-2016

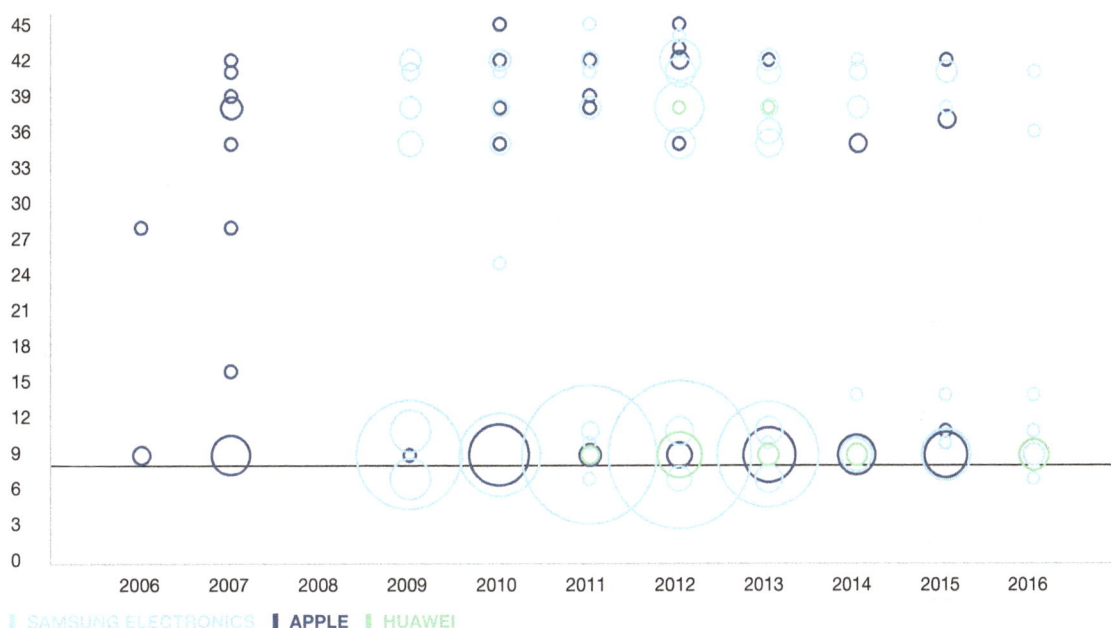

SAMSUNG ELECTRONICS   APPLE   HUAWEI

Note : La taille de la bulle indique le nombre de demandes d'enregistrement de marques pour la classe de la classification de Nice correspondante.

Source : OMPI, données extraites de la base de données de l'USPTO; voir aussi les notes techniques.

Comme il a été dit auparavant, Apple possède trois marques sur le dessin ou modèle (l'habillage commercial) de son iPhone. Samsung a aussi essayé d'obtenir une protection pour ce type de propriété intellectuelle, tant auprès de l'USPTO que de l'EUIPO, sans succès. Les droits relatifs à l'emballage sont intéressants aussi. Apple est détenteur d'un droit découlant de la marque et du dessin et modèle sur la forme du boîtier de l'iPhone.

En outre, certains fournisseurs de composants possèdent aussi des marques qui sont utilisées par des marques de téléphones portables lors de la commercialisation de leurs téléphones, comme la marque Gorilla Glass de Corning ou l'utilisation par Huawei de la marque Leica pour commercialiser le nouvel appareil photo de son smartphone. Les fabricants de téléphones portables et les fournisseurs de composants se réfèrent à des marques pour les normes et les technologies de tiers essentielles pour la capacité de mise en réseau du téléphone, comme

"LTE", "Wi-Fi" et "Bluetooth", et les utilisent sous licence. Ces marques appartiennent généralement à des organismes de normalisation ou des alliances sectorielles, non à des fournisseurs de composants[76].

Enfin, les éléments en rapport avec les logiciels, contenus et services de smartphones comme "Siri" pour Apple et "Bixby" pour Samsung, "iTunes" ou "Apple Pay" sont également protégés par des marques[77]. Certains appartiennent à des fournisseurs tiers comme "Android."

Des demandes d'enregistrement de marques sont aussi déposées sur des interfaces utilisateurs graphiques et des icônes concernant des applications et accessoires de smartphones. Apple et Samsung tiennent à demander la protection d'une marque et d'un dessin ou modèle industriel sur les interfaces utilisateurs graphiques, en soulignant le fait que les interfaces utilisateurs graphiques identifient bien les produits.

4.4 – Perspectives en matière d'apprentissage technologique et d'actifs incorporels

Comment l'apprentissage technologique est-il apparu dans la chaîne de valeur mondiale des smartphones? Le captage de la valeur est-il en train de changer? Et quel rôle la propriété intellectuelle pourrait-elle jouer dans ce processus?

Il est une nouvelle fois impossible de répondre simplement : les facteurs en jeu sont trop nombreux, mais il est utile de rappeler le calendrier de l'innovation dans le domaine des smartphones et le petit nombre d'entreprises et de zones géographiques concernées.

S'agissant des inventions nécessaires pour les smartphones, le développement des téléphones mobiles et des technologies sous-jacentes remonte à plusieurs décennies. Le premier téléphone portable a été lancé par Motorola en 1973[78]. Les téléphones cellulaires dépendent aussi d'une multitude d'autres technologies, notamment les processeurs, qui ont une longue histoire derrière eux[79]. Le premier brevet décisif dans le domaine de la communication sans fil par exemple remonte à 1974.

Du point de vue de la pénétration du marché, NTT DoCoMo, une entreprise japonaise, a atteint un taux de pénétration relativement élevé au Japon avec ses premiers smartphones mis sur le marché en 1999. Cela étant, l'iPhone d'Apple a franchi un cap très important en 2007, suivi par Samsung en 2009, et seulement plus tard par Huawei[80]. Apple a défini le dessin ou modèle dominant d'un smartphone. Dans les publications consacrées à l'innovation, la création d'un dessin ou modèle dominant est une étape importante car la concurrence qui en résultera portera sur ces paramètres de conception.

Jusqu'à ce jour, aussi, seuls quelques entreprises et pays clés bénéficient relativement de l'apprentissage technologique. On a assisté à une réorientation des capacités, de l'Europe, du Japon et des États-Unis d'Amérique initialement vers certaines entreprises en République de Corée (Samsung et LG), dans la province chinoise de Taiwan et en Chine (Huawei et ZTE). Comme pour d'autres technologies de pointe, la participation à ces technologies ne reflète pas un clivage entre pays développés et pays en développement; L'Europe, par exemple, n'est plus un concurrent sérieux, tandis que la Chine est devenue un concurrent important. Il existe des différences importantes entre les pays nouvellement arrivés sur le marché.

La République de Corée crée ses capacités essentiellement en interne en s'appuyant sur les politiques publiques et la force de ses conglomérats nationaux. L'apprentissage technologique de la Chine a été rendu possible grâce une large association avec des entités étrangères, notamment en fournissant des services d'assemblage destinés aux entités étrangères et à l'investissement étranger direct en Chine. Il y avait réellement deux ou trois voies d'apprentissage en Chine. Cela était le cas d'entreprises de la province chinoise de Taiwan dont la production était destinée à des multinationales en Chine (p. ex. Foxconn assemblant des produits pour Apple et d'autres). Cela était aussi le cas d'entreprises chinoises comme Huawei, ZTE et Lenovo qui ont créé des lignes de produits (équipements réseau et ordinateurs personnels) et se sont ensuite positionnées sur le marché des smartphones. Une troisième voie pourrait être l'ensemble de nouvelles entreprises chinoises vendant des téléphones bon marché pour le marché chinois sans avoir recours initialement à des inventions technologiques marquantes créées en interne. La Chine joue donc un rôle majeur dans le secteur des smartphones, sans que les entreprises chinoises aient nécessairement une présence importante dans les chaînes de valeur mondiales de multinationales comme Apple et Samsung.

Hormis ces entreprises et pays ayant leurs caractéristiques propres, il y a eu peu de transferts d'actifs incorporels et peu de nouveaux concurrents ou de nouveaux participants à la chaîne de valeur mondiale des smartphones (voir la section 4.2.1 plus haut). Les seules nouvelles réorientations géographiques de la participation à la chaîne de valeur mondiale se limitent au transfert de quelques activités d'assemblage vers des pays situés en dehors de l'Asie de l'Est.

Parmi les principales entreprises du secteur, quels sont les points communs entre Apple, Samsung et Huawei du point de vue du développement de leurs capacités d'innovation et du rôle des actifs incorporels?

Premièrement, avant leur entrée sur le marché des smartphones, les trois entreprises avaient une expérience et des capacités d'innovation dans des domaines technologiques connexes.

- L'histoire d'Apple est bien connue. Tout a commencé à la fin des années 1970. La société s'est tout d'abord concentrée sur la technologie informatique et a également développé un savoir-faire essentiel dans des domaines tels que les lecteurs, les imprimantes, les périphériques d'entrée et les technologies réseau pendant quatre décennies. Il lui a fallu du temps pour passer de son lecteur audio, l'iPod, sorti en 2001, grâce à l'innovation dans le domaine des logiciels comme iTunes, au lancement simultané de l'iPhone et de l'iPad. Sa capacité à mettre au point des composants en interne est moindre que celle d'Huawei ou de Samsung – à l'exception des composants les plus chers et les plus stratégiques comme les processeurs et, plus récemment, les interfaces utilisateurs graphiques[81]. En outre, Apple possède d'énormes capacités en matière de conception de produits, d'intégration et de logiciels.

- Samsung Electronics a toujours fait partie d'un grand conglomérat. L'entreprise est d'abord entrée sur le marché en tant que fournisseurs de composants (plus particulièrement le matériel de télécommunications et les téléphones) destinés à d'autres entreprises, au début des années 1980. Samsung Electronics a commencé par fabriquer des produits électroniques imités, bon marché pour d'autres entreprises. Samsung a aussi fabriqué beaucoup de produits sous sa propre marque pour la République de Corée. Déjà à l'époque, un grand nombre de ses installations était implanté à l'étranger, profitant sans doute de l'accès à des travailleurs qualifiés formés à l'étranger. Toutefois, en 1996, la société a procédé à une réorientation en profondeur de ses activités vers le renforcement des capacités de conception en interne et la création de sa marque[82]. Aujourd'hui, Samsung reste la seule société à avoir recours au transfert interne de technologie et de production et à ses capacités de conception de produits.

- Huawei a débuté beaucoup plus tard et avec moins de capacités d'intégration, mais est devenue le numéro un mondial des réseaux de télécommunications en 2012[83]. Contrairement à d'autres sociétés en Chine ou dans la province chinoise de Taiwan, Huawei n'a pas travaillé en sous-traitance pour des entités occidentales. En fait, la société s'est toujours concentrée sur l'innovation dans le domaine des télécommunications et la mise en place de relations étroites avec des opérateurs dans le monde entier. En 2003, Huawei s'est mis à fabriquer des téléphones, bas de gamme pour la plupart, destinés à des opérateurs de télécommunications chinois. Depuis 2011, la société a cependant mis au point des appareils haut de gamme. Plutôt que d'avoir recours à des coentreprises pour sécuriser le transfert de technologie d'entreprises étrangères, la société s'est concentrée sur la R-D locale et sur l'apprentissage par la rétro-ingénierie

d'entreprises étrangères (Chong, 2013). Aujourd'hui, elle a en réalité une plus forte composante de R-D qu'Apple ou Samsung (voir le tableau 4.3) et continue d'investir dans la R-D à un rythme soutenu malgré la baisse des recettes et des marges[84]. Des études scientifiques montrent que ce rattrapage rapide était dû à ses capacités technologiques et non aux seuls avantages en matière de coûts. Elle a créé sa propre filière technologique au lieu de se contenter de suivre. Huawei a connu une croissance rapide en mettant au point des technologies différentes de celles d'Ericsson, son principal concurrent, et en utilisant des connaissances scientifiques récentes dans ses stratégies d'innovation[85]. Plus récemment, Huawei s'est employé à moderniser son infrastructure en créant un certain nombre de partenariats ou de coentreprises avec des sociétés comme IBM, Siemens, 3Com et Symantec et en instaurant des partenariats dans le domaine de la R-D avec Motorola et d'autres opérateurs de télécommunications, et a également appris les pratiques d'entreprises occidentales en matière de gestion.

Bien que chaque entreprise suive un mode de développement différent, elles ont toutes les trois largement participé à la création de capacités d'innovation et d'actifs incorporels connexes, notamment les marques. Toutes les trois ont une forte composante de R-D et l'un de leurs objectifs explicites est d'accroître leur fabrication en interne de composants perfectionnés sur le plan technologique et à forte marge, comme les puces. Elles ont aussi toutes les trois appris à utiliser la propriété intellectuelle de manière intensive; elles gèrent de vastes portefeuilles de propriété intellectuelle et ont une grande expérience du règlement des litiges dans le domaine de la propriété intellectuelle. De plus, Samsung et Huawei jouent un rôle dans les technologies normatives connexes et la propriété intellectuelle.

Deuxièmement, les trois entreprises opèrent dans vastes réseaux de valeur et avec des fournisseurs de composants (section 4.2). L'apprentissage et la modernisation ne sont pas l'apanage des seuls principaux fabricants de smartphones.

On les retrouve aussi dans des domaines technologiques connexes. Ces interactions permettent aux flux de connaissances de circuler dans les deux sens pendant le processus de conception conjointe et de fabrication. Au niveau des composants, le modèle de puce fabriqué "sans usine" adopté par les grands fabricants de puces, tels que Qualcomm, Broadcom et Apple suppose une collaboration étroite avec des fonderies comme Taiwan Semiconductor Manufacturing Corporation (TSMC) visant à concevoir des puces pour des procédés spécifiques de fabrication[86]. Les partenariats entre Qualcomm et Huawei destinés à créer les jeux de circuits mobiles de la prochaine génération nécessitent aussi un échange substantiel de connaissances.

La participation à la chaîne de valeur mondiale des smartphones suppose un apprentissage et une modernisation du haut en bas de la chaîne, jusqu'au niveau des sous-traitants. Quand Apple travaille avec Foxconn sur des procédés tels que le moulage par injection, l'usinage et le contrôle de la qualité, cela implique un apprentissage. Des sociétés comme Foxconn ont tout d'abord apporté une simple contribution mais, aujourd'hui, elles ajoutent de la valeur à l'iPhone à travers leurs propres actifs incorporels (usinage, prototypage rapide, entrée accélérée de volumes élevés sur le marché, gestion de la chaîne d'approvisionnement). Certains de ces procédés pourraient être employés dans l'usine de Foxconn aux États-Unis d'Amérique[87].

Quand Huawei assemble en dehors de l'Asie, par exemple au Brésil, un transfert de connaissances a lieu[88]. Dans le même ordre d'idées, le transfert de connaissances a lieu aussi au sein des multinationales. Samsung, par exemple, fabrique la moitié de ses téléphones mobiles dans ses propres usines au Viet Nam. Apple met au point des logiciels dans différents pays. Ces activités permettent une diffusion des connaissances auprès d'instituts de recherche nationaux, de fournisseurs et de concurrents, y compris la compréhension de l'activité économique, ainsi que des connaissances technologiques. En général, un grand nombre de connaissances dans ces entités sont tacites – elles ne sont jamais codifiées et circulent au sein des entreprises et entre celles-ci – tandis que d'autres connaissances sont codifiées pour faciliter les collaborations.

Troisièmement, les acquisitions ont aidé ces sociétés à progresser. Par exemple, Samsung a acheté des sociétés dans des domaines aussi divers que les services de musique mobile, les technologies de reconnaissance vocale et des entreprises de nanotechnologie proposant des solutions d'affichage, rien qu'en 2016 et 2017. C'est le cas de sociétés nouvelles comme Foxconn, qui a acheté Sharp en 2016 et tente de mettre la main sur le secteur des puces de Toshiba[89].

Quatrièmement, la mobilité de la main-d'œuvre joue un grand rôle. Des sociétés comme Samsung ont tiré parti de la mobilité de la main-d'œuvre en prenant exemple sur les ingénieurs japonais dans les années 1990 et en ayant accès à des ingénieurs coréens formés aux États-Unis d'Amérique. Huawei est réputé avoir recruté des professionnels occidentaux dans les domaines du marketing et des affaires publiques et des experts en conception de premier plan d'Apple ou de Samsung, et a établi des centres de conception à Londres[90]. Apple recrute aussi régulièrement des personnes travaillant dans des grandes entreprises américaines comme Qualcomm ou dans des universités américaines.

Cinquièmement, l'internalisation de la technologie et les échanges fondés sur la propriété intellectuelle ont représenté une source importante d'échange de connaissances ou ont permis aux sociétés d'opérer. Les trois entreprises jouent un rôle dans les brevets essentiels liés à une norme, notamment grâce à la conclusion de contrats de licences croisées ou la concession de licences (p. ex. contrats de licence avec Nokia).

Enfin, un autre facteur important dans cette histoire est le rôle de la politique gouvernementale et le cadre plus large de l'activité économique et de l'innovation. Les trois entreprises opèrent toutes dans des pays qui privilégient la croissance fondée sur l'innovation, le ferme engagement des secteurs privé et public en faveur de la science et la R-D, les infrastructures de recherche excellentes (ou s'améliorant rapidement), l'abondance de compétences techniques et scientifiques et la reconnaissance de valeur de l'innovation technologique et non technologique. Les trois pays avaient exprimé leur profond attachement au fonctionnement transfrontière des chaînes de valeur mondiales et leur ferme volonté d'y participer. Ils avaient aussi mis en place des cadres et des politiques pour encourager les dépôts de demande de titres de propriété intellectuelle et promouvoir les normes dans le domaine des télécommunications; par rapport au passé, ce n'est que récemment que la Chine a pris le train en marche mais elle a fait d'énormes progrès en peu de temps.

Du point de vue du commerce international, les trois entreprises ont toutes bénéficié de la très grande ouverture des marchés internationaux des produits informatiques garantie par l'accord sur les technologies de l'information conclu en 1996 à l'Organisation mondiale du commerce, entre autres[91].

En définitive, les politiques gouvernementales – et parfois aussi l'absence de mesures explicites – ont joué un rôle dans le développement du secteur des smartphones.

Notes

1. Le présent chapitre s'inspire de Dedrick et Kraemer (2017) et de Stitzing (2017).

2. IDC (2017).

3. Crédit Suisse (2017).

4. IDC (2017).

5. Crédit Suisse (2016, 2017).

6. IDC (2017).

7. http://iri.jrc.ec.europa.eu/scoreboard.html.

8. Crédit Suisse (2017).

9. BCG (2017).

10. Koski et Kretschmer (2007).

11. "Qualcomm calls for iPhone ban as Apple patent case intensifies", Financial Times (FT), 6 juillet 2017.

12. "China smartphone maker Xiaomi designs its first chip", FT, 28 février 2017; "China's Xiaomi to take on top tier with smartphone chip of its own", Wall Street Journal (WSJ), 9 février 2017; "Apple's building its own graphics processor for the iPhone, dropping Imagination GPUs", PC World, 3 avril 2017.

13. Voir Dedrick *et al.* (2010) et Dedrick et Kraemer (2017) pour plus de détails.

14. IHS Markit (2016).

15. IHS Markit (2016), Samsung Galaxy S7.

16. Ce n'est pas toujours l'entreprise principale qui assume ce coût; cela peut-être parfois les fournisseurs. Tel est le cas d'Apple qui n'est pas titulaire d'une licence pour la propriété intellectuelle de Qualcomm, mais qui s'en remet aux accords entre ses sous-traitants et Qualcomm.

17. Voir Neubig et Wunsch-Vincent (2017). Étude établie aux fins du présent rapport, dans laquelle il est précisé comment les questions d'imposition conduisent à des distorsions de la mesure des transactions en matière de propriété intellectuelle.

18. Dedrick *et al.* (2011) a constaté que la majeure partie de la valeur est captée par les transporteurs, avant les fabricants de téléphones mobiles.

19. Voir Neubig et Wunsch (2017), qui montrent comment les entreprises déplacent leurs portefeuilles de R-D et de propriété intellectuelle, notamment pour des raisons fiscales (p. ex. Apple et d'autres entreprises de haute technologie en Irlande).

20. Voir Ali-Yrkkö *et al.* (2011), pour des conclusions analogues dans ce secteur.

21. S'agissant de l'estimation de 90%, dont il est largement fait écho dans d'autres nouvelles économiques, voir S. Ovide AMD D. Wakabayashi, "Apple's share of smartphone industry's profits soars to 92%", WSJ, 12 juillet 2015 : https://www.wsj.com/articles/apples-share-of-smartphone-industrys-profits-soars-to-92-1436727458.

22. Shapiro et Varian (1998), OCDE (2005), Garcia-Swartz and Garcia-Vicente (2015). Korkeamäki et Takalo (2013) démontrent de la même manière que, par rapport à ses concurrents, Apple capte la majeure partie de la valeur provenant de ses ventes de smartphones en fonction de l'évolution positive du cours de son action.

23. Rapport annuel d'Apple 2016.

24. Voir Dedrick et Kramer (2017).

25. Dedrick et Kramer (2017) sur la base des FT Markets Data : https://markets.ft.com/data.

26. OCDE (2011), Blind *et al.* (2014), et Cecere *et al.* (2015).

27. Korkeamäki et Takalo (2013).

28. Teece (1986).

29. Sharma (2016) et OMPI (2011, 2013 et 2015).

30. "Apple-Samsung case shows smartphone as legal magnet", New York Times, 25 août 2012 : www.nytimes.com/2012/08/26/technology/apple-samsung-case-shows-smartphone-as-lawsuit-magnet.html; "There are 250,000 active patents that impact smartphones; representing one in six active patents today", Techdirt, 18 octobre 2012 : https://www.techdirt.com/articles/20121017/10480520734/there-are-250000-active-patents-that-impact-smartphones-representing-one-six-active-patents-today.shtml. La source à l'origine du chiffre de 250 000 brevets provient d'un document déposé auprès de la SEC par RPX Corporation intitulé : a "defensive patent aggregator", https://www.sec.gov/Archives/edgar/data/1509432/000119312511240287/ds1.htm, et est, pour une large part, non vérifiée.

31. OMPI (2017).

32. OMPI (2016).

33. La CPC est disponible à l'adresse www.cooperativepatentclassification.org. Des experts de Clarivate, précédemment Thomson Reuters, ont donné leur avis sur ce choix, également fondé sur le Derwent World Patents Index's manual code pour les smartphones.

34. La CIB est disponible à l'adresse www.wipo.int/classifications/ipc.

35. https://worldwide.espacenet.com et Datenbankrecherche, Office allemand des brevets et des marques (Deutsche Patent und Markenamt – DPMA) Deutsche Patent- und Markenamt (DPMA). https://www.dpma.de/patent/recherche/index.html.

36. Une famille de brevets est un ensemble de demandes de brevet apparentées déposées dans un ou plusieurs pays ou juridictions en vue de protéger la même invention. Voir le glossaire de l'OMPI (2016).

37. Voir OCDE (2008), document examinant le rôle de la propriété intellectuelle dans le secteur des TIC.

38. Voir OMPI (2011), document sur l'économie des brevets, et Blind *et al.* (2014) pour une application au secteur des TIC.

39. Engstrom (2017).

40. Reidenberg *et al.* (2012, 2015).

41. Gurry (2013).

42. PwC (2017).

43. Gurry (2013).

44. PwC (2017).

45. Reidenberg *et al.* (2012) montre que la majorité des brevets concerne les technologies de la communication, avant les brevets de matériel informatique et de logiciels.

46. Audenrode *et al.* (2017) et Baron *et al.* (2016).

47. Kumar et Basin (2016).

48. Voir Fan (2006) sur Huawei et ZTE; et voir IPlytics (2016) et Thumm et Gabison (2016) sur le rôle croissant des entreprises qui acquièrent des brevets pour les opposer à des tiers et sur l'augmentation du nombre de procédures judiciaires liées aux brevets nécessaires à l'application d'une norme.

49. Pohlmann et Blind (2016) et Reidenberg *et al.* (2014).

50. Par exemple, Google a acheté Alpental Technologies en 2014.

51. Sullivan et Cromwell (2013), Armstrong *et al.* (2014) et Mallinson (2015).

52. Galetovic *et al.* (2016) constatent que les redevances pour les brevets de smartphone essentiels à l'application d'une norme se montent à 14,3 milliards de dollars É.-U., ce qui équivaut à 3,4% de la valeur des smartphones. Sidak (2016) estime que le montant des redevances pour les brevets essentiels à l'application d'une norme se situait entre 4 et 5% des recettes pour les normes 3G et 4G en 2013 et 2014.

53. Rapport annuel de Nokia 2016 : www.nokia.com/en_int/investors; Communiqué de presse de Nokia, 2 février 2017 : https://www.nokia.com/en_int/news/releases/2017/02/02/nokia-corporation-report-for-q4-2016-and-full-year-2016; Rapport annuel 2016 d'Ericsson : https://www.ericsson.com/assets/local/investors/documents/2016/ericsson-annual-report-2016-en.pdf; Communiqué de presse d'Ericsson, 26 janvier 2017 : https://www.ericsson.com/en/press-releases/2017/1/ericsson-reports-fourth-quarter-and-full-year-results-2016, et "Top licensors Ericsson, Microsoft and Nokia all see drop in year-on-year patent revenues", IAM Market, 9 février 2017.

54. Shimpi (2013).

55. Voir Engstrom (2017), Kumar et Bhasin (2017) et "Royalty fees could reach $120 on a $400 smartphone", ZDNet, 31 mai 2014 : www.zdnet.com/article/patent-insanity-royalty-fees-could-reach-120-on-a-400-smartphone/ for similar exercises.

56. Thomson Reuters (2012).

57. "iOS versus Android. Apple App Store versus Google Play", ZDNet, 16 janvier 2015; "App Store 2.0", The Verge, 8 juin 2016; et voir Campbell-Kelly *et al.* (2015) pour un examen des plateformes mobiles de Google, d'Apple et des modèles économiques pertinents en jeu.

58. "Google is paying Apple billions per year to remain on the iPhone, Bernstein says", CNBC, 14 août 2017. Estimation fondée sur des documents de procédure et une conférence téléphonique sur les résultats financiers d'Apple au premier semestre 2017, démontrant que les revenus d'Apple générés par les services équivaudront 7, 3 milliards de dollars É.-U. au premier trimestre de 2017, soit une croissance de 22% par rapport à l'année précédente.

59. Voir le dépôt de plainte rendu public le 3 octobre 2014 dans l'affaire *Microsoft* c. *Samsung* relative à des redevances de brevets introduite début août 2014 devant le tribunal de district des États-Unis d'Amérique). "Document sheds light on Samsung's payments to Microsoft over Android", CNET, 4 octobre 2014; "Samsung paid Microsoft $1 billion last year for Android royalty, filing says", WSJ, 3 octobre 2014; et "Microsoft and Samsung end Android royalties dispute", The Verge, 9 février 2015.

60. Voir Liu et Yu (2017), Liu et Liang (2014) et les enquêtes connexes réalisées par des organisations et des entreprises comme KISA (2014) et Samsung, "The most important feature in a mobile device", 29 septembre 2015 : www.samsung.com/ae/discover/your-feed/the-most-important-feature-in-a-mobile-device; et *Apple* c. *Samsung*, C-11-01846-LHK (N.D. Cal. 2012).

61. Reidenberg *et al.* (2012).

62. Johnson et Scowcroft (2016).

63. *Apple* c. *Samsung*, C-11-01846-LHK (N.D. Cal. 2012).

64. Voir aussi Golinveaux et Hughes (2015) et PwC (2017) pour renvoi à cette tendance ou à cet effet.

65. Rapport de l'USPTO sur les brevets de dessin ou modèle, 1er janvier 1991-31 décembre 2015, publié en mars 2016 : https://www.uspto.gov/web/offices/ac/ido/oeip/taf/design.pdf; et Reidenberg *et al.* (2015).

66. La discussion ici s'appuie sur une collaboration entre la Division de l'économie et des statistiques de l'OMPI et des contributions de Christian Helmers, notamment "Smartphone Trademark and Design Mapping", unpublished background report to the World Intellectual Property Report 2017, 16 juin 2017.

67. Comité permanent du droit des marques, des dessins et modèles industriels et des indications géographiques (SCT) de l'OMPI. Proposition des délégations des États-Unis d'Amérique, d'Israël et du Japon intitulée "Dessins et modèles industriels et technologies émergentes : similitudes et différences en matière de protection des nouveaux dessins et modèles technologiques", 12 septembre 2016, document SCT/35/6 Rev.2.

68. Comité permanent du droit des marques, des dessins et modèles industriels et des indications géographiques (SCT) de l'OMPI "Compilation des réponses au Questionnaire sur les dessins et modèles d'interfaces utilisateurs graphiques, d'icônes et de polices/fontes de caractères", 17 – 19 octobre 2016, document SCT/36/2 Rev.2; et Comité permanent du droit des marques, des dessins et modèles industriels et des indications géographiques (SCT) de l'OMPI "Analyse des réponses au Questionnaire sur les dessins et modèles d'interfaces utilisateurs graphiques, d'icônes et de polices/fontes de caractères", 27-30 mars 2017, document SCT/37/2 Rev.

69. iPhone (2007), iPhone 3G (2008), iPhone 3GS (2009), iPhone 4 (2010), iPhone 4S (2011), iPhone 5 (2012), iPhone 5C (2013), iPhone 5S (2013), iPhone 6 (2014), iPhone 6 Plus (2014), iPhone 6S (2015), iPhone SE (2016), iPhone 7 (2016), iPhone 7S (2017), iPhone 8 (2017).

70. Voir https://www.uspto.gov/web/offices/pac/mpep/s1512.html.

71. OMPI (2013).

72. À noter toutefois que le portefeuille de Samsung Electronics est beaucoup plus vaste que celui d'Apple. Ces chiffres n'ont donc pas de rapport direct avec la seule publicité pour les smartphones et ne sont pas facilement comparables. En ce qui concerne les estimations 2012-2015, voir "The cost of selling Galaxies", Asymco, 29 novembre 2012; Adbrands Global Advertising Expenditure Ranking, décembre 2015 : www.adbrands.net/top_global_advertisers.htm.

73. Rapport annuel de Huawei 2016 : www.huawei.com/en/about-huawei/annual-report/2016.

74. Voir la note 66 et les notes techniques.

75. Voir www.wipo.int/classifications/nice.

76. Voir à titre d'exemple www.wi-fi.org/who-we-are/our-brands, www.3gpp.org/about-3gpp/19-lte-logo-use et https://www.bluetooth.com/membership-working-groups/membership-types-levels.

77. https://www.apple.com/legal/intellectual-property/trademark/appletmlist.html.

78. Theodore Paraskevakos, U.S. Patent #3 812 296/5-21-1974.

79. Voir OMPI (2015), pour le cas des semi-conducteurs observé dans le passé et les travaux sous-jacents de Thomas Hoeren.

80. Samsung avait testé des modèles antérieurs de smartphones comme le SPH-I300 dès octobre 2001 et le SGH-i607 en 2006.

81. "Apple looks long term with development of GPUs", FT, 4 avril 2017; "Apple's building its own graphics processor for the iPhone, dropping Imagination GPUs", PC World, 3 avril 2017.

82. Yoo et Kim (2015) and Song et al. (2016).

83. Boutellier et al. (2000), Zhang et Zhou (2015) et Kang (2015).

84. Rapport annuel 2016. "Huawei 2016 numbers reveal the extent of Ericsson, Nokia and ZTE's challenge", Telecoms.com, 31 mars 2017.

85. Joo et al. (2016).

86. Brown et Linden (2009). La fabrication sans usine de puces désigne la conception et la vente de puces semi-conducteurs tout en externalisant la production des puces à une fonderie spécialisée dans les semi-conducteurs.

87. Voir Wunsch-Vincent et al. (2015) pour un portefeuille de brevets augmentant en proportion détenu par la holding Foxconn.

88. Huawei et Xiaomi ont déjà des chaînes d'assemblage en Chine, au Viet Nam, en Inde, au Brésil et en Indonésie pour faire face à ces forces. La décision récente prise par Apple de créer un site de production en Inde visait à répondre à la demande du marché et aux mesures d'incitation prises par les pouvoirs publics (http://timesofindia.indiatimes.com/business/india-business/apple-plans-to-make-iphones-in-bengaluru-from-april/articleshow/56246016.cms).

89. "Fight at Toshiba : Some board members want deal with Foxconn", WSJ, 6 septembre 2017.

90. "Huawei hires a former Apple creative director as a design chief", WSJ, 29 octobre 2015.

91. Pour plus de détails, voir www.wto.org/english/tratop_e/inftec_e/inftec_e.htm.

Références

Ali-Yrkkö, J., P. Rouvinen, T. Seppälä et P. Ylä-Anttila (2011). Who captures value in global supply chains? Case Nokia N95 smartphone. *Journal of Industry, Competition andTrade*, 11(3), 263-278.

Armstrong, A. K., J. J. Mueller et T. Syrett (2014). The Smartphone Royalty Stack : Surveying Royalty Demets for the Components Within Modern Smartphones. SSRN, 29 mai 2014 : https://ssrn.com/abstract=2443848.

Audenrode, M. V., J. Royer, R. Stitzing et P. Sääskilahti (2017). Over-Declaration of Stetard-Essential Patents and Determinants of Essentiality. SSRN, 12 avril 2017. https://papers.ssrn.com/sol3/papers.cfm?abstract_id=2951617.

Baron, J., K. Gupta et B. Roberts (2016). Unpacking 3GPP Stetards. Unpublished working paper, available at : https://pdfs.semanticscholar.org/bb7a/902cdedbc5fb97b039372d0c7541c696e539.pdf.

Blind, K., T. Pohlmann, F. Ramel et S. Wunsch-Vincent (2014). The Egyptian IT Sector and the Role of IP. *OMPI Economic Research Working Paper No. 18*. Genève : OMPI.

Boston Consulting Group (BCG) (2017). *The Most Innovative Companies 2016.* Boston, MA : Boston Consulting Group.

Boutellier, R., O. Gassmann et M. von Zedtwitz (2000). Huawei : Globalizing through innovation – case study, Part IV.7. In Managing Global Innovation – Uncovering the Secrets of Future Competitiveness, Berlin : Springer Verlag, 507-523.

Brown, C. et G. Linden (2009). *Chips and Change : How Crisis Reshapes the Semiconductor Industry.* Cambridge, MA : MIT Press.

Campbell-Kelly, M., D. Garcia-Swartz, R. Lam et Y. Yang (2015). Economic and business perspectives on smartphones as multi-sided platforms. *Telecommunications Policy*, 39(8), 717-734.

Cecere, G., N. Corrocher et R. D. Battaglia (2015). Innovation and competition in the smartphone industry : is there a dominant design? *Telecommunications Policy*, 39(3), 162-175.

Chen, W., R. Gouma, B. Los et M. Timmer (2017). Measuring the Income to Intangibles in Goods Production : A Global Value Chain Approach. *OMPI Economic Research Working Paper No. 36*. Genève : OMPI.

Chong, G. (2013). *Chinese Telecommunications Giant Huawei : Strategies to Success.* Singapore : Nanyang Technopreneurship Center, Nanyang Technological University.

Credit Suisse (2016) *The Wireless View 2016 : Smartphones – The Wireless Slowdown.* Global (Americas, Europe and Taiwan) Equity Research.

Credit Suisse (2017). *The Wireless View 2017 : Smartphones – A Slight Pickup in Growth Ahead.* Global (Americas & Europe) Equity Research.

Dedrick, J. et K. L. Kraemer (2008). Globalization of innovation : the personal computing industry. In Macher, J. T. et D. C. Mowrey (eds), *Running Faster to Stay Ahead? Globalization of Innovation in High-Technology Industries.* Washington DC : National Academies Press, 21-57.

Dedrick, J. et K. L. Kraemer (2017). Intangible Assets and Value Capture in Global Value Chains : The Smartphone Industry. *WIPO Economic Research Working Paper No. 41.* Genève : OMPI.

Dedrick, J., K. L. Kraemer et G. Linden (2010). Who profits from innovation in global value chains? A study of the iPod and notebook PCs. *Industrial and Corporate Change*, 19(1), 81-116.

Dedrick, J., K. L. Kraemer et G. Linden (2010) (2011). The distribution of value in the mobile phone supply chain. *Telecommunications Policy*, 35(6), 505-521.

Engstrom, E. (2017). So how many patents are in a smartphone? Blog, 19 janvier 2017. San Francisco : Engine : www.engine.is/news/category/so-how-many-patents-are-in-a-smartphone.

Fan, P. (2006). Catching up through developing innovation capability : evidence from China's telecom-equipment industry. *Technovation*, 26(3), 359-368.

Forbes (2016). The World's Most Valuable Brets. https://www.forbes.com/powerful-brets/list/3/#tab :rank.

Galetovic, A., S. H. Haber et L. Zaretzki (2016). A New Dataset on Mobile Phone Patent License Royalties. *Working Paper Series No. 16011.* Stanford, CA : Hoover Institution, Stanford University.

Garcia-Swartz, D. D. et F. Garcia-Vicente (2015). Network effects on the iPhone platform : an empirical examination. *Telecommunications Policy*, 39(10), 877-895.

Golinveaux, J. A. et D. L. Hughes (2015). Developing trends in design patent enforcement. *World Trademark Review*, issue 54.

Graham, S. J. H., G. Hancock, A. C. Marco et A. F. Myers (2013). The USPTO trademark case files dataset : descriptions, lessons, and insights. *Journal of Economics & Management Strategy*, 22, 669–705.

Graham, S. J. H., G. Hancock, A. C. Marco et A. F. Myers (2015) Monetizing Marks : Insights from the USPTO Trademark Assignment Dataset. SSRN, 1er avril 2015 : https://ssrn.com/abstract=2430962 or http://dx.doi.org/10.2139/ssrn.2430962.

Gurry, F. (2013). Rethinking the role of intellectual property : a speech at Melbourne Law School. *MLS News,* issue 10 : www.WIPO.int/export/sites/www/about-OMPI/en/dgo/speeches/pdf/dg_speech_melbourne_2013.pdf.

IHS Markit. (2016). Teardown reports and spreadsheets for the Apple iPhone 7. Samsung Galaxy S7 and Huawei P9. Englewood (États-Unis d'Amérique) : https://technology.ihs.com/Categories/450461/teardowns-cost-benchmarking.

Interbret (2016). Best Global Brets 2016 Rankings. http://interbret.com/best-brets/best-global-brets/2016/ranking/#?sortBy=rank&sortAscending=desc.

International Data Corporation (IDC) (2017). Data Tracker Database on the Smartphone Industry, 2005-2017. Boston. MA : International Data Corporation.

Johnson, D. K. N. et S. Scowcroft (2016). The Importance of Being Steve : an econometric analysis of the contribution of Steve Jobs's patents to Apple's market valuation. *International Journal of Financial Research*, 7(2), 2016.

Joo, S. H., C. Oh, et K. Lee (2016). Catch-up strategy of an emerging firm in an emerging country : analysing the case of Huawei vs. Ericsson with patent data. *International Journal of Technology Management*, 72(1-3), 19-42.

Kang, B. (2015). The innovation process of Huawei et ZTE : patent data analysis. *China Economic Review*, 36, 378-393.

Korea Internet and Security Agency (KISA) (2014). Final Report of Research on Actual Status of Mobile Internet Usage. 24 février 2014.

Korkeamäki, T. et T. Takalo (2013). Valuation of innovation and intellectual property : the case of iPhone. *European Management Review*, 10(4), 197-210.

Koski, H. et T. Kretschmer (2007). Innovation and dominant design in mobile telephony. *Industry and Innovation*, 14(3), 305-324.

Kumar, A. et B. S. Bhasin (2017). Innovation and survival : lessons from the smartphone wars. Dans *Intellectual Asset Management Yearbook 2017*.

Liu, C.-J. et H.-Y. Liang (2014). The deep impression of smartphone bret on the customers' decision making. *Procedia – Social and Behavioral Sciences*, 109, 338-343.

Liu, N. et R. Yu (2017). Identifying design feature factors critical to acceptance and usage behavior of smartphones. *Computers in Human Behavior*, 70, 131-142.

Mallinson, K. (2014). Smartphone royalty stack. *IP Finance*, 19 septembre 2014 : www.wiseharbor.com/pdfs/Mallinson%20on%20Intel's%20Smartphone%20Royalty%20Stack%2019Sept2014.pdf.

Mallinson, K. (2015). Busting smartphone patent licensing myths. *Policy Brief*, septembre 2015. Arlington, VA : Center for the Protection of Intellectual Property, George Mason School of Law : http://sls.gmu.edu/cpip/wp-content/uploads/sites/31/2015/10/Mallinson-Busting-Smartphone-Patent-Licensing-Myths.pdf.

Millward Brown (2016). *BretZ Top 100 Global Brets* : www.millwardbrown.com/bretz/top-global-brets/2016.

Neubig, T. S. et S. Wunsch-Vincent (2017). A Missing Link in the Analysis of Global Value Chains : Cross-border Flows of Intangible Assets, Taxation and Related Measurement Implications. *WIPO Economic Research Working Paper No. 37*. Genève : OMPI.

Organisation de coopération et de développement économiques (OCDE) (2005). Digital Broadbet Content : Music. DSTI/ICCP/IE(2004)12/FINAL : www.oecd.org/internet/ieconomy/34995041.pdf.

OCDE (2008). ICT research and development and innovation. Dans *OECD Information Technology Outlook 2008*. Paris : OCDE, chapitre 4.

OCDE (2011). Global Value Chains : Preliminary Evidence and Policy Issues. DSTI/IND(2011)3. Paris : OCDE.

Pohlmann, T. et K. Blind (2016). Letscaping Study on Stetard-Essential Patents (SEPs). Berlin : IPlytics GmbH. Étude commandée par la Commission européenne.

PricewaterhouseCoopers (PwC) (2017). *2017 Patent Litigation Study – Change on the Horizon?* and earlier editions : https://www.pwc.com/us/en/forensic-services/publications/assets/2017-patent-litigation-study.pdf.

Reidenberg, J. R., D. Stanley, N. Waxberg, J. Debelak, D. Gross et E. Mindrup (2012). The Impact of the Acquisition and Use of Patents on the Smartphone Industry. *OMPI Working Paper. IP et Competition Division*. Genève : OMPI : www.OMPI.int/export/sites/www/ip-competition/en/studies/clip_study.pdf.

Reidenberg, J. R., N. C. Russell, M. Price et A. Mohan (2014). Patents and Small Participants in the Smartphone Industry. *Document de travail de l'OMPI, Division de la propriété intellectuelle et de la politique en matière de concurrence*. Genève : OMPI. https://ssrn.com/abstract=2674467.

Shapiro, C. et H. R. Varian (1998). *Information Rules : A Strategic Guide to the Network Economy*. Boston, MA : Harvard Business School Press.

Sharma, C. (2016). Mobile Patents Letscape 2016 : An In-Depth Quantitative Analysis, and previous editions of this report. Chetan Sharma Consulting : www.chetansharma.com/publications/mobile-patents-letscape-2016.

Shimpi, A. L. (2013). The ARM diaries, part 1 : How ARM's business model works. *AnetTech*, 28 juin 2013 : www.anettech.com/show/7112/the-arm-diaries-part-1-how-arms-business-model-works.

Sidak, J. G. (2016). What aggregate royalty do manufacturers of mobile phones pay to license standard-essential patents? *Criterion*, 1, 701-719.

Stitzing, R. (2017). World IP Report – Smartphone Case Study – Presentation at the workshop for the World Intellectual Property Report. Genève, 16 et 17 mars 2017.

Song, J., K. Lee et T. Khanna (2016). Dynamic capabilities at Samsung : optimizing internal co-opetition. *California Management Review*, 58(4), 118-140.

Sullivan & Cromwell (2013). Royalty rates for standard-essential patents. 30 avril. New York : Sullivan & Cromwell LLP : https://www.sullcrom.com/siteFiles/Publications/SC_Publication_Royalty_Rates_for_Stetard_Essential_Patents_414F.pdf.

Teece, D. J. (1986). Profiting from technological innovation : implications for integration, collaboration, licensing and public policy.

Research Policy, 15, 285-305.

Thomson Reuters (2012). Inside the iPhone Patent Portfolio. Thomson Reuters IP Market Reports : http://ip-science.thomsonreuters.com/m/pdfs/iphone-report.pdf.

Thumm, N. et G. Gabison (2016). *Patent Assertion Entities in Europe*. European Economics for the Joint Research Centre. Commission européenne.

Organisation Mondiale de la Propriété Intellectuelle (OMPI) (2011). The economics of IP – Old insights and new evidence. Dans *World Intellectual Property Report : The Changing Face of Innovation*. Genève : OMPI, chapitre 2, 75-107.

OMPI (2013). Breting in the global economy. Dans *World Intellectual Property Report : Reputation and Image in the Global Marketplace*. Genève : OMPI, chapitre 1, 21-79.

OMPI (2015). Historical breakthrough innovations. Dans *World Intellectual Property Report : Breakthrough Innovation and Economic Growth*. Genève : OMPI, chapitre 2, 49-93.

OMPI (2016). *World Intellectual Property Indicators 2016*. Genève : OMPI.

OMPI (2017). *Revue annuelle du PCT 2017*. Genève : OMPI.

Wunsch-Vincent, S., M. Kashcheeva et H. Zhou (2015). International patenting by Chinese residents : constructing a database of Chinese foreign-oriented patent families. *China Economic Review*, 36, 198-219.

Yoo, Y. et K. Kim (2015). How Samsung became a design powerhouse. *Harvard Business Review*, septembre 2015, 72-78.

Zhang, Y. et Y. Zhou (2015). *The Source of Innovation in China : Highly Innovative Systems*. London : Palgrave, Appendice 2.2.

Sigles

AIE Agence internationale de l'énergie

BNEF Bloomberg New Energy Finance

CIB classification internationale des brevets

CPC classification coopérative des brevets

EIPO Office éthiopien de la propriété intellectuelle

EUIPO Office de l'Union européenne pour la propriété intellectuelle

FAO Organisation des Nations Unies pour l'alimentation et l'agriculture

FNC Fédération colombienne des producteurs de café

FT *Financial Times*

GSM système de télécommunications mobiles universelles

IDC International Data Corporation

JPO Office des brevets du Japon

KIPO Office coréen de la propriété intellectuelle

KISA Agence sud-coréenne de sécurité Internet

NCAUSA National Coffee Association U.S.A.

NREL National Renewable Energy Laboratory

NYT *New York Times*

OCDE Organisation de coopération et de développement économiques

OEB Office européen des brevets

OIC Organisation internationale du café

OMPI Organisation Mondiale de la Propriété Intellectuelle

ONG organisation non-gouvernementale

PATSTAT Base de données mondiale sur les statistiques en matière de brevets de l'OEB

PCT Traité de coopération en matière de brevets

PIB produit intérieur brut

R-D recherche-développement

SIPO Office d'État de la propriété intellectuelle de la République populaire de Chine

TIC technologies de l'information et de la communication

TSMC Taiwan Semiconductor Manufacturing Company

UMTS Universal Mobile Telecommunications System

UPOV Union internationale pour la protection des obtentions végétales

USPC United States Patent Classification

USPTO Office des brevets et des marques des États-Unis d'Amérique

WSJ *Wall Street Journal*

Notes techniques

Groupes de revenu

Le présent rapport utilise la classification des revenus de la Banque mondiale pour se référer à des groupes de pays particuliers. Le classement est basé sur le revenu national brut par habitant en 2016 et établit les quatre groupes suivants : économies à faible revenu (1005 dollars É.-U. ou moins); économies à revenu moyen (1006 dollars É.-U. à 3955 dollars É.-U.); économies à revenu moyen à élevé (3956 à 12 235 dollars É.-U.); et économies à revenu élevé (12 236 dollars É.-U. ou davantage).

Pour plus d'informations sur ce classement : http://data.worldbank.org/about/country-classifications.

Cartographies de propriété intellectuelle

Les études de cas aux chapitres 2, 3 et 4 se basent sur les cartographies de brevets et de marques déposées élaborées pour le présent rapport. Les données sur les brevets pour ces cartographies proviennent principalement de la base de données statistiques de l'OMPI, de la base de données mondiale sur les statistiques en matière de brevets (PATSTAT, avril 2017) de l'OEB, et de l'ensemble des données des dossiers de marques déposées et des attributions de l'Office des brevets et des marques des États-Unis d'Amérique (2016). Les éléments-clés, en termes de méthodologie, qui sous-tendent le processus de la cartographie incluent ce qui suit.

Unité d'analyse

La principale unité d'analyse en termes de données sur les brevets est le premier dépôt d'une invention donnée. En conséquence, la date de référence pour les chiffres relatifs aux brevets est la date du premier dépôt. L'origine de l'invention est attribuée au premier déposant dans le premier dépôt; à chaque fois que cette information était manquante, une stratégie d'attribution a été appliquée, telle que décrite ci-après.

Le seul écart par rapport à cette approche se produit lorsque l'on analyse la proportion des familles de brevets qui requièrent une protection dans chaque office des brevets (p. ex., voir figures 2.8 ou 3.12). Dans ce cas, une définition de famille de brevets élargie – connue comme la famille de brevets INPADOC – a été utilisée au lieu de celui qui se basait sur les premiers dépôts.

En outre, seules les familles de brevets avec au moins une demande à laquelle il a été fait droit ont été prises en considération aux fins de la présente analyse, et la date de référence est le premier dépôt au sein de la même famille élargie. La principale raison pour l'utilisation de la définition de la famille de brevets élargie et l'imposition d'au moins un brevet dont il a été fait droit à la demande au sein de la famille est de réduire toute sous-estimation provenant de structures de dépôt complexes à un stade ultérieur, telles que les continuations et les demandes divisionnaires, et de petites familles de brevets de moindre qualité telles que celles déposées dans seulement un pays et soit rejetée après ou retirée avant examen.

L'unité d'analyse des données sur les marques déposées consiste en tout dépôt aux fins de la protection des marques déposées auprès de l'une quelconque des sources employées – à savoir l'Office des brevets et des marques des États-Unis d'Amérique, le système de Madrid et les bureaux nationaux inclus dans la base de données mondiale sur les marques de l'OMPI. Cette définition inclut les marques tant pour les produits que pour les services. Elle inclut également les renouvellements de marques existantes et de marques pour lesquelles est revendiquée une priorité basée sur des marques existantes.

Attribution du pays d'origine

Lorsqu'il manquait des informations sur le premier pays de résidence du demandeur figurant sur la liste dans le premier dépôt de la demande de brevet, la procédure suivante a été adoptée : i) extraire les informations sur le pays de l'adresse du demandeur; ii) extraire les informations sur le pays du nom du demandeur (voir ci-dessous); iii) utiliser les informations de sociétés correspondantes (telles que décrites ci-dessous); iv) se baser sur le premier pays de résidence le plus fréquent du demandeur au sein de la même famille de brevets (utilisant la définition de la famille de brevets élargie); v) se baser sur le premier pays de résidence le plus fréquent de l'inventeur au sein de la même famille de brevets (là encore, en utilisant la définition de la famille de brevets élargie); et vi) pour certaines archives historiques, considérer l'office de propriété intellectuelle du premier dépôt comme une substitution pour l'origine.

Stratégies de cartographie

La stratégie de cartographie pour chacun des trois secteurs est basée sur des éléments de preuve existants et des suggestions d'experts. Chaque stratégie a été testée par rapport à des sources alternatives existantes à chaque fois que cela a été possible.

La cartographie des brevets du café est basée sur la combinaison suivante de symboles et mots-clés recherchés dans des titres et extraits.

Symboles IPC/CPC : A01D46/06, A23C11/00, A23F5*, A23L27/00, A23L27/10, A23L27/28, A23N12/06, A23N12/08, A47G19/14, A47G19/145, A47G19/20, A47J42*, A47J31* et C07D473/12.

Incluant les mots-clés : *coffe*; caffe*; espresso; cappuccino; robusta; arabica; fertilizer* AND coffe*; fertilizer* AND robusta; fertilizer* AND arabica; coffe* AND (arabica OR robusta).*

Excluant les mots-clés : *coffee table; cleaning system for a coffee machine; coffee cream; coffee pot holder; coffee stirrer; coffee maker pod holder; coffee latte printer; coffer*; method and structure for increasing work flow; not a product selected from coffee; cosmetic*; cleaning agent; washing agent; smart home; dietary fiber; repellent; residues; grevillea; food; malus; eucalyptus; hypsipyla robusta moore; health; wine; leaf; cannot place coffee cup; coffee stain; coffee car*; coffee by-products; coffee shop 510; extract; coffee owner board.*

Ces brevets sont classés en cinq segments de la chaîne d'approvisionnement du café comme suit :

Culture du café : A01B; A01C1/00; A01C11/00; A01C13/00; A01C14/00; A01C15/00; A01C17/00; A01C19/00; A01C21/00; A01C5/00; A01C7/00; A01G11/00; A01G7/00; A01G9/00; A01H1/00; A01H3/00; A01H4/00; A01H5/00; A01M1/14; A01N25/00; A01N27/00; A01N29/00; A01N31/00; A01N33/00; A01N35/00; A01N37/00; A01N39/00; A01N41/00; A01N43/00; A01N45/00; A01N47/00; A01N49/00; A01N51/00; A01N53/00; A01N55/00; A01N57/00; A01N59/00; A01N61/00; A01N63/00; A01N65/00; C12N15/00.

Récolte et post-récolte : A01D46/06; A01D46/30; A47J42/00; B02B1/02; B02B1/04; C02F1/00; C02F3/00; C02F5/00; C02F7/00; C02F9/00; F26B11/04; F26B21/10; F26B23/10; F26B9/08; G01N7/22; G06K9/46; G06T7/40.

Entreposage et transport des matières premières : A01F25/00; A23F5/00; A23N12/02; B03B5/66; B65B1/00; B65B3/00; B65B35/00; B65B7/00; B65G65/00; C02F1/00; C02F3/00; C02F5/00; C02F7/00; C02F9/00; E04H7/00; G01G1/00; G01G11/00; G01G13/00; G01G15/00; G01G19/00; G01G21/00; G01G23/00; G01G3/00; G01G5/00; G01G7/00; G01G9/00; G01N.

Transformation de fèves : A01D46/06; A01D46/30; A23F3/36; A23F5/00; A23F5/02; A23F5/04; A23F5/08; A23F5/10; A23F5/12; A23F5/14; A23F5/18; A23F5/20; A23F5/22; A23F5/24; A23F5/26; A23F5/28; A23F5/30; A23F5/32; A23F5/36; A23F5/46; A23F5/48; A23L3/44; A23N12/10; A23N12/12; A47J31/42; A47J37/06; A47J42/00; A47J42/20; A47J42/52; B07B4/02; B07C7/00; B07C7/04; G01N27/62; G01N30/06; G01N33/14; G06K9/46; G06T7/40.

Distribution finale : A23F3/00; A23L1/234; A23L2/38; A23P10/28; A47J27/21; A47J31/00; A47J31/02; A47J31/047; A47J31/06; A47J31/10; A47J31/18; A47J31/20; A47J31/26; A47J31/34; A47J31/36; A47J31/38; A47J31/40; A47J31/42; A47J31/44; A47J31/46; A47J31/54; B01D29/35; B01D29/56; B65B1/00; B65B3/00; B65B31/02; B65B31/04; B65B35/00; B65B7/00; B65D33/01; B65D33/16; B65D85/804; B67D1/00; G06Q10/00; G06Q50/00;

La stratégie de cartographie de marque déposée pour l'industrie du café dans le chapitre 2 est basée sur des mots-clés recherchés dans les descriptions de déclaration de marque déposée : *coffe*; caffe*; kaffe*; cafe*; kopi; espresso; cappuccino; robusta; arabica.*

La cartographie photovoltaïque est basée sur la combinaison suivante de symboles CPC et IPC en rapport avec des segments spécifiques de la chaîne d'approvisionnement photovoltaïque.

Silicone : C01B33/02*; C01B33/03*.

Lingots/plaquettes : C30B29/06.

Cellules cristallines : H01L31/036*; H01L31/037*; H01L31/038*; H01L31/039*; Y02E10/541; Y02E10/545; Y02E10/546; Y02E10/547; Y02E10/548.

Nouvelles cellules de matières : H01L31/0687*; H01L31/073*; H01G9/20*; Y02E10/542; Y02E10/543; Y02E10/544; Y02E10/549; H01G9/200*; H01G9/201*; H01G9/202*; H01G9/203*; H01G9/204*; H01G9/205*; H01G9/2063; H01G9/209*.

Autres cellules : H01L31/052*; H01L31/053*; H01L31/054*; H01L31/055*; H01L31/056*; H01L31/058*; H01L31/06* (excl.H01L31/0687*); H01L31/07; H01L31/072*; H01L31/074*; H01L31/075*; H01L31/076*; H01L31/077*; H01L31/078*; H02N6/*.

Modules (concentrateurs) : Y02E10/52*.

Modules (conversion) : Y02E10/56*; Y02E10/58.

Modules (autres) : H02S*; H01L31/042*; H01L31/043*; H01L31/044*; H01L31/045*;H01L31/046*; H01L31/047*; H01L31/048*; H01L31/049*; H01L31/05; H01L31/050*; H01L31/051*; H01G9/2068; H01G9/207*; H01G9/208*.

Matériel de production : (H01L31/1876*; H01L31/188*; H01L31/206*) OR ((C23C14*; C23C16*; C23C22*; C23C24*; B32B17*; B32B27*; B32B37*; B32B38*; H01L21/67*) AND (H02S*; H01L31*; C01B33/02*; C01B33/03*; C30B29/06; H01G9/20*; H02N6/*; Y02E10/5*)).

La stratégie de cartographie pour l'industrie photovoltaïque dans le chapitre 3 est basée sur les mots-clés suivants recherchés dans les descriptions de déclaration de marque déposée : solar panel*; photovoltaic*; *polysilicon*; fotovoltaic*; solar module; solarmodul*.

La stratégie de cartographie des brevets pour l'industrie du smartphone au chapitre 4 suit une définition étroite et une définition large qui sont basées sur les combinaisons suivantes des symboles CPC et IPC, respectivement :

Symboles IPC/CPC étroits : H04M1/247; H04M1/2471; H04M1/2477; H04M1/72519; H04M1/72522; H04M1/72525; H04M1/72527; H04M1/7253; H04M1/72533; H04M1/72536; H04M1/72538; H04M1/72541; H04M1/72544; H04M1/72547; H04M1/7255; H04M1/72552; H04M1/72555; H04M1/72558; H04M1/72561; H04M1/72563; H04M1/72566; H04M1/72569; H04M1/72572; H04M1/72575; H04M1/72577; H04M1/7258; H04M1/72583; H04M1/72586; H04M1/72588; H04M1/72591; H04M1/72594; H04M1/72597.

Symboles IPC/CPC larges : F01L1*; F02P17*; F03G5*; F04C25*; F04D27*; F16C17*; F16H61*; F16K7*; F16M11*,13*; F21S2*; F21V23*,33*; F24B1*; F24F11*; F25B21*-23*; F28D15*; G01B7*; G01B11*; G01C1*,5*,17*-22*; G01D18*; G01G19*,23*; G01J1*,3*,5*; G01K1*,7*; G01L1*,7*,17*; G01M11*,15*-17*; G01N15*, 21*,27*,29*,33*; G01P15*&21*; G01R19*-22*,27*,31*-33*; G01S1*-5*,11*-15*&19*; G01T7*; G01V3*; G01W1*; G02B1*-9*,13*,15*,21*,26*-27*; G02C7*; G02F1*; G03B5*,13*-17*,21*,35*; G03F7*; G03H1*; G04B19*,47*;G04F3*; G05B1*,11*-15*,19*-21*,24*; G05D1*-3*,7*,23*; G05F1*,5*;G06F*; G06K5*-9*,15*-19*; G06N5*,99*; G06Q10*-50*,99*; G06T*; G07B15*; G07C1*,5*,9*,13*; G07F1*,7*,17*,19*; G08B1*-6*,13*,17*,21*-25*,29*; G08C17*,19*; G08G1*; G09B5*-9*,19*,21*,29*; G09C*; G09F3*,9*,15*,19*,27*; G09G3*,5*; G10G1*,7*; G10H1*,7*; G10K11*,15*; G10L13*-25*; G11B19*,20*,27*; G11C7*-13*,16*,29*; G21C17*; H01B1*,5*,7*,11*; H01C10*; H01F17*,27*,38*; H01G4*,5*; H01H11*,13*,25*; H01L21*-33*,43*,45*,49*,51*; H01M2*,4*,10*,12*; H01P3*; H01Q1*,5*-9*,19*,21*; H01R12*,13*,24*,31*,33*,43*; H01S5*; H02B1*,7*; H02H3*,7*; H02J1*,5*,7*,17*,50*; H02M1*,3*,7*; H02N2*; H03B5*; H03C7*; H03F1*,3*; H03G3*,7*; H03H9*,11*,21*; H03J7*; H03K3*,5*,17*; H03L7*; H03M1*,3*,11*,13*; H04B1*-13*,15*,17*; H04H20*,60*; H04J1*,3*,11*,13*; H04K1*,3*; H04L1*-12*,23*-29*; H04M1*,3*,7*-11*,15*-19*; H04N1*,5*-9*,13*,17*-21*; H04Q1*-9*; H04R1*-5*,9*,17*,25*,29*; H04S7*; H04W4*-92*; H05B33*,37*; H05K.

La stratégie de cartographie des dessins et modèles industriels pour le chapitre du smartphone se fonde sur un rapport de synthèse non publié de Christian Helmers, en date du 16 juin 2017. Les dessins et modèles industriels d'Apple, de Samsung Electronics et de Huawei ont été cartographiés en utilisant les données de l'Office des brevets et des marques des États-Unis d'Amérique et de l'EUIPO. L'USPC classe D14 a été le point de départ eu égard aux données relatives aux dessins et modèles industriels de l'USPTO, et Locarno classes 14-03 et 14-04 eu égard à celles de l'EUIPO. Les données correspondantes ont été filtrées en quatre catégories – téléphones portables, interfaces graphiques, écrans d'affichage et icônes – utilisant les titres de modèle industriel. Un contrôle manuel a ensuite été effectué pour chaque brevet de dessin ou modèle pour lequel il n'apparaissait pas clairement s'il s'agissait d'un modèle de smartphone. Les modèles industriels qui n'ont pas seulement été utilisés pour les smartphones ont été conservés.

La stratégie de cartographie des marques déposées pour les smartphones dans le chapitre 4 est basée sur des mots-clés recherchés dans les descriptions de déclaration de marque déposée, telles que : smartphone et handheld mobile digital electronic device. Un filtre supplémentaire a été appliqué en contrôlant manuellement les dépôts afin de vérifier s'ils étaient bien liés aux smartphones. Les marques déposées étaient limitées à ceux assignés à Apple, Samsung Electronics ou Huawei.

Marques

La stratégie de cartographie des marques pour l'industrie du café au chapitre 2 est basée sur les données Premium Quality Consulting™ (www.pqc. coffee). Ces données recensent les marques de meilleure qualité dans l'industrie du café aux États-Unis d'Amérique et la vague à laquelle elles appartiennent. Les marques ont été associées avec les données des marques de l'Office des brevets et des marques des États-Unis d'Amérique sur la base du nom des demandeurs ou du texte de marque.

Parties prenantes

La stratégie de cartographie des parties prenantes pour l'industrie du café au chapitre 2 est basée sur l'UKERS Tea & Coffee Global Directory & Buyers Guide (www.teaandcoffee.net/ukers-directory). Ces données recensent les principales sociétés et autres parties prenantes dans l'industrie du café. Les catégories du guide sont classées de nouveau aux fins de correspondance avec les cinq segments de la chaîne d'approvisionnement du café : culture du café, récolte et post-récolte, entreposage et transport des matières premières, transformation de fèves, et distribution finale.

www.ingramcontent.com/pod-product-compliance
Lightning Source LLC
Chambersburg PA
CBHW082310210326
41599CB00030B/5760